# Griechische Geschichte und Mythologie

*Ein fesselnder Überblick über die wichtigsten Ereignisse, Menschen, Mythen, Göttinnen und Götter*

© Copyright 2024

Alle Rechte vorbehalten. Kein Teil dieses Buches darf in irgendeiner Form ohne schriftliche Genehmigung des Autors reproduziert werden. Rezensenten dürfen in Besprechungen kurze Textpassagen zitieren.

Haftungsausschluss: Kein Teil dieser Publikation darf ohne die schriftliche Erlaubnis des Verlags reproduziert oder in irgendeiner Form übertragen werden, sei es auf mechanischem oder elektronischem Wege, einschließlich Fotokopie oder Tonaufnahme oder in einem Informationsspeicher oder Datenspeicher oder durch E-Mail.

Obwohl alle Anstrengungen unternommen wurden, die in diesem Werk enthaltenen Informationen zu verifizieren, übernehmen weder der Autor noch der Verlag Verantwortung für etwaige Fehler, Auslassungen oder gegenteilige Auslegungen des Themas.

Dieses Buch dient der Unterhaltung. Die geäußerte Meinung ist ausschließlich die des Autors und sollte nicht als Ausdruck von fachlicher Anweisung oder Anordnung verstanden werden. Der Leser / die Leserin ist selbst für seine / ihre Handlungen verantwortlich.

Die Einhaltung aller anwendbaren Gesetze und Regelungen, einschließlich internationaler, Bundes-, Staats- und lokaler Rechtsprechung, die Geschäftspraktiken, Werbung und alle übrigen Aspekte des Geschäftsbetriebs in den USA, Kanada, dem Vereinigten Königreich regeln oder jeglicher anderer Jurisdiktion obliegt ausschließlich dem Käufer oder Leser.

Weder der Autor noch der Verlag übernimmt Verantwortung oder Haftung oder sonst etwas im Namen des Käufers oder Lesers dieser Materialien. Jegliche Kränkung einer Einzelperson oder Organisation ist unbeabsichtigt.

# Inhaltsverzeichnis

TEIL 1: GESCHICHTE GRIECHENLANDS ........................................................ 1
EINLEITUNG ........................................................................................................ 2
ABSCHNITT EINS: VON DER JUNGSTEINZEIT BIS ZUM
ZUSAMMENBRUCH IN DER BRONZEZEIT (7000 –750 V. U. Z.) .............. 4
KAPITEL 1: DAS STEINZEITALTER, DIE MINOER UND DIE
KYKLADISCHE ZIVILISATION ........................................................................ 5
KAPITEL 2: DIE MYKENER UND DAS DUNKLE ZEITALTER ................ 19
ABSCHNITT ZWEI: VON DER ARCHAISCHEN ZEIT BIS ZUR
RÖMISCHEN EROBERUNG (750 - 146 V. U. Z.) ........................................ 30
KAPITEL 3: DIE ARCHAISCHE ZEIT ............................................................ 31
KAPITEL 4: DAS KLASSISCHE GRIECHENLAND .................................... 42
KAPITEL 5: PHILIP II. UND ALEXANDER DER GROßE ........................ 54
KAPITEL 6: DIE DIADOCHEN UND DIE RÖMISCHE
EROBERUNG .................................................................................................... 65
ABSCHNITT DREI: DIE RÖMISCHE UND BYZANTINISCHE
ZEIT AN (146 V. U. Z. - 1453 U. Z.) ............................................................. 77
KAPITEL 7: DIE GRIECHISCH-RÖMISCHE WELT UND DIE
FRÜHEN BYZANTINISCHEN JAHRE .......................................................... 78
KAPITEL 8: BYZANZ UNTER GRIECHISCHEM EINFLUSS .................... 90
KAPITEL 9: DIE LETZTEN JAHRE VON BYZANZ ................................. 102
ABSCHNITT VIER: NEUERE UND ZEITGESCHICHTE
GRIECHENLANDS (1453 U. Z. - 20. JAHRHUNDERT) .......................... 113
KAPITEL 10: DIE HERRSCHAFT DER OSMANEN UND DER
UNABHÄNGIGKEITSKRIEG ........................................................................ 114

KAPITEL 11: GRIECHENLAND IM 19. JAHRHUNDERT ...................... 126
KAPITEL 12: GRIECHENLAND IM 20. JAHRHUNDERT ...................... 136
SCHLUSSBEMERKUNG................................................................ 147
TEIL 2: DIE GRIECHISCHE MYTHOLOGIE ........................................ 149
　EINLEITUNG.............................................................................. 150
　KAPITEL 1: VOM CHAOS ZU URANUS........................................ 152
　KAPITEL 2: DIE TITANEN........................................................... 155
　KAPITEL 3: DER KRIEG DER TITANEN ...................................... 159
　KAPITEL 4: DIE GÖTTER ........................................................... 162
　KAPITEL 5: DIE GÖTTINNEN..................................................... 178
　KAPITEL 6: DIE GIGANTOMACHIE............................................ 191
　KAPITEL 7: TYPHON ................................................................. 197
　KAPITEL 8: DIE SCHÖPFUNG DES MENSCHEN, DER NEUEN
　GENERATION UND DER FRAUEN ALS FLUCH DER
　MENSCHHEIT............................................................................ 201
　KAPITEL 9: HERAKLES, DER GRÖßTE HELD VON ALLEN............... 206
　KAPITEL 10: JASON UND DIE ARGONAUTEN............................ 219
　KAPITEL 11: THESEUS: DER MINOTAUROSJÄGER .................... 240
　KAPITEL 12: PERSEUS UND MEDUSA....................................... 249
　KAPITEL 13: DER TROJANISCHE KRIEG ................................... 257
　KAPITEL 14: DIE *ODYSSEE* UND DIE RÜCKKEHR DER HELDEN .... 268
　FAZIT......................................................................................... 286
SCHAUEN SIE SICH EIN WEITERES BUCH AUS DER REIHE
ENTHRALLING HISTORY AN............................................................ 288
LITERATUR..................................................................................... 289
BILDQUELLEN................................................................................. 295

# Teil 1: Geschichte Griechenlands

*Ein fesselnder Überblick über die griechische Geschichte*

# Einleitung

Griechenland und seine Geschichte regen die Fantasie an. Mit den zerklüfteten Bergen, die vom Meer umgeben sind, erinnert die Geschichte Griechenlands an epische Poesie, elegante Skulpturen und die Anfänge der Demokratie. Griechenland hat unvergessliche Kriege gegen das Persische, das Römische und das Osmanische Reich geführt, aber seine inneren Kriege sind vielleicht die denkwürdigsten. Über weite Strecken seiner Geschichte war Griechenland keine geeinte Nation, sondern eine Gruppe zerstrittener Stadtstaaten, die um die Vorherrschaft kämpften. Die griechischen Siedlungen erstreckten sich weit über das heutige Griechenland hinaus auf Kolonien rund um das Mittelmeer und das Schwarze Meer.

Im Laufe ihrer neuntausendjährigen Geschichte stiegen mehrere griechische Kulturen zu erstaunlichen Höhen auf, bevor sie einen katastrophalen Niedergang erlebten. Immer wieder erhoben sich neue griechische Mächte aus der Asche, um der Welt ihren Stempel aufzudrücken. Das Makedonische Reich unter Alexander dem Großen und seinen Nachfolgern erstreckte sich von der Balkanhalbinsel südwärts bis nach Ägypten und quer durch Asien bis zum Tal des Indus. Später beanspruchte das Byzantinische Reich einen großen Teil dieses Gebietes für sich.

Griechenland hat den Rest der Welt, insbesondere die römische Kultur, maßgeblich beeinflusst. Aber es nahm auch die wissenschaftlichen Erkenntnisse, Technologien und Religionen der umliegenden Regionen auf und entwickelte sie weiter. Diese Verschmelzung von asiatischem, nordafrikanischem und europäischem Wissen bildete die hellenistische Kultur, ein Epizentrum der Künste, Wissenschaften und Philosophie. Das östliche Überbleibsel des Römischen Reiches bestand über ein Jahrtausend lang als mächtiges Byzantinisches Reich fort. Es orientierte sich an der griechischen Kultur und war die Bastion des östlichen orthodoxen Christentums. Griechenlands facettenreiches und dauerhaftes Erbe hat die Welt bereichert.

Dieses Buch nimmt Sie mit auf eine verständliche und unterhaltsame Reise durch die Geschichte Griechenlands von der Steinzeit bis ins 20. Jahrhundert. Der kompakte Überblick stellt die verschiedenen griechischen Hochkulturen vor und erklärt, was jede Epoche auszeichnete und sie zu etwas Besonderem machte. Natürlich geht es in der Geschichte nicht nur um trockene Daten und Fakten, sondern auch um Menschen. Ihre Geschichten mit all ihrem Einfallsreichtum, ihrer Verzweiflung, ihrem Mut und ihrer Kunstfertigkeit werden in diesem Buch lebendig.

Die Lektüre der Geschichte kann faszinierend sein, aber sie hat auch unschätzbare Vorteile. Die Beschäftigung mit der Geschichte Griechenlands hilft uns, die griechischen Grundlagen für politische Innovationen in den vergangenen Jahrhunderten zu verstehen und zu erkennen, wie seine Kunst und Architektur unseren Sinn für Ästhetik beeinflusst haben. Wir schulden den griechischen Historikern Dank dafür, dass sie nicht nur ihre eigene Geschichte aufgezeichnet haben, sondern auch die der Babylonier, Perser, Römer und anderer Völker. Was die Griechen hinterlassen haben, ist mit unserem heutigen Leben verwoben.

Begeben wir uns auf eine Reise zu den frühesten Siedlungen Griechenlands und entdecken wir den beeindruckenden Beitrag der Griechen zu unserer Welt!

# ABSCHNITT EINS:
# Von der Jungsteinzeit bis zum Zusammenbruch in der Bronzezeit (7000 –750 v. u. Z.)

# Kapitel 1: Das Steinzeitalter, die Minoer und die kykladische Zivilisation

Ein Schädel! Der Stalagmit, der aus seinem Kopf wuchs, sah auf den ersten Blick wie ein Horn aus. Christos, ein griechischer Dorfbewohner, beugte sich vor, um den bizarren Fund in der Petralona-Höhle genauer zu betrachten und sein Licht darauf zu richten. War es ein Mensch?

Ein Jahr zuvor, 1959, hatte ein Hirte namens Filippos die Hänge des Berges Katsika in Chalkidike, einer Halbinsel im Norden Griechenlands, durchkämmt. Er war auf der Suche nach einer Wasserquelle für seine Herden. Dabei entdeckte er eine Öffnung zu einer riesigen Höhle. Im Inneren fand er mehrere Kammern, die mit Stalaktiten und Stalagmiten bedeckt waren. Und nun fand Christos einen Schädel in einer kleinen Höhle.

Geologen und Paläontologen haben den Schädel und die Höhle in den letzten sechs Jahrzehnten untersucht. Dem Schädel fehlt der Kieferknochen, aber die oberen Zähne sind noch vorhanden. Die Forscher diskutieren weiterhin, ob der Schädel männlich oder weiblich ist. Handelt es sich um einen Homo sapiens (ein moderner Mensch) oder um einen früheren Vorfahren? Wie alt ist er genau? Die heftig umstrittenen Schätzungen reichen von 160.000 bis 700.000 Jahren. Anthropologen kamen zu dem Schluss, dass er europäische Züge trug, was die Theorie in Frage stellt, dass die ersten Menschen aus Afrika stammten.

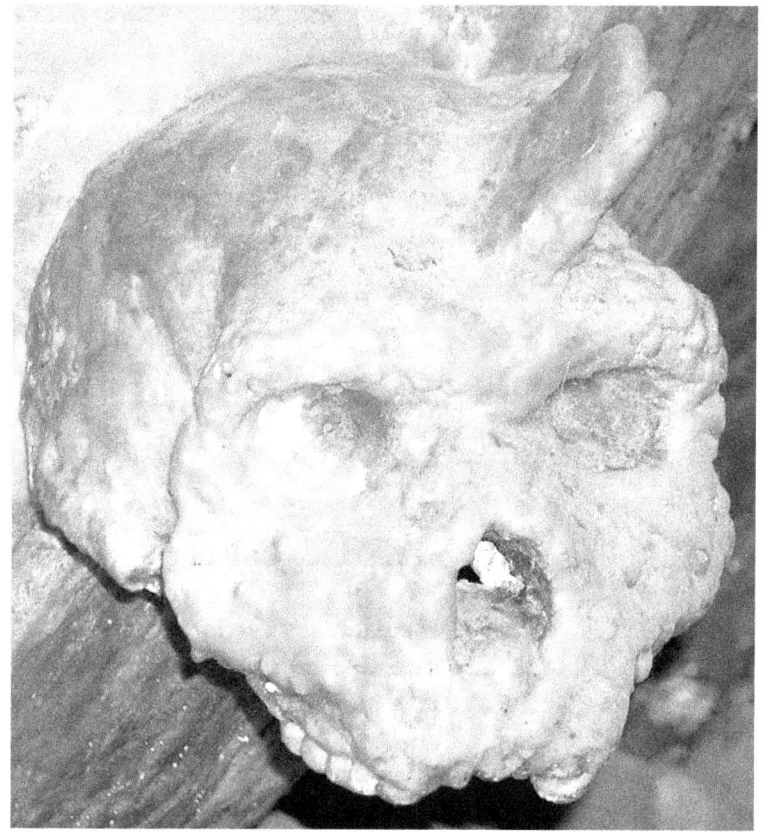

Der mit Kalk bedeckte Petralona-Schädel mit einem hervorstehenden Stalagmiten.[i]

Geologische Veränderungen haben die archäologische Untersuchung der prähistorischen Steinzeit Griechenlands erschwert. Die griechische Halbinsel liegt zwischen den geologischen Platten Afrikas und Eurasiens. Jahrtausendelang bewegte sich Afrika langsam einen Zentimeter pro Jahr in Richtung Griechenland und die Kollision der beiden Platten führte zu ständigen geologischen Faltungen, Hebungen, Vulkanen und Erdbeben. Die Erosion, die durch die Abholzung der griechischen Gebirgslandschaft durch die Bauern verursacht wurde, hat die archäologischen Zeugnisse weiter gestört.[i]

---

[i] Curtis Runnels, „Review of Aegean Prehistory IV: The Stone Age of Greece from the Paleolithic to the Advent of the Neolithic," *American Journal of Archaeology* 99, no. 4 (1995): 699. https://doi.org/10.2307/506190.

Die Steinzeit bezeichnet die früheste Periode der menschlichen Existenz, in der die Menschen Steinwerkzeuge benutzten. Die Archäologen streiten sich heftig darüber, wann dieser Zeitraum begann. Unter der Voraussetzung, dass Prozesse wie der radiometrische Zerfall mit der heutigen Geschwindigkeit abliefen, gehen viele Wissenschaftler von einem Datum vor zwei bis drei Millionen Jahren aus. Das Enddatum liegt bei etwa 3300 v. u. Z. (vor unserer Zeitrechnung), als die Menschen begannen, Werkzeuge aus Bronze zu benutzen. Dabei ist zu berücksichtigen, dass die verschiedenen Zivilisationen unterschiedlich schnell vorankamen.

Einer der ersten Archäologen, der sich mit der griechischen Steinzeit beschäftigte, war Christos Tsountas, der sich ab 1901 mit neolithischem (spätsteinzeitlichem) Material aus der thessalischen Ebene befasste. Adalbert Markovits führte in den 1920er Jahren Ausgrabungen in der Zaimis-Höhle in Attika und in der Ulbricht-Höhle auf der Argolischen Halbinsel durch. Er fand Artefakte aus dem Paläolithikum (Frühsteinzeit) und Mesolithikum (Mittelsteinzeit).

Unterdessen untersuchte Gordon Childe neolithische Funde in der thessalischen Ebene und stellte eine Ähnlichkeit zwischen griechischen Artefakten und solchen aus Westasien fest. Er glaubte, dass die außergewöhnlich entwickelte neolithische Zivilisation Thessaliens das erste Beispiel für sesshafte Menschen, die in Dörfern lebten und Landwirtschaft betrieben, in Europa war. Radiokarbondatierungen zeigen, dass die griechischen Stätten in Thessalien und auf der Peloponnes in Südgriechenland etwas jünger sind als die neolithischen Stätten in Westasien. Griechenland liegt an der Kreuzung früher menschlicher Wanderungen, und neuere Erkenntnisse deuten darauf hin, dass Griechenland das Zentrum der frühesten steinzeitlichen Kulturen Europas war.

In den 1960er Jahren begann Eric Higgs von der Universität Cambridge mit der archäologischen Erforschung von Epirus im Nordwesten Griechenlands. Er fand Artefakte, die auf eine paläolithische Zivilisation schließen lassen, die über längere Zeiträume kontinuierlich ansässig war. 1967 begann Thomas Jacobsen von der Indiana University mit Ausgrabungen in der Franchthi-Höhle über dem Argolischen Golf in Südgriechenland. Die Höhle diente als saisonaler Unterschlupf für Jäger aus dem Paläolithikum. Die Entdeckung von Obsidian (einem schwarzen Vulkangestein) auf der Insel Melos in der Ägäis bewies, dass die Menschen in der Jungsteinzeit bereits die Schifffahrt beherrschten.

Artefakte aus der Mittelsteinzeit in der Franchthi-Höhle zeigen den Übergang von der Großwildjagd zum Thunfischfang und zur Ernte von Wildpflanzen. Die Menschen der Jungsteinzeit in der Gegend von Franchthi schnitzten Figuren von Menschen und Tieren und bauten Steinhäuser und legten Terrassen für den Ackerbau an. Im Jahr 2015 entdeckten Taucher eine Unterwasserstadt am Strand von Lambayanna, ganz in der Nähe der Höhle. Ihre ältesten Schichten stammen aus der Übergangszeit vom Neolithikum zur Bronzezeit. Das steigende Meerwasser begrub die einst blühende Stadt, die mit ihren Befestigungsmauern, hohen Türmen und gepflasterten Straßen bis in die Bronzezeit überdauerte.[i]

Genetische Studien deuten darauf hin, dass die neolithischen Griechen, die Landwirtschaft betrieben, ihren Ursprung in der westlichen Türkei hatten und sich von Griechenland aus über ganz Europa ausbreiteten.[ii] Die ersten neolithischen Siedlungen in Griechenland betrieben keine Töpferei, aber Ackerbau, Fischfang und die Haltung von Rindern, Ziegen, Schafen und Schweinen. Auf der Argolischen Halbinsel und in Thessalien lebten sie in Dörfern mit bis zu hundert Einwohnern. Sie bauten Gerste, Linsen, Erbsen und Weizen an. Ihre Werkzeuge und Waffen bestanden aus Obsidian und Feuerstein. Obwohl sie anscheinend wegen des scharfen Obsidianglases nach Milos segelten, lebte bis zum Ende des Neolithikums niemand auf der Insel.

Um 6000 v. u. Z. entwickelten die neolithischen Griechen die Herstellung von Tonwaren, die sie bemalten und in Öfen brannten. Um 5000 v. u. Z. bauten sie Häuser mit Veranden und mehreren Räumen auf Steinfundamenten. Sie lebten in befestigten Dörfern mit bis zu dreihundert Einwohnern. Sie lernten Stein- und Marmorschnitzerei und stellten kleine Figuren von Frauen mit breiten Schultern und Hüften her, die manchmal ein Baby auf dem Arm trugen. Neben Weizen bauten sie Roggen und Hafer an, aus dem sie in Lehmöfen Brot backten. Aus Schafwolle webten sie Kleidung. Um 4000 v. u. Z. trugen ihre Tongefäße beeindruckende mehrfarbige Verzierungen.

---

[i] Julien Beck, et al. „Searching for Neolithic Sites in the Bay of Kiladha, Greece," *Quaternary International* 584 (May 20, 2021):129-40.
https://www.sciencedirect.com/science/article/pii/S1040618220308466#!

[ii] Hofmanová, Zuzana, et al. „Early Farmers from across Europe Directly Descended from Neolithic Aegeans." *PNAS*. 113 (25) (June 6, 2016): 6886-6891. doi:10.1073/pnas.1523951113. ISSN 0027-8424. PMC 4922144. PMID 27274049.

Die erste bronzezeitliche Kultur Griechenlands waren die Minoer, die sich um 3.500 v. u. Z. auf Kreta niederließen und später auch andere Inseln wie Rhodos und Thera besiedelten. Kreta liegt im Mittelmeer, fast auf halbem Weg zwischen dem griechischen Festland und Nordafrika. Der Archäologe Sir Arthur Evans nannte die ursprüngliche Zivilisation Kretas „minoisch", nach Minos, den antike Historiker als ersten König Kretas identifizierten. Dem griechischen Mythos zufolge war Minos der Sohn des Gottes Zeus und einer menschlichen Mutter, Europa, einer phönizischen Prinzessin, die in Südgriechenland lebte. Zeus entführte sie aus Griechenland, brachte sie nach Kreta und machte sie zu seiner Königin. Sie hatten drei Kinder, von denen Minos das älteste war.

Die Phönizier waren ein Seefahrervolk, das hauptsächlich im Libanon siedelte. Sie trieben jedoch Handel und gründeten Kolonien im gesamten Mittelmeerraum, einschließlich Südgriechenlands. Der Minos-Mythos könnte die Vermischung von phönizischen und griechischen Siedlern auf Kreta widerspiegeln. DNA-Proben zeigen, dass Kreta von Menschen aus der zentralen Levante (dem heutigen Syrien, Libanon und Israel) und später von mykenischen Griechen besiedelt wurde.[i]

Der griechischen Sage nach verärgerte Minos den Meeresgott Poseidon, als dieser ihm einen prächtigen, schneeweißen Stier schickte, um ihm zu zeigen, dass er zum König bestimmt sei. Statt den Stier Poseidon zu opfern, behielt Minos ihn für sich und opferte einen anderen Stier. Poseidon rächte sich, indem er Minos' Frau Pasiphaë verzauberte, die sich in den Stier verliebte und mit ihm schlief. Sie gebar ein Ungeheuer: den Minotaurus, halb Mensch, halb Stier, der Menschen verschlang. Minos baute ein Labyrinth, um die schreckliche Kreatur zu bändigen, aber er musste Menschen finden, die ihn fütterten.

Nachdem die Athener seinen Sohn getötet hatten, segelte Minos wütend nach Athen, um sich zu rächen. Minos' Vater Zeus strafte die Stadt mit Krankheit und Hunger. Um dem Zorn des Zeus zu entgehen, befahl Minos den Athenern, alle neun Jahre sieben Jungen und sieben Mädchen zum Minotaurus zu schicken. Zweimal schickte Athen vierzehn Kinder zu dem Ungeheuer. Beim dritten Mal begleitete der Held Theseus die Kinder. Er bahnte sich einen Weg durch das Labyrinth und

---

[i] King, RJ, et al. „Differential Y-chromosome Anatolian Influences on the Greek and Cretan Neolithic." *Annals of Human Genetics*. 72 (March 2008):205-14. doi: 10.1111/j.1469-1809.2007.00414.x. PMID: 18269686.

tötete den Minotaurus.

Minos war wahrscheinlich eine reale Person (ohne den Minotaurus). Er herrschte um 2000 v. u. Z., als die minoische Kultur einen großen Schritt nach vorne machte. Zuvor hatten die Minoer 1500 Jahre lang auf Kreta nach und nach eine Zivilisation aufgebaut. Sie entwickelten Handelszentren und eine Klassenhierarchie auf der Insel. Um 2000 v. u. Z. machten sie einen plötzlichen Sprung nach vorn und entwickelten sich zu einer komplexen Zivilisation, die die ersten Paläste und Städte Europas baute.

Die Entwicklung der minoischen Zivilisation könnte auf eine visionäre Führung zurückzuführen sein. Nach dem Historiker Thukydides baute Minos die erste Flotte Kretas (wahrscheinlich die erste Flotte überhaupt), die es den Minoern ermöglichte, sich zu einer großen Seemacht im Mittelmeer zu entwickeln. Minos nahm mit seiner Flotte die Inselgruppe der Kykladen nördlich von Kreta in Besitz. Er kämpfte gegen Athen und beherrschte die Ägäis und das Mittelmeer. Die Kreter trieben Handel mit Ägypten und Westasien und übernahmen einige der dortigen Technologien und Kunstfertigkeiten.

Dieser restaurierte Teil zeigt die Pracht des Palastes von Knossos.[2]

Um 2000 v. u. Z. begannen die Minoer in den kretischen Städten Knossos, Malia, Phaistos und Zakros mit dem Bau prächtiger Paläste. Erdbeben zerstörten die ursprünglichen Paläste, so dass die Menschen um 1700 v. u. Z. mit dem Wiederaufbau begannen. Die vierstöckigen Paläste überragten die Landschaft. Sie verfügten über einen zentralen Hof, massive Kolonnaden, prächtige Fresken an den Wänden und Bibliotheken mit den ersten beiden Schriftsprachen Europas.

Die Handwerker der Palastwerkstätten stellten wunderschöne Figuren und Töpferwaren her, die in der gesamten Ägäis und im Mittelmeerraum gehandelt wurden. Die Paläste dienten den umliegenden Bauernhöfen und Städten als regionale Zentren für Verwaltung, Religion und Handel. Von den Palästen führte ein Straßennetz in die umliegenden Gemeinden. In den Palästen wurden Getreide, Öl und Wein gelagert, vielleicht für den Handel oder als Notvorrat für Dürren oder andere Katastrophen.

In den ersten Jahrhunderten war jeder Palast unabhängig von den anderen. Nach dem Wiederaufbau der Paläste um 1700 v. u. Z. erlangte Knossos die Vorherrschaft über den Rest der Insel. Die Paläste hatten keine Befestigungsmauern, was darauf hindeutet, dass die Gemeinschaften friedlich zusammenlebten und keine Angst vor fremden Eindringlingen hatten. Aber sie besaßen Rüstungen, Pfeil und Bogen und Schwerter. Vielleicht war dies für Angriffe auf die Insel vom Meer aus gedacht. Die Wachtürme an den Straßen zwischen den Palästen deuten jedoch darauf hin, dass Banditen in den abgelegenen Gebieten der Insel ein Problem gewesen sein könnten.

Die minoische Kultur war bemerkenswert fortschrittlich. Die Menschen schufen eine erstaunliche Architektur, lebende Kunstwerke, Aquädukte, Abwassersysteme und Wasseraufbereitungsanlagen. Die Minoer hatten die ersten beiden (noch nicht entzifferten) Schriftsysteme Europas, die auf Siegeln und Tontafeln gefunden wurden. Ihr erstes Schriftsystem, das von 2100 bis 1700 v. u. Z. verwendet wurde, waren die kretischen Hieroglyphen, die stilisierte Bilder zur Darstellung von Wörtern oder Lauten verwendeten. In Ägypten wurde die Hieroglyphenschrift um 3200 v. u. Z. eingeführt, und die Minoer trieben Handel mit Ägypten. Trotz der oberflächlichen Ähnlichkeit war das kretische System anders. Ägypten hatte über achthundert Symbole, während die kretischen Hieroglyphen nur fünfundachtzig bekannte Symbole hatten. Die geringe Anzahl von Symbolen deutet darauf hin, dass die kretische Hieroglyphenschrift eine phonetische Schrift war, in der jedes Symbol einem Laut entsprach.

Das zweite Schriftsystem war Linear A, das um 1800 v. u. Z. in Gebrauch kam. Es handelte sich wahrscheinlich um ein phonetisches

Alphabet, das vermutlich demselben System wie die kretischen Hieroglyphen folgte, allerdings mit vereinfachten Schriftzeichen. Linear A unterscheidet sich von den ägyptischen Hieroglyphen und der mesopotamischen Keilschrift, obwohl es möglicherweise mit der protosinaitischen Schrift, dem Vorläufer des phönizischen Alphabets, in Verbindung steht. Archäologen haben Hunderte von Tontafeln gefunden, die mit Linear A beschriftet sind.

Die Minoer stellten hochwertige Keramik her, darunter filigrane Trinkgefäße und farbenfrohe Töpferwaren, zunächst mit geometrischen Mustern, später mit Blumen und Fischen. Ihre Kunst zeigt Männer mit Lendenschurz und Frauen in langen Gewändern. Frauen schienen den Männern gesellschaftlich gleichgestellt zu sein. Die dynamischen minoischen Kunstwerke zeigten Männer, Frauen, Tiere und Meeresbewohner in kühner Aktion.

Minoische Bauten und Kunstwerke deuten darauf hin, dass der religiöse Kult der Minoer Feste, Prozessionen und Opfergaben an ihre Gottheiten umfasste. Ein wesentliches Merkmal der minoischen Kultur war der Stier. Die Minoer brachten Stiere als Opfertiere dar, und auf ihren Mauern, Schmuckstücken und Statuen waren Stiere sehr viel häufiger abgebildet als andere Tiere. Die minoische Kunst zeigt den seltsamen Brauch des Stiersprungs, bei dem ein Mann einen Stier an den Hörnern packt und sich über seinen Rücken schwingt.

Dieses Fresko im Palast von Knossos zeigt einen Mann, der über einen Stier springt.[8]

Eine wichtige Gottheit war eine Göttin, die zwei Schlangen in der Hand hielt und einen langen Stufenrock trug. Priesterinnen in langen Gewändern werden auch beim Opfern von Stieren und anderen Opfergaben dargestellt. Der Kult fand in Palästen, auf Berggipfeln und in Höhlen statt. Bei archäologischen Ausgrabungen wurden Menschenopfer gefunden; in einem Fall ereignete sich ein Erdbeben, als die Minoer gerade einen Jugendlichen opferten, und die Mörder des Jungen wurden erschlagen.[i] Die Minoer von Knossos praktizierten Kinderopfer und Kannibalismus, woraus der Mythos der Kinderopfer an den Minotaurus entstanden sein könnte.[ii]

Die minoische Gesellschaft brach aufgrund einer Kombination von Naturkatastrophen und Invasionen gewaltsam zusammen. Das Erdbeben von 1700 v. u. Z. zerstörte einen Großteil der städtischen Zentren Kretas, aber die Kreter konnten sich erholen und sie wieder aufbauen. Etwa ein Jahrhundert später kam es jedoch auf der Insel Thera zu einem katastrophalen Vulkanausbruch. Die gewaltige Eruption der Stufe VEI-7 (Vulkanexplosivitätsindex) war wie die Explosion mehrerer Atombomben. Sie schleuderte zehn Millionen Tonnen Gestein, Asche und Gas dreißig Kilometer in die Höhe und drang bis in die Stratosphäre vor.

65 Meter Asche und Bimsstein begruben diejenigen, die nicht von Thera entkommen konnten. Der Vulkanausbruch und die begleitenden Erdbeben lösten einen verheerenden Tsunami aus, der die Nordküste Kretas überflutete und die Häfen und viele Städte zerstörte. Einige Minoer überlebten den Tsunami und die Erdbeben, und ihre Zivilisation überlebte bis 1100 v. u. Z., wenn auch stark geschwächt und verwundbar.

In der Zwischenzeit blühte die mykenische Kultur im Süden des griechischen Festlands auf. Die Minoer hatten viele Häfen und Verwaltungszentren verloren und konnten ihre Herrschaft über das Mittelmeer nicht aufrechterhalten. Die Mykener sprangen um 1450 v. u. Z. in die Bresche und ersetzten die minoischen Siedlungen durch eigene Handelsniederlassungen. Offenbar fielen sie um 1420 v. u. Z. auch in Kreta ein und brannten alle verbliebenen Paläste bis auf Knossos nieder,

---

[i] Rodney Castleden, *The Knossos Labyrinth: A New View of the 'Palace of Minos' at Knossos* (London: Routledge, 2012), 121-22.
[ii] Peter Warren, „Knossos: New Excavations and Discoveries," *Archaeology* 37, no. 4 (1984): 48-55. http://www.jstor.org/stable/41731580.

das von den Mykenern wieder aufgebaut wurde. Archäologische Funde belegen, dass die Mykener bis zum Ende der Bronzezeit mit den Minoern auf Kreta koexistierten.

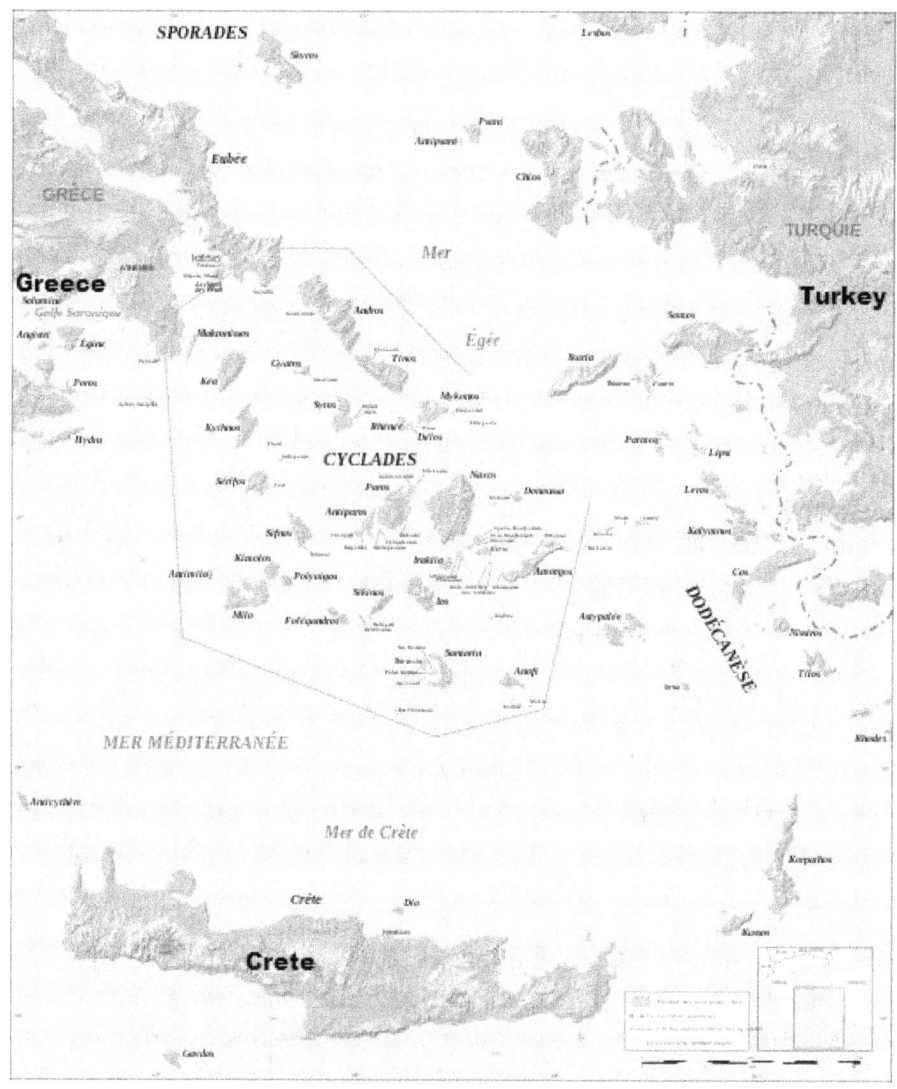

Die Kykladen liegen nördlich von Kreta zwischen Griechenland und der Türkei.'

Die kykladische Kultur entstand um 3200 v. u. Z. Es handelte sich um ein Seefahrervolk, das auf den Kykladen im Ägäischen Meer lebte. Das Wort „Kykladen" bedeutet „die umliegenden Inseln". Diese Inselgruppe bildet einen annähernden Kreis um die heilige Insel Delos. Delos war eine Kultstätte und wurde später zum mythischen Geburtsort der griechischen Gottheiten Artemis und Apollon. Die kykladische und die minoische Kultur existierten zur gleichen Zeit. Sie befanden sich in unmittelbarer Nachbarschaft und interagierten miteinander. Die Minoer besiedelten einen Teil der südlichen Kykladen.

Die Bewohner der Kykladen waren Fischer, Ackerbauern und Viehzüchter. Ihre kleinen Boote waren anfällig für die heftigen Winterstürme, so dass sie hauptsächlich im Sommer mit Speeren nach Thunfisch fischten, wenn die Fische näher an die Küste kamen. In der späten Bronzezeit bauten sie größere und stärkere Schiffe, die von fünfzig Ruderern angetrieben wurden und Hochseeexpeditionen zum Fischfang oder Handel ermöglichten. Heute sind viele der Inseln dünn besiedelt, fünfzehn sind unbewohnt. Vor der Abholzung der Wälder und der Überweidung lebte auf den Inseln eine blühende Bevölkerung. Die Menschen bauten Gerste, Wein und Oliven auf Terrassen an, die sich die Berge und Hügel hinaufzogen.

Einige Inseln wie Milos waren vulkanischen Ursprungs. Sie lieferten den messerscharfen schwarzen Obsidian, der für die Herstellung von Werkzeugen und Waffen geschätzt wurde. Kupfer, Gold, Eisen, Marmor und Silber waren weitere Bodenschätze, die den Reichtum der Inseln ausmachten. Da die Kykladen über einen Überschuss an Ressourcen verfügten, segelten sie von einer Insel zur anderen, handelten mit Waren und exportierten sie auf das griechische Festland.

Archäologen gehen davon aus, dass Mykonos, Antiparos und Saliagos die ersten Inseln waren, die im Spätneolithikum besiedelt wurden. Die neolithischen Ruinen auf Saliagos enthüllten die Überreste von Steinhäusern und eines größeren Gebäudes mit einem Durchmesser von etwa 16,5 x 15 Metern. Fragmente einfacher Keramik waren mit weißer Farbe in geometrischen Mustern bemalt. Die Handwerker von Saliagos formten Speer- und Pfeilspitzen aus Obsidian in schmaler, dreieckiger oder blattförmiger Form. Diese charakteristischen Obsidianstücke wurden in allen neolithischen Siedlungen Griechenlands gefunden, was auf einen regen Handel zwischen den Kykladen und dem Festland schließen lässt.

Marmorfiguren, meist Frauenfiguren, wurden zu einem Markenzeichen der Kykladenkultur. Sie waren in der Regel etwa einen Meter hoch, manche jedoch fast lebensgroß. Einige hatten die Form einer Geige, mit unnatürlich langen Köpfen und Hälsen und manchmal ohne Beine. Ihre Gesichter waren oft nur durch eine Nase gekennzeichnet, obwohl Augen und Mund möglicherweise aufgemalt waren. Sie wurden sowohl aus Männer- als auch aus Frauengräbern geborgen. Ob sie eine religiöse Bedeutung hatten, ist umstritten.

Diese Marmorfigur stammt von der Insel Naxos, um 3000 v. u. Z.[5]

Archäologen haben auf der Insel Kea vierzig Gräber entdeckt. Die Erwachsenengräber hatten ummauerte Krypten, in denen jeweils ein bis dreizehn Erwachsene bestattet wurden. Verstorbene Kinder und Säuglinge wurden in Krügen oder kleinen Steinsärgen beigesetzt. Krypten- und Steinsargbestattungen wurden auch auf den Inseln Amorgos und Syros gefunden. Dieser Bestattungsstil war wesentlich fortschrittlicher als auf dem griechischen Festland zur gleichen Zeit, was auf eine eigene Kultur auf den Kykladen schließen lässt.[i] Ein merkwürdiger archäologischer Fund in einigen Gräbern der Kykladen sind Hunderte von „Bratpfannen": flache, runde Objekte aus Keramik oder Stein mit Verzierungen und einem Griff. Ihr Zweck bleibt ein Rätsel.

Diese kykladische „Bratpfanne" datiert von 2700 v. u. Z.[ii]

---

[i] John E. Coleman, „The Chronology and Interconnections of the Cycladic Islands in the Neolithic Period and the Early Bronze Age," *American Journal of Archaeology* 78, no. 4 (1974): 333–44. https://doi.org/10.2307/502747.

Als die minoische Zivilisation um 2000 v. u. Z. auf Kreta aufstieg, stellte ihre hochentwickelte Kultur die kykladische Zivilisation in den Schatten. Die Minoer besiedelten Teile der südlichen Kykladen und es gibt Hinweise auf eine gemeinsame Kultur von Kreta und den Kykladen. Der Tsunami und die Erdbeben, die die apokalyptische minoische Eruption auf den südlichen Kykladen begleiteten, hätten wahrscheinlich den Großteil des Lebens auf den benachbarten Inseln ausgelöscht. Dennoch überlebte die Kykladenkultur noch mehrere Jahrhunderte, bis sie um 1050 v. u. Z. zusammenbrach. Die minoische Kultur hatte sich bereits aufgelöst, gefolgt von der mykenischen, als Griechenland in sein jahrhundertelanges sogenanntes Dunkles Zeitalter versank.

# Kapitel 2: Die Mykener und das Dunkle Zeitalter

„Mein Bruder! Hast du deinen Schwur vergessen?" König Menelaos von Sparta schritt aufgeregt hin und her. Paris hatte seine Frau Helena entführt und sie nach Troja gebracht. Er brauchte die Hilfe seines Bruders, König Agamemnon von Mykene, um sie zurückzubekommen.

„Ja, Menelaos, ich erinnere mich, dass wir alle Helenas Vater versprochen haben, ihre Ehe zu verteidigen, egal, wen er wählt. Aber ich denke daran, was es kosten wird, Troja anzugreifen. Es ist eine mächtige Stadt, und wir werden sicher viele Männer verlieren, wenn wir in den Krieg ziehen. Wir müssen so viele Verbündete wie möglich um uns scharen, wenn wir gewinnen wollen. Und wenn wir siegen, werden wir die Kontrolle über die Dardanellen erlangen. Griechenland wird große Macht und großen Reichtum erlangen, wenn wir freien Zugang zu den Meerengen und zum Schwarzen Meer haben".

Der lange und verheerende Trojanische Krieg, der einst für einen Mythos gehalten wurde, hat kürzlich archäologische Unterstützung gefunden. Die „langhaarigen Achäer", wie Homer die Mykener nannte, waren auf die Kontrolle der Handelsrouten im Mittelmeer, in der Ägäis und am Schwarzen Meer fixiert. Sie waren bereit, ihre Rivalen zu vernichten, doch am Ende überforderten sie sich und brachten ihre eigene Zivilisation zu Fall.

Woher kamen die Mykener? Genetische Analysen deuten darauf hin, dass sie und die Minoer von den alten Steppenhirten der heutigen

Türkei, Armeniens und Irans abstammen. Im Gegensatz zu den Minoern war die mykenische DNA jedoch zu einem Viertel mit Sibirien und Nordosteuropa verbunden.[i] In der mittleren Bronzezeit drangen diese indoeuropäischen Völker nach Mittel- und Südgriechenland vor und gründeten die mykenische Zivilisation. Sie blühte von 1750 bis 1050 v. u. Z. auf und führte die Region zu neuen Höhen in Architektur, Technik und militärischem Know-how.

Wie wurden die Mykener zu einer Großmacht auf dem griechischen Festland und darüber hinaus? Durch die Übernahme der Kultur und des Wissens der Minoer entwickelten die Mykener eine brillante Hochkultur. Die kämpferischen Mykener eroberten Griechenland und Kreta und kamen durch den Handel mit den Kykladen, Zypern, Ägypten und Phönizien zu Wohlstand. Ihre genialen Ingenieure konstruierten gewaltige Festungen, Wasser- und Abwassersysteme und Brücken. Die späteren griechischen Zivilisationen verewigten sie mit Mythen über ihre Heldentaten und Erzählungen über Helden wie Achilles und Odysseus.

Das Zentrum der mykenischen Zivilisation war die Stadt Mykene auf der Halbinsel Peloponnes in Südgriechenland. Mykene lag in der Nähe von Athen und Korinth auf einem hohen Hügel unmittelbar landeinwärts des Saronischen Golfs. Die Verteidigungsmauern aus Kalkstein waren fast drei Meter dick und wurden ohne Mörtel errichtet. Die Steine sind so groß, dass die Legende besagt, der einäugige Zyklop habe die Mauern gebaut. Einige der Mauern stehen auch heute noch, mehr als dreitausend Jahre später. Das Megaron von Mykene (die große Halle, in der sich der Thronsaal befand) wurde von vier Säulen getragen und hatte eine erhöhte Plattform für den König.

---

[i] Lazaridis, et al. „Genetic Origins of the Minoans and Mycenaeans." *Nature* 548 (August 10, 2017): 214-18. doi: 10.1038/nature23310. Epub 2017 Aug 2. PMID: 28783727; PMCID: PMC5565772.

Über dreitausend Jahre später steht das Löwentor immer noch.[7]

Das Löwentor besteht aus drei Meter hohen rechteckigen Felsblöcken auf beiden Seiten des Eingangs, die einen zwanzig Tonnen schweren Türsturz tragen. Über dem Sturz befindet sich eine Skulptur mit zwei Löwen. Das Tor wurde um 1250 v. u. Z. erbaut und ist eine atemberaubende technische Meisterleistung. Es ähnelt dem Tor der hethitischen Stadt Hattusa, aber das Tor und die Mauern von Mykene sind raffinierter und aus besser aufeinander abgestimmten Felsblöcken gebaut. Wie wurde dieser gigantische Türsturz auf die Seitenpfosten gehoben? Es gibt Theorien, die besagen, dass bei Megalithbauten wie diesem eine provisorische Rampe aus Erde nach oben gebaut wurde, der riesige Türsturz, vielleicht auf Rollen, die Rampe hinaufgeschleppt, an Ort und Stelle gebracht und dann die Rampe wieder entfernt wurde. Das muss ein enormer Arbeitsaufwand gewesen sein. Kein Wunder, dass die Griechen dachten, der Zyklop hätte das Tor errichtet!

Die Mykener errichteten ihre Paläste in einer befestigten Zitadelle, der Akropolis, die meist auf einem Hügel lag. Auch die archaischen und klassischen Griechen errichteten ihre Paläste und Tempel auf einer Akropolis auf einem Hügel. Der Rest der Stadt erstreckte sich unten, während der majestätische Palast- und Tempelbezirk oben lag und von massiven Mauern umgeben war. Die erhöhte Lage bot doppelten Schutz: Die Wachposten konnten die gesamte Umgebung überblicken und Angriffe leichter abwehren. Im Falle eines Angriffs eilten die einfachen Bürger den Hügel hinauf, um innerhalb der Mauern Schutz zu suchen.

Obwohl bescheidener, war Tiryns der griechischen Mythologie und archäologischen Funden zufolge älter als Mykene. Die Stadt lag zehn Meilen südlich von Mykene am Argolischen Golf und war ein wichtiger Hafen. Die Mykener errichteten um 1600 v. u. Z. ihre Zitadelle und etwas mehr als zwei Jahrhunderte später ihren ersten Palast. Der Palast wurde 1200 v. u. Z. durch ein Erdbeben zerstört, aber die Stadt wuchs weiter und zählte 1050 v. u. Z. bereits 15.000 Einwohner. Sie war eine der wenigen Städte Griechenlands, die das Dunkle Zeitalter überlebten.

Die am besten erhaltene mykenische Palastanlage ist der Palast des Nestor in Pylos, den Homer in der Ilias und der Odyssee erwähnt. An der südwestlichen Küste der Peloponnes-Halbinsel gelegen, könnte die früheste Besiedlung auf das Jahr 2000 v. u. Z. zurückgehen. Mit dem Bau der Stadt wurde 1600 v. u. Z. begonnen. Der Palast und andere Gebäude auf der Akropolis von Pylos brannten jedoch 1400 v. u. Z. nieder. Der Palast wurde wiederaufgebaut und stand etwa zwei Jahrhunderte, bis er 1180 erneut niederbrannte.

Farbenfrohe Fresken, von denen einige noch erhalten sind, schmückten die Wände des Palastes. Die Tontafeln enthielten die umfangreichste Sammlung mykenischer Linear-B-Schriften auf dem griechischen Festland. Nach der Entzifferung von Linear B lieferten diese Tafeln wertvolle Informationen über die mykenische Kultur und das politische System. Andere große mykenische Zentren mit Palästen waren Athen, Sparta und Theben, aber über hundert weitere Städte lagen verstreut in der griechischen Landschaft.

**Dieses lebendige Fresko einer Taube und eines Lyraspielers schmückte eine Palastwand in Pylos.**[8]

Die großen mykenischen Zentren dienten als politische Zentren der Staaten mit einem König (*anax*), der von seinem Palast aus regierte und die Gewerbe der Region kontrollierte. Jeder Staat war in Bezirke unterteilt und hatte eine zentrale Stadt, die ebenfalls über einen Palast oder eine Festung verfügte. Tiryns war wahrscheinlich eine dieser „Bezirksstädte" unter Mykene. Alle Staaten waren in einem Bund zusammengeschlossen und unterstanden einem „Großkönig", der wahrscheinlich von Mykene aus regierte.[i]

Der *Anax* war auch Richter und militärischer Befehlshaber. Die Könige entstammten dem grundbesitzenden Kriegeradel. Dem König stand ein Ältestenrat beratend zur Seite, ein System, das sich in archaischer und klassischer Zeit fortsetzte. Die Mykener kannten drei

---

[i] Jorrit M. Kelder, *The Kingdom of Mycenae: A Great Kingdom in the Late Bronze Age Aegean* (Bethesda: CDL Press, 2010), 45, 86, 106-7.

grundlegende soziale Klassen: die Militäraristokratie, das einfache Volk (Bauern, Handwerker, Kaufleute usw.) und die Sklaven, die im Palast und in den Tempeln dienten.

Der Handel stand im Mittelpunkt der mykenischen Wirtschaft. Ihre Schiffe segelten im Westen bis nach Spanien und im Osten bis zum Schwarzen Meer. Der Sieg über Troja bedeutete die Kontrolle über die Dardanellen, die die Ägäis mit dem Schwarzen Meer verbanden. Die Mykener gründeten Kolonien rund um das Mittelmeer und die Ägäis, um ihre Handelsnetze zu festigen. Sie exportierten Oliven, Olivenöl, Rosinen, Töpferwaren, Textilien aus Leinen und Wolle sowie Wein. Importiert wurden Kupfer, Zinn und Luxusgüter.

Die mykenische Kunst spiegelt minoische Einflüsse wider, aber die Mykener drückten ihr ihren eigenen Stempel auf. Sie arbeiteten mit größeren Stücken als die Minoer, verwendeten neue Materialien und neue Stile wie die abstrakte Bildsprache. Sie waren bekannt für ihre auffälligen Keramiken und Fresken, die Themen wie Krieg, Religion, Jagd und Natur, insbesondere das Leben im Meer, behandelten. In den Palastwerkstätten wurden Glaswaren, fein geschliffene Edelsteine und Vasen aus Edelmetallen hergestellt.

Die Mykener entwickelten die minoische Linear A-Schrift zu Linear B weiter. Sie verwendeten eine ähnliche Form wie Linear A, fügten aber einige neue Zeichen hinzu. Der Hauptunterschied bestand darin, dass die beiden Schriftsysteme verschiedene Sprachen repräsentierten. Die minoische Sprache ist seit mehr als zwei Jahrtausenden ausgestorben, und wir wissen bis heute nicht, um welche Sprache es sich dabei handelte. Als die Archäologen begannen, alle Tontafeln in Pylos auszugraben, konnte niemand die Linear-B-Schrift lesen, aber 1952 entschlüsselte Michael Ventris den Code.

Ventris war Architekt, hatte aber schon als Jugendlicher ein starkes Interesse an Linear B entwickelt. Auch als Erwachsener versuchte er, die Sprache zu entschlüsseln. Durch Beobachtung von Mustern fand er heraus, dass Linear B neunundachtzig Zeichen hatte. Das bedeutete, dass es sich größtenteils um eine phonetische Schrift handelte, bei der die Zeichen eher Laute als ganze Wörter darstellten, obwohl es auch über hundert nicht-phonetische Ideogramme gab. Ventris erkannte schließlich, dass die mykenische Sprache eine alte Form des Griechischen war.

Als die Mykener begannen, Paläste zu bauen, errichteten sie auch Heiligtümer in der Nähe oder innerhalb der Zitadellen. Die

Verwaltungszentren dienten auch als religiöse Zentren. Die Paläste von Pyros und Mykene verfügten über Altäre in ihren Höfen oder Vorhallen. Wie die Minoer opferten auch die Mykener bei ihren religiösen Zeremonien Stiere und schütteten Wasser als Trankopfer aus. Im Tempel von Mykene befanden sich mehrere Figuren, bei denen es sich offenbar um Verehrer und Gottheiten handelte, sowie fünfzehn tönerne Schlangen.

Die Fresken im Tempel zeigen mehrere Frauen, die entweder Göttinnen oder Priesterinnen waren. Auf den Tontafeln der Linear B sind Opfer aus Getreide, Honig, Duftöl und Gewürzen verzeichnet. Die Mykener waren polytheistisch und verehrten einige der gleichen Götter wie die späteren klassischen Griechen, darunter Zeus (auf Kreta Diktaios genannt), Ares (A-re), Artemis (A-te-mi-to), Dionysos (Di-wo-nu-so), Hera (E-ra), Hermes (E-ma) und ihre Hauptgottheit Poseidon (Po-se-da-o). Sie hatten eine mächtige weibliche Gottheit namens Potnia (Geliebte), möglicherweise das Gegenstück zu Athene, und weibliche Versionen von Zeus und Poseidon (Diwia und Posidaia), die in späteren griechischen Epochen nicht mehr verehrt wurden.[i]

Wie die Kykladier und die Minoer bestatteten auch die Mykener ihre Toten häufig in Särgen, allerdings nicht aus Stein, sondern aus verziertem Ton. Die kreisförmig angeordneten Schachtgräber befinden sich direkt vor dem Löwentor des Nestorpalastes, wo die Aristokraten von Pylos bestattet wurden. Die mykenischen Schachtgräber waren bis zu 3,60 m tief. Sie hatten eine rechteckige Form, einen Boden aus Kieselsteinen und gemauerte Wände. Jedes Grab war mit einem Dach aus Holzbohlen bedeckt. Darüber befanden sich ein Erdhügel und eine Stele oder ein Grabstein. Jedes Schachtgrab enthielt zwei bis fünf Leichen. Mit den Toten wurden Goldschmuck, Becher und Totenmasken beigesetzt, während die Krieger mit ihren Waffen bestattet wurden. Nachdem der Amateurarchäologe Heinrich Schliemann in den Schriften Homers und des griechischen Geographen Pausanias aus dem 2. Jahrhundert u. Z. nach Hinweisen gesucht hatte, entdeckte er 1876 die Schachtgräber.

---

[i] Susan Lupack, „Mycenaean Religion," in *The Oxford Handbook of the Bronze Age Aegean*, ed. Eric H. Cline, (2012). 10.1093/oxfordhb/9780199873609.013.0020.

Die Mykener legten wichtigen Personen Totenmasken auf das Gesicht. Diese von Schliemann in Mykene gefundene Maske stammt aus der Zeit um 1550 v. u. Z.[9]

In der Ilias berichtet Homer, dass König Agamemnon von Mykene eine Koalition griechischer Truppen über die Ägäis nach Troja führte. Der angebliche Grund für die Invasion war die Befreiung der Frau des Menelaos, Helena, aus den Händen von Prinz Paris. Die Möglichkeit, den Übergang von der Ägäis zum Schwarzen Meer zu kontrollieren, ermöglichte es Agamemnon jedoch zweifellos, griechische Verbündete zu rekrutieren. Nach zehn Jahren Krieg eroberten die Mykener schließlich Troja und brannten es nieder, nachdem sie mit dem Trojanischen Pferd in die Stadt eingedrungen waren. König Menelaos brachte Helena zurück, und die griechischen Helden segelten nach Hause.

Historiker haben den Trojanischen Krieg meist als reinen Mythos abgetan, aber die alten Griechen glaubten, dass es sich um ein reales historisches Ereignis handelte, das um 1200 v. u. Z. stattfand. Sie vermuteten Troja in der heutigen Nordwesttürkei am Eingang zu den Dardanellen. 1870 reiste Heinrich Schliemann, der Amateurarchäologe, der später die Gräber von Pylos entdeckte, in die Türkei. Er traf sich mit Charles Maclaren und Frank Calvert, die einen niedrigen Hügel in einer flachen Ebene für das antike Troja hielten. Schliemann grub einen tiefen Graben von der Mitte des Hügels bis zum Boden.

Homer sagte, ein anderer Name für Troja sei der hethitische Name Wilusa. Er schrieb, dass Prinz Paris auch Alaksandu genannt wurde. Nach hethitischen Aufzeichnungen gehörte Wilusa zum Hethiterreich. Seine strategische Lage für den Seehandel zwischen dem Schwarzen Meer und der Ägäis verhalf ihm zu Reichtum. Hethitische Dokumente berichten, dass Wilusa gegen die „Ahhiyawa" kämpfte und erwähnen Alaksandu. Viele Gelehrte glauben, dass die Ahhiyawa die mykenischen Griechen waren.

Schliemanns Ausgrabungen förderten neun Schichten einer mächtigen und wohlhabenden Stadt zutage, deren älteste auf 3000 v. u. Z. datiert wird. Er fand eine Schicht aus der Zeit zwischen 1300 und 1180 v. u. Z. mit einer kuppelförmigen Zitadelle und anderen Strukturen, die mit Homers Beschreibung von Troja übereinstimmen. Diese Schicht enthielt Hinweise auf ein plötzliches, katastrophales Ende um 1180 v. u. Z., etwa zu der Zeit, als die antiken griechischen Geschichtsschreiber behaupteten, Troja sei gefallen.

Obwohl die Beweise nicht absolut schlüssig sind, könnten die Mykener Troja um 1180 v. u. Z. zerstört haben. Etwa zur gleichen Zeit versank ihre Zivilisation im Chaos. Homers Odysseus gibt einige Hinweise auf diesen Zusammenbruch. Hätte der Trojanische Krieg wirklich stattgefunden, wären die griechischen Könige und andere wichtige Führungspersönlichkeiten ein Jahrzehnt lang nicht in ihrem Land gewesen. Als sie schließlich zurückkehrten, fanden sie wahrscheinlich destabilisierte Staaten vor, denen es an Führung mangelte.

Die Abwesenheit vieler Krieger machte die Städte anfällig für Angriffe. Möglicherweise mussten die Könige ihre Position gegenüber demjenigen festigen, der in ihrer Abwesenheit als Regent fungiert hatte. Die Frau des Königs Agamemnon nahm sich während seiner Abwesenheit einen Liebhaber, und als Agamemnon nach Hause kam, ermordeten sie und ihr Liebhaber ihn. Daraufhin tötete ihr Sohn sie und ihren Liebhaber, um Agamemnons Tod zu rächen. In diesem Krieg erlitten sowohl die Griechen als auch die Trojaner schreckliche Verluste. Viele griechische

Städte verloren ihre Könige und unzählige Krieger. Die Verluste an Menschenleben, die für den Krieg aufgewendeten Reichtümer und die Destabilisierung, die der Krieg in Griechenland auslöste, führten möglicherweise zur Implosion der mykenischen Zivilisation.

Die Mykener waren jedoch nicht die einzige Zivilisation, die um 1200 v. u. Z. unterging. Zwischen 1200 und 900 v. u. Z. erlebte die Bronzezeit den katastrophalen Untergang zahlreicher Kulturen im östlichen Mittelmeerraum: im Nahen Osten, in Nordafrika und auf der Balkanhalbinsel. Umweltkatastrophen wie Dürren und Erdbeben schwächten die Gesellschaften der Region. Mysteriöse marodierende „Seevölker" wüteten in den Küstenstädten von Ägypten bis zur Türkei. Sie zerstörten den Seehandel, unterbrachen die Versorgungskette im Mittelmeer und brachten das System zum Zusammenbruch.

Die meisten mykenischen Städte lagen in Trümmern und gerieten in Vergessenheit, nachdem eine zerstörerische Kraft ihre majestätischen Paläste zerstört hatte. Auch die minoische und die kykladische Kultur brachen zusammen. Die Apokalypse war so abrupt und total, dass die überlebenden Griechen selbst in den wenigen nicht zerstörten Städten ihre Schriftsprache verloren. Archäologen haben in Griechenland drei Jahrhunderte lang keine Spuren von Schrift gefunden.

Könnten die Seevölker die dorischen Griechen gewesen sein? Einer griechischen Legende zufolge wurden sie zur Zeit des Herakles aus Griechenland verbannt, kehrten aber aus dem Norden zurück und eroberten die Halbinsel Peloponnes in Südgriechenland. Die griechische Sprache hatte mehrere Dialekte und dies scheint der Grund zu sein. Es gibt jedoch keine eindeutigen archäologischen Beweise für eine dorische Invasion. Städte wurden niedergebrannt, aber keine neuen gegründet. Bis etwa 1000 v. u. Z., als die Eisenverhüttung langsam aufkam, geschah in Griechenland nichts Neues.

Die Ursache für das Dunkle Zeitalter Griechenlands bleibt ein Rätsel. Vielleicht war es ein massiver innerer Aufstand oder eine Seuche. Große Teile der Bevölkerung starben plötzlich, die hochentwickelte griechische Zivilisation zerfiel und die Wirtschaft brach zusammen. Alle Fortschritte der minoischen und mykenischen Zivilisation wurden rückgängig gemacht. Die geschrumpfte Bevölkerung betrieb weiterhin Ackerbau, Fischfang und Viehzucht, aber nur, um sich in ihren kleinen, verarmten Gemeinschaften zu ernähren. Das Dunkle Zeitalter Griechenlands dauerte mehr als 300 Jahre.

Um das Jahr 800 v. u. Z. begann sich Griechenland langsam aus der Asche seiner in Trümmern liegenden Gesellschaft zu erheben. Diese kulturelle Erneuerung baute auf der mykenischen Vergangenheit auf, war aber wesentlich einfacher. Die fließenden, realistischen Szenen der mykenischen Keramik wichen abstrakten Szenen und geometrischen Mustern. Die Bevölkerung begann wieder zu wachsen, indem neue Städte gebaut oder alte wieder aufgebaut und Tempel errichtet wurden. Der Handel wurde wieder aufgenommen und die Wirtschaft wuchs.

Ein technologischer Fortschritt, der das Dunkle Zeitalter kennzeichnete, war die Verhüttung von Eisen für Werkzeuge und Waffen, die Griechenland von der Bronzezeit in die frühe Eisenzeit führte. In der Bronzezeit stellten Ägypter und Mesopotamier kleine Mengen von Eisenwerkzeugen her, indem sie Meteoriten, die aus Eisen-Nickel-Legierungen bestanden, mit einem Hammer zerschlugen. Sie brauchten nicht geschmolzen zu werden, aber offensichtlich gab es nicht viele Meteoriten.

Die Eisenverhüttung begann in Anatolien (Türkei) in der Bronzezeit. Griechenland schien kurz vor dem Dunklen Zeitalter an der Schwelle zur Nutzung dieser Technologie gestanden zu haben, denn Archäologen haben mehrere eiserne Werkzeuge oder Waffen aus der Zeit zwischen 1300 und 1200 v. u. Z. gefunden. Um 1000 v. u. Z. nahm die Zahl der Eisenwerkzeuge deutlich zu, was darauf hindeutet, dass die Griechen die Eisenverhüttung in Hochtemperaturöfen beherrschen.

Um 770 v. u. Z. begannen die Griechen wieder zu schreiben, aber nicht mit Linear A oder B. Diesmal nahmen sie das semitisch-phönizische Alphabet als Leitfaden, fügten aber Vokale hinzu und passten es an das gesprochene Griechisch an, das andere Laute hatte. Mehr als die Hälfte der Buchstaben des antiken griechischen Alphabets finden sich in den heutigen westeuropäischen Alphabeten, einschließlich des Englischen. Sobald die Griechen wieder über ein Schriftsystem verfügten, begannen sie, es in viel größerem Umfang zu nutzen als zuvor. Linear B wurde hauptsächlich für Aufzeichnungen verwendet, aber das neue griechische Alphabet wurde auch für die Niederschrift der Ilias und der Odyssee benutzt. Das neue Alphabet markiert den Übergang zur archaischen Periode mit ihrer epischen Poesie und ihrer glänzenden und blühenden Zivilisation.

# ABSCHNITT ZWEI:
# Von der archaischen Zeit bis zur römischen Eroberung (750 – 146 v. u. Z.)

# Kapitel 3: Die archaische Zeit

„Majestät! Ich bitte Euch! Lasst Eure Flotte nicht in die Bucht von Eleusis segeln. Wir werden in der Meerenge von Salamis im Nachteil sein. Die Griechen manövrieren am besten in engen Gewässern."

Königin Artemisia von Halikarnassos war eine der Flottenkommandanten von König Xerxes I. Er hatte seine eine Million Mann starke persische Streitmacht ohne Widerstand aus den nördlichen und mittleren Staaten nach Griechenland geführt. Doch der Süden Griechenlands, angeführt von Athen, Sparta und Korinth, hielt stand.

„Artemisia, wir haben sie in der Falle! Wenn wir Salamis einnehmen, können wir die Athener auslöschen. Sie bekämpfen sich gerade gegenseitig. Sie sind demoralisiert. Das wird ein leichter Sieg!"

Xerxes bestieg den Berg Aigaleo, um die beste Aussicht auf seinen erwarteten Sieg zu haben. In der Bucht lagen nur ein paar korinthische Schiffe. Die dreihundert griechischen Triremen, die in den Buchten der Insel Georgios versteckt lagen, konnte er nicht sehen. Seine Selbstsicherheit verwandelte sich in Entsetzen, als er beobachtete, wie sich das Debakel vollzog. Als seine Schiffe die korinthischen Schiffe in die Meerenge jagten, fuhren die griechischen Triremen hinter ihnen her und hielten die Perser in der Enge gefangen. Immer wieder rammten sie die persischen Schiffe, bis sinkende Schiffe und treibende Körper das Wasser bedeckten.

Der legendäre Sieg Griechenlands gegen die massiven persischen Streitkräfte im Jahr 480 v. u. Z. war der entscheidende Moment der griechisch-persischen Kriege. Von diesem Zeitpunkt an waren die

Griechen die Angreifer und die Perser in der Defensive. Damit endete auch die archaische Ära, die mit den ersten Olympischen Spielen im Jahr 776 v. u. Z. begonnen hatte. Wie der legendäre Phönix stieg Griechenland aus dem Dunklen Zeitalter auf, widerstandsfähiger und strahlender als je zuvor. Die archaische Ära Griechenlands war geprägt von zauberhafter Poesie, neuartiger Philosophie, hinreißender Architektur und Skulpturen sowie sensationellen Fortschritten in Technik, Mathematik und Wissenschaft.

Die olympischen Sprinter Griechenlands auf einer Amphore aus dem 6. Jahrhundert v. u. Z. mit den neu eingeführten griechischen Buchstaben über den Läufern.[10]

Die Stadt Olympia auf der Peloponnes war Schauplatz der ersten Olympischen Spiele, die als Fest des Zeus alle vier Jahre stattfanden und zur Tradition wurden. Obwohl die griechischen Stadtstaaten oft gegeneinander kämpften, schlossen sie während der Olympischen Spiele einen Waffenstillstand, der die Sicherheit bei den Spielen und bei der An- und Abreise garantierte. Zu den ersten Olympischen Spielen kamen Athleten aus einem Dutzend Städten zu den Laufwettbewerben. Am Ende der archaischen Ära kamen die Athleten aus hundert Städten Griechenlands und seiner Kolonien, die sich vom Schwarzen Meer bis zum westlichen Mittelmeer erstreckten. Zu dieser Zeit umfassten die Wettkämpfe bereits Wagenrennen, Diskus- und Speerwurf, Weitsprung und militärische Disziplinen.

Das antike Griechenland war nie ein einheitliches Land, wie es heute der Fall ist. Stattdessen war es eine Ansammlung unabhängiger

Stadtstaaten, genannt Poleis (Singular Polis), auf dem griechischen Festland und Kolonien in der Ägäis, dem Schwarzen Meer und dem Mittelmeer. Ein Stadtstaat bestand aus einer Kernstadt und den sie umgebenden Ackerflächen, Dörfern und Städten. Gegen Ende der archaischen Ära, als einige Städte zur Demokratie übergingen, bezeichnete das Wort Polis die Bürger eines Stadtstaates.

Die Stadtstaaten waren politisch unabhängig voneinander und verfügten über eine Vielzahl von politischen Strukturen. Einige hatten Könige, in der Regel mit einem beratenden Rat. Sparta hatte zwei Könige. Einige Stadtstaaten wurden von einer kleinen Gruppe von Aristokraten, der Oligarchie, regiert. In Korinth stammten die Männer der Oligarchie alle aus der gleichen Familie. Später wurden Korinth und einige andere Städte von Tyrannen regiert. Athen durchlief in der archaischen Ära die ganze Bandbreite: Monarchie, Oligarchie, Tyrannei und Demokratie.

Jede Polis war wie ein eigenes kleines Land, das unabhängig von den anderen agierte, obwohl sie sich gegen einen gemeinsamen Feind verbündeten. Oft war der gemeinsame Feind ein anderer griechischer Stadtstaat. Die mächtigsten und bekanntesten Städte in der archaischen Zeit waren Sparta, Athen, Theben, Korinth, Argos, Eretria und Elis. Sie teilten eine gemeinsame Sprache, wenn auch mit unterschiedlichen Dialekten. Sie teilten auch die gleiche polytheistische Religion, mit Zeus als Hauptgott. Jeder Stadtstaat hatte eine Schutzgottheit. Poseidon war der Schutzpatron von Korinth, Dionysos war der göttliche Schutzpatron von Theben und Zeus' Frau Hera war die Hauptgöttin von Argos.

Während der gesamten archaischen Ära waren Athen und Sparta Erzrivalen. Beide lagen in Südgriechenland, nur etwa 240 Kilometer voneinander entfernt, aber sie waren in ihrer Philosophie, Politik, Lebensweise und Sozialstruktur völlig gegensätzlich. Die Spartaner waren für ihre strenge Disziplin und ihren Widerstand gegen Veränderungen bekannt. Die Athener waren fortschrittlich und liebten nichts mehr als Debatten über die neuesten Philosophien und Ideen.

Die beiden Könige Spartas regierten mit einem Rat älterer Männer, die sich im Alter von sechzig Jahren aus dem Militärdienst zurückgezogen hatten. Spartas Lebensstil drehte sich um sein Militär. Jeder fähige männliche Bürger Spartas im Alter von zwanzig bis sechzig Jahren diente im Militär. Die Männer heirateten im Alter von zwanzig Jahren, lebten jedoch bis zu ihrem dreißigsten Lebensjahr in den Kasernen und besuchten ihre Frauen heimlich in der Nacht. Da ihre Ehemänner so viel unterwegs waren, kümmerten sich die unabhängigen spartanischen Frauen um ihre Geschäfte, trugen kurze Röcke und erlernten kriegerische Fähigkeiten.

Während das übrige Griechenland aus dem Dunklen Zeitalter erwachte, befand sich Sparta in einem Zustand der Anarchie. Die Spartaner setzten sich schließlich mit einer Reihe von Reformen durch, die ihre Gesellschaft vom Rest Griechenlands unterschied. Da alle Männer hauptberuflich in der Armee dienten, brauchten sie jemanden, der die Felder bestellte, und so eroberten sie die benachbarten Regionen Messenien und Lakonien. Sie zwangen diese Menschen, als Heloten oder Leibeigene zu arbeiten. Die Heloten bestellten die Felder. Da jeder spartanische Mann frei war, um hauptberuflich im Heer zu dienen, wurde Sparta bis zum Ende der archaischen Zeit die stärkste Militärmacht Griechenlands.

Athen war ein bedeutendes mykenisches Zentrum und eine der wenigen griechischen Städte, die das Dunkle Zeitalter überlebten. Dank seiner idealen Lage für den Seehandel blühte Athen gegen Ende des Dunklen Zeitalters auf und half dem Rest Griechenlands aus der Erstarrung. Athen gewann die Kontrolle über den größten Teil der Halbinsel Attika in Südgriechenland und wurde zu einem riesigen Stadtstaat. Es war der reichste und mächtigste Staat der frühen archaischen Zeit.

Während Sparta während der gesamten archaischen Periode die gleiche politische und soziale Struktur beibehielt, durchlief Athen eine Reihe von Veränderungen. In mykenischer und früharchaischer Zeit war es eine Monarchie mit einem Rat. Dann ging es zu einem System mit drei Hauptmagistraten über, die *Archonten* genannt wurden und an der Spitze des Stadtstaates standen. Die *Ekklesia* (die Versammlung der männlichen Bürger) wählte sie aus der Elite, zunächst auf Lebenszeit, dann für zehn Jahre und schließlich für ein Jahr. Ein *Archon* stand an der Spitze des Heeres, ein anderer leitete die religiösen Funktionen und der dritte, der oberste Magistrat, war der Verwaltungschef mit der größten Machtfülle. Sechs weitere Archonten, *thesmotetai* genannt, dienten als Richter.

Um 621 v. u. Z. waren die Athener zunehmend unzufrieden mit ihren ungeschriebenen Gesetzen, die zu Verwirrung und Ausbeutung führten. Sie baten Drakon, den ersten Gesetzgeber Athens, ein Gesetzbuch zu schreiben. Doch Drakons Gesetze waren lächerlich hart und sahen für geringfügige Verstöße die Todesstrafe vor. Positiv zu vermerken ist, dass alle Athener, ob Aristokraten oder Arbeiter, unter Drakons Rechtssystem die gleichen Rechte hatten.

Siebenundzwanzig Jahre später beauftragten die Athener ihren obersten Richter Solon mit der Ausarbeitung einer Verfassung. Er schrieb die Gesetze Drakons um und veränderte das politische System so, dass Männer aus allen Klassen wahlberechtigt waren. In seinem System gab es in Athen vier Klassen, und aus jeder Klasse wurden hundert Männer in den vierhundertköpfigen Rat (*Bule* genannt) gewählt. Nicht jeder Bürger war wahlberechtigt, aber hundert Wähler repräsentierten jede Gesellschaftsschicht gleichermaßen. Das war ein großer Schritt in Richtung Demokratie.

Der nächste Schritt auf dem politischen Weg Athens war die Herrschaft eines Tyrannen, der nicht unbedingt ein grausamer Despot sein musste. Ein Tyrann kam außerhalb der üblichen Wege an die Macht. Er war kein Kronprinz oder wurde von der Kirche gewählt, sondern bestieg den Thron, manchmal mit Hilfe unterdrückter Bürger, die eine Veränderung wünschten. Er besaß absolute Autorität. Er hatte einen beratenden Rat, aber er hatte das letzte Wort. Als Usurpator setzte er sich oft über Teile der Staatsverfassung hinweg, obwohl er im Allgemeinen die meisten Systeme beibehielt.

Obwohl Tyrannen absolute Macht besaßen, nutzten sie diese manchmal zum Wohle ihres Stadtstaates, insbesondere zum Wohle der Armen und der Arbeiter. Die Griechen der archaischen Zeit betrachteten Tyrannen weder als gut noch als schlecht; es kam auf den Menschen und seine Taten an. Tyrannen kamen oft durch Manipulation an die Macht, wenn die Machthaber die Bedürfnisse der Massen ignorierten. Sie buhlten um die Gunst der vernachlässigten und unterdrückten Klassen und versprachen Reformen als Gegenleistung für ihre Unterstützung. Doch sobald ein Tyrann an der Macht war, musste er seine Versprechen einhalten oder riskierte, seine Position zu verlieren. Die Tyrannis war für das archaische Griechenland ein Sprungbrett zwischen der Herrschaft eines Königs oder einer Oligarchie und einer rudimentären Demokratie.

Der erste Tyrann Athens war der Kriegsheld General Peisistratos, ein Verwandter Solons. Als der Klassenkonflikt Athen erschütterte, machte sich Peisistratos zum Verteidiger der unteren Schichten, die die Mehrheit der Stadtbevölkerung ausmachten. Einmal an der Macht, verbesserte Peisistratos das Leben der Arbeiter und der unterdrückten Armen. Er gab den Bauern ihr Land zurück, das sie wegen Schulden verloren hatten, und half ihnen, eine rentablere Landwirtschaft zu entwickeln, indem er ihnen den Anbau von Feldfrüchten für den Verkauf ermöglichte. Er nutzte seinen eigenen Reichtum aus den makedonischen Goldminen, um die Infrastruktur Athens zu verbessern, und förderte Feste und Spiele, die alle Bevölkerungsschichten erfreuten. Er verbesserte die Flotte Athens und machte die gesamte Halbinsel Attika zu einem produktiven und wohlhabenden Ort. Athen ging es unter Peisistratos so gut, dass andere griechische Stadtstaaten die Tyrannis als eine mögliche Option betrachteten.

Peisistratos' Sohn Hippias war der nächste Tyrann in Athen. Er trat zunächst in die Fußstapfen seines wohltätigen Vaters, doch verschlechterte sich seine Lage so sehr, dass Sparta einmarschierte und Isagoras als nächsten obersten Magistraten einsetzte. Isagoras verbannte alle, die er als politische Bedrohung ansah, und konfiszierte ihr Land. Im Jahr 508 v. u. Z. schließlich erhoben sich die Athener, vertrieben Isagoras und machten den demokratischen Visionär Kleisthenes zum neuen Herrscher Athens.

Die neuen demokratischen Reformen des Kleisthenes teilten Athen und den Rest der Halbinsel Attika in zehn Phylen auf. Jede Phyle bestand aus dreißig Einheiten (Trittyen): zehn aus Athen, zehn aus dem ländlichen Ackerland und zehn aus der Küstenregion. Fünfzig männliche Bürger aus jeder der zehn Phylen dienten ein Jahr lang in einem fünfhundertköpfigen Rat. Alle Bürger – ob arm oder reich, ob vom Land oder aus der Stadt – waren gleichberechtigt vertreten, ein weiterer wichtiger Schritt in Richtung Demokratie. Allerdings waren nicht alle Bürger wahlberechtigt und Frauen nicht vertreten. Dennoch wurde damit ein neues politisches System eingeführt, das bis in die Klassik hinein Bestand hatte.

Die archaische Epoche Griechenlands war von ständigen Kriegen geprägt. Oft bekämpften sich die Stadtstaaten untereinander, aber sie wetteiferten auch mit dem nordafrikanischen Karthago um die Kontrolle des Handels und der Kolonien rund um das Mittelmeer. Dieser Konflikt führte schließlich zu den Punischen Kriegen. Auch das riesige persische Achämenidenreich führte ab 547 v. u. Z. Krieg gegen Griechenland, als Kyros der Große die ionisch-griechischen Kolonien an der Ostküste der Ägäis eroberte. Dareios der Große drang auf das griechische Festland vor, was 490 v. u. Z. mit einer demütigenden Niederlage der Perser in der Schlacht von Marathon endete. Dareios' Sohn Xerxes I. fiel 480 v. u. Z.

mit seinem Millionenheer erneut in Griechenland ein – ein weiteres Fiasko für Persien.

Ein Hoplit des 5. Jahrhunderts mit Helm hinter sich.[11]

Zwei Gründe für den Erfolg Griechenlands in der Kriegsführung waren die hervorragende Flotte und die nahezu unbezwingbare Phalanxformation in der Feldschlacht. Die griechischen Hoplitenkrieger trugen Bronzehelme, die das Gesicht bedeckten, sowie bronzene Brustpanzer und Schienbeinschützer. In der linken Hand hielten sie Bronzeschilde, in der rechten einen sieben Fuß langen Speer. Sie stellten sich in Phalanxstellung auf: Schulter an Schulter, die Schilde leicht überlappend. Hinter der ersten Hoplitenreihe befanden sich mindestens sieben weitere Reihen. Die Phalanx glich einer menschlichen Dampfwalze, die mit langen Speeren und einem massiven Schildwall auf die feindlichen Linien zustürmte und alles zermalmte, was nicht von den Speeren aufgespießt wurde.

Die seefahrenden Griechen entwickelten in archaischer Zeit eine gefürchtete Flotte, mit der sie sich gegen das Perserreich zur Wehr setzten. Ihr wichtigstes Kriegsschiff war die etwa 36 Meter lange Trireme (Triere), die durch Ruder und Segel angetrieben wurde. Am Bug der Schiffe befanden sich Rammböcke, und die Griechen waren äußerst geschickt darin, feindliche Schiffe in der Seeschlacht zu rammen oder seitlich an ihnen vorbeizufahren und ihre Ruder zu brechen. Ihre Seemanöver, vor allem in Meerengen und Flüssen, brachten ihnen den Sieg über Persien.

Die Griechen waren wilde Krieger, aber auch Dichter. Die Epen Homers, die *Ilias* und die *Odyssee*, wurden wahrscheinlich mündlich überliefert, bis sie schließlich im neuen griechischen Alphabet niedergeschrieben wurden. Hesiod schrieb die *Theogonie* und *Werke und Tage* über die Schöpfung und die frühe Menschheitsgeschichte. Hesiod beschrieb das Goldene Zeitalter, in dem die Menschen nicht sündigten und weder harte Arbeit noch Trauer kannten. Im Silbernen Zeitalter mussten die Menschen hart arbeiten, lebten aber lange. Es folgte das gewalttätige Bronzezeitalter, das endete, als Zeus die Menschheit mit der großen Flut vernichtete. Doch Zeus befahl Deukalion, einem aufrechten Mann, eine Arche zu bauen und sie mit Nahrung zu füllen. Deukalions Familie überlebte und gründete die drei großen Stämme Griechenlands: die Äolier, die Dorer und die Achäer.

In archaischer Zeit wurden Gedichte, die zur Lyra gesungen wurden, populär. Sappho von Lesbos schrieb über Liebe und Lust zwischen Frauen. Mimnermos von Smyrna schrieb Kriegsgedichte über den Einfall des Lydischen Reiches in seine Stadt. Ein Chor sang und tanzte zur Chorlyrik, die in Sparta sehr beliebt war; zwei beliebte Komponisten waren Terpander von Lesbos und Alkman.

Der Apollontempel von Korinth, um 540 v. u. Z., zeigt dorische Säulen.[19]

Ein Markenzeichen der archaischen Bildhauerei waren die lebensgroßen Korai- und Kouroi-Statuen aus Marmor oder Kalkstein, die leicht lächelnde junge Frauen und Männer darstellten. Die Frauen (korai) trugen lange Zöpfe und bescheidene Kleider, die Männer (kouroi) waren nackt; beide stellten idealisierte junge Menschen dar. Die Griechen errichteten die ersten steinernen Tempel in der archaischen Epoche und folgten dabei ähnlichen Stilen wie die mykenischen Paläste und Tempel aus Holz und Ziegeln. Die früheste Tempelarchitektur war dorisch, mit Säulen, die sich in der Mitte ausbreiteten, und Friesen, die den oberen Teil schmückten.

Die vorsokratischen Philosophen prägten das geistige, politische und intellektuelle Verständnis des archaischen Griechenlands. Thales von Milet gilt als Vater der Wissenschaft. Er suchte nach wissenschaftlichen Antworten auf die Frage, warum und wie die Dinge geschehen, und nicht nach der gängigen Annahme, dass die Götter alles kontrollieren. Thales führte geometrische Konzepte in Griechenland ein, wie den Durchmesser eines Kreises und die Tatsache, dass ein gleichschenkliges Dreieck gleiche Basiswinkel hat.

Einer der Schüler von Thales war Anaximander, der lehrte, dass der Gott Atlas die Welt nicht festhalte, sondern dass sie von Natur aus frei schwebe. Er behauptete, dass die Natur bestimmten Gesetzen folge, die es zu respektieren gelte. Einmal sagte er richtig voraus, dass Sparta von einem Erdbeben heimgesucht werden würde, und brachte die Menschen rechtzeitig in Sicherheit. Einer von Anaximanders Schülern war Anaximenes, der entdeckte, dass sich Sterne und Planeten voneinander unterscheiden. Er erkannte, dass sich die Sterne auf den gleichen Ebenen in den gleichen relativen Positionen bewegen. Die Planeten, die er mit bloßem Auge beobachten konnte, zeigten jedoch komplexere Bewegungen.

Pythagoras leitete eine Schule in der griechischen Kolonie Samos in Süditalien. Er schlug die neue Idee vor, dass die Erde eine Kugel und nicht flach sei. Er stellte den Satz des Pythagoras auf: Die längste Seite im Quadrat eines rechtwinkligen Dreiecks ist gleich der Summe der beiden anderen Seiten im Quadrat ($a^2 + b^2 = c^2$). Neuere Forschungen zeigen jedoch, dass die Babylonier den Satz des Pythagoras bereits rund tausend Jahre vor Pythagoras verwendeten.[i]

---

[i] D. F. Mansfield, „Plimpton 322: A Study of Rectangles," *Foundations of Science* 26 (2021): 977-1005. https://doi.org/10.1007/s10699-021-09806-0

Heraklit von Ephesos lehrte, dass eine unsichtbare Kraft, der Logos, das Universum erhält und lenkt. Der Mensch muss mit dem Logos im Einklang sein, um richtig leben zu können. Die meisten Menschen hingegen versuchten, unabhängig vom Logos zu leben und täuschten sich selbst, indem sie die wirkliche Realität nicht wahrnähmen. Xenophanes von Kolophon machte sich über die griechischen Götter lustig, die mit ihrem Ehebruch, Betrug und Streit nicht besser als die Menschen seien. Er glaubte an einen obersten Gott, der von Natur aus moralisch und gütig ist und über allen Göttern und Menschen steht.

Als Griechenland aus dem Dunklen Zeitalter erwachte und zu florieren begann, wuchs die Bevölkerung schnell. Doch das brachte ein Problem mit sich: Nur 20 Prozent des zerklüfteten griechischen Bodens konnten landwirtschaftlich genutzt werden. Das Wetter half nicht. Die meisten Niederschläge in Griechenland fallen im Winter, während der Vegetationsperiode regnet es kaum. Die Oliven- und Obstbäume gediehen meist gut, aber die Dürre vernichtete regelmäßig die Getreideernte.

Griechenland musste seine Bevölkerung auf dem Festland reduzieren, eine Quelle für Getreide finden, um seine Bevölkerung zu ernähren, und Handelsmöglichkeiten entwickeln. Die Antwort darauf lautete Kolonisierung. In den ersten beiden Jahrhunderten der archaischen Epoche gründeten die griechischen Stadtstaaten fünfhundert Kolonien rund um das Mittelmeer, die Ägäis und das Schwarze Meer. Die griechischen Kolonien reichten im Westen bis ins heutige Spanien und Frankreich, im Süden bis nach Nordafrika und im Nordosten bis in die heutige Ukraine. Vierzig Prozent der griechischen Bevölkerung lebten in den Kolonien, die unabhängige, selbstverwaltete Staaten waren.

Hunderte von Kolonien auf drei Kontinenten brachten Griechenland unvorstellbare Ressourcen. Die Griechen erhielten nicht nur Getreide, sondern auch Bauholz, Textilien und Metalle wie Kupfer, Gold, Eisen und Zinn. Im Gegenzug exportierte Griechenland seine berühmte rote und schwarze Keramik, auf der Schlachten, mythologische Szenen und lebende Tiere dargestellt waren. Einige der exportierten Keramiken enthielten Oliven, Olivenöl und Wein vom griechischen Festland. Die Kolonien wurden durch den Handel wohlhabend und einige entwickelten sich zu Zentren der Künste oder wissenschaftlicher Studien in Mathematik, Naturwissenschaften und Philosophie.

Das ausgedehnte Handelssystem Griechenlands führte zur Münzprägung, die Ende des 7. Jahrhunderts v. u. Z. in Lydien erfunden wurde. Die ersten geprägten Münzen Griechenlands stammen aus Ägina am Saronischen Golf. Die meisten antiken griechischen Münzen waren aus Silber, aber auch Gold, Kupfer und Bronze wurden verwendet. Die Stadtstaaten prägten in der Regel Motive, die ihre Stadt darstellten. Die Insel Thera hatte Delphine.

Die archaische Epoche war eine Zeit voller Energie mit einem beispiellosen Wachstum der Bevölkerung, der Kolonisierung, der Technologie und der wissenschaftlichen Kenntnisse. Das archaische Griechenland machte große Fortschritte in Politik und Kultur. Seine Stadtstaaten entwickelten beeindruckende Armeen und Flotten, die sich erfolgreich verbündeten, um das riesige persische Reich in zwei gewaltigen Invasionen zu besiegen. Das archaische Zeitalter bereitete den Weg für das Goldene Zeitalter des klassischen Griechenlands.

# Kapitel 4: Das klassische Griechenland

„Sind die verrückt geworden? Glauben diese Griechen, dass sie eine Chance gegen mein Millionenheer haben?"

Man schrieb das Jahr 480 v. u. Z., und der Perserkönig Xerxes I. war auf dem Weg durch Griechenland, um Athen zu besiegen. Doch auf dem engen Thermopylenpass versperrte ihm eine kleine Streitmacht von siebentausend griechischen Kriegern unter der Führung von König Leonidas von Sparta den Weg.

„Ihr habt eine letzte Chance, Griechen! Legt eure Waffen nieder!"

Die unbeirrten Spartaner behielten ihre starre Disziplin bei. „Kommt und holt sie euch!"

Die griechischen Verbündeten hielten die Linie zwei Tage lang, indem sie ihre sich überlappenden Schilde in Phalanxstellung als Mauer aufstellten. Der Pass zwischen den Klippen des Berges Kallidromo bis zum Golf von Mali war lediglich fünf Meter breit. Hinter der ersten Linie stand der Rest der Armee entschlossen bereit, in die Bresche zu springen, sollte ein Soldat der vordersten Linie fallen. Ein griechischer Kamerad verriet sie schließlich, da er sich von Xerxes Reichtümer erhoffte. Er zeigte den Persern einen anderen Weg durch die Berge.

Als König Leonidas erkannte, dass sie umgangen worden waren, schickte er den größten Teil der vereinigten griechischen Armee nach Süden und ließ nur 1.400 Soldaten am Pass zurück. Die Streitkräfte, die nach Süden zogen, sollten die neue Mauer an der Landenge von Korinth bewachen und Sparta, Korinth und den Rest der Halbinsel Peloponnes schützen. Die verbliebenen Soldaten kämpften mit Leonidas bis zum Tod und verlangsamten den unerbittlichen Marsch der Perser nach Süden.

Das klassische Zeitalter Griechenlands, das von 480 bis 356 v. u. Z. dauerte, war geprägt von drei großen militärischen Auseinandersetzungen: den letzten Tagen der griechisch-persischen Kriege, dem Peloponnesischen Krieg und einem erbitterten Konflikt zwischen Sparta und Theben. Das klassische Zeitalter ist auch für seine beeindruckenden Tempelbauten, fließenden und dynamischen Skulpturen, aufklärerische Philosophie und bahnbrechenden Konzepte in Mathematik und Wissenschaft bekannt.

Das Opfer von König Leonidas in der Schlacht bei den Thermopylen gab den Athenern Zeit, aus ihrer Stadt zu fliehen und sich auf der Insel Salamis neu zu formieren. Athen fiel an Xerxes, aber die demütigende Niederlage der Perser in der Seeschlacht von Salamis überzeugte Xerxes, endgültig nach Persien zurückzukehren. Die Griechen erkannten, dass ihr phänomenaler Sieg gegen Persien auf die gemeinsamen Kräfte der verbündeten Stadtstaaten zurückzuführen war. Um die persische Bedrohung ein für alle Mal zu beseitigen, schlossen die Griechen im Jahr 478 v. u. Z. den Delischen Bund.

Athen übernahm die Führung des Bundes und vertrieb die Perser für fünfzehn Jahre aus dem Ägäischen Meer. Zudem wurden die dolopischen Piraten, welche den griechischen Handel störten, vertrieben. Ein Versuch, den ägyptischen Aufstand gegen die persische Herrschaft im Jahr 460 v. u. Z. zu unterstützen, endete jedoch in einer Katastrophe: Athen verlor einen Großteil seiner Flotte und zwanzigtausend Soldaten. Entnervt beschloss General Perikles, die Schatzkammer des Delischen Bundes nach Athen zu verlegen, da er befürchtete, den Persern auf Delos schutzlos ausgeliefert zu sein. Da Athen jedoch den Bund kontrollierte und nun auch dessen Schatzkammer besaß, wurde es de facto zu einem Imperium, und die Beiträge zur Schatzkammer des Delischen Bundes wurden zu Tributzahlungen.

Die letzte Konfrontation zwischen Persien und Griechenland fand im Jahr 451 v. u. Z. statt. Es ging um die Kontrolle über die Insel Zypern. Der Athener General Kimon segelte mit zweihundert Schiffen nach Zypern, vernichtete die persische Flotte und zwang Persien, dem dreißigjährigen Kalliasfrieden im Jahr 449 v. u. Z. zuzustimmen. Die griechischen Kolonien in Asien erhielten ihre Unabhängigkeit, und Persien musste sich verpflichten, sich aus der Ägäis herauszuhalten. Griechenland erklärte sich bereit, sich nicht in Zypern, Ägypten und Anatolien (der heutigen Westtürkei) einzumischen.

Athen erlebte nun sein Goldenes Zeitalter. Die Friedenszeit ermöglichte einen wirtschaftlichen Aufschwung und ein atemberaubendes wissenschaftliches und kulturelles Erbe. Unter der Führung von General Perikles erfuhr die Demokratie einen Aufschwung. Er reformierte die Verfassung und öffnete die Ämter im öffentlichen Dienst für alle Gesellschaftsschichten. Er bezahlte sogar die unteren Klassen für die Arbeit als Geschworene und andere öffentliche Verwaltungsaufgaben.

Die Überreste des Parthenon krönen noch immer Athens Akropolis.[18]

Athen war zum intellektuellen und künstlerischen Zentrum des Mittelmeerraums herangereift. Xerxes hatte Athen 480 v. u. Z. dem Erdboden gleichgemacht, doch Perikles baute die Zitadellenmauern und Tempel auf der Akropolis wieder auf, die die Stadt überragte. Der Parthenon war der elegante Tempel der Göttin Athene. Im zentralen Raum stand ein vierzig Fuß hohes Abbild der Gottheit, umgeben von Wandtafeln, die mythologische Kreaturen und den Trojanischen Krieg darstellten. Die Propyläen sind ein kolossales Marmortor mit dorischen Säulen, das vor einem weiteren Bildnis der Athene, diesmal aus Bronze, steht. Iktinos, der Architekt des Parthenon in Athen, baute auch den Apollon-Tempel in der Stadt Bassae auf der Peloponnes und kombinierte korinthische, dorische und ionische Architektur.

Das Goldene Zeitalter Griechenlands ist legendär für seine fließenden und lebendigen Skulpturen, die Bewegung und Emotionen einfangen. Die Marmorskulptur des Hermes von Praxiteles, der das Baby Dionysos hält, zeigt die für die klassische Epoche typische entspannte Kontrapost-Pose, bei der das Gewicht auf einem Bein ruht. Die klassischen Griechen bevorzugten die glänzende Bronze für ihre Skulpturen, aber die Römer kopierten später viele griechische Skulpturen in Marmor.

Diese Skulptur von Hermes und dem kleinen Dionysos befand sich im Hera-Tempel von Olympia.[14]

Eine beliebte Freizeitbeschäftigung der Griechen im Goldenen Zeitalter waren dramatische Aufführungen, manchmal Komödien, häufiger jedoch Tragödien. Die Themen konzentrierten sich auf die Einmischung der Götter in menschliche Angelegenheiten und die Folgen von Unmoral, aussichtsloser Liebe und Verrat. Die bekanntesten Dramatiker waren Aischylos, Euripides und Sophokles. Eine der Tragödien von Euripides schildert die Version von Helena, warum sie ihren Mann für Prinz Paris von Troja verließ. *Oedipus Rex* von Sophokles erzählt die Geschichte, wie König Laios seinen kleinen Sohn töten wollte, weil er eine Prophezeiung gehört hatte, dass sein Sohn ihn töten würde. Seine Frau Iokaste tötete ihr Kind jedoch nicht, sondern setzte es aus. Ein Hirte fand den Säugling, den der König von Korinth adoptierte. Als das Kind herangewachsen war, tötete Ödipus seinen leiblichen Vater und heiratete seine Mutter, ohne deren wahre Identität zu kennen.

Im klassischen Griechenland wurden unglaubliche Fortschritte in Medizin, Mathematik, Wissenschaft und Philosophie erzielt. Hippokrates, der „Vater der Medizin", führte die klinische Diagnose ein: Er prüfte Puls, Temperatur, Urin und Stuhl, untersuchte die Schmerzintensität und den Bewegungsumfang. Theaitetos von Athen entwickelte die Geometrie weiter, indem er die platonischen Körper und die irrationalen Längen entwickelte. Leukippos und sein Schüler Demokrit entwickelten eine Theorie der Atome als Bausteine der Materie. Sie glaubten zu Recht, dass die Atome ständig in Bewegung sind, was nach Leukippos nicht zufällig ist, sondern vom Logos (der unsichtbaren Kraft, die die Welt lenkt) gesteuert wird.

Hippias von Elis war ein Philosoph, der sich mit Astronomie, Mathematik und Musik beschäftigte. Er entdeckte die geometrische Quadratrix, eine Kurve, die einen Winkel schneidet. Er glaubte, dass es ein festes und universelles Naturgesetz gibt, das die Moral bestimmt und das in allen Situationen und zu allen Zeiten unveränderlich ist. So lehrte er zum Beispiel, dass die Ehrung der Eltern ein Naturgesetz ist, das über die Zeiten hinweg Bestand hat.

Der Philosoph Sokrates wandte eine Frage-Antwort-Methode an und ermutigte seine Schüler, ihre eigenen Schlussfolgerungen zu ziehen, anstatt Wissen eingetrichtert zu bekommen. Er sagte, dass ein Leben ohne Erkenntnis nicht lebenswert sei. Wir müssen die Tiefen dessen verstehen, was wir nicht wissen, und ständig neue Dinge über uns selbst und das Leben lernen. Er sagte, dass Menschen, die niemals den Status quo in Frage stellen oder Fragen stellen, „doppelte Narren" seien. Sie sind dumm, weil sie nichts wissen, und doppelt dumm, weil sie ihre Unwissenheit nicht erkennen.

Sokrates' Herausforderungen an seine Schüler führten zu seinem Prozess wegen Verderbnis der Jugend Athens. Er wurde auch wegen Gotteslästerung angeklagt, weil er behauptete, sein Gott sei moralisch gut und vernünftig. Er verspottete die griechischen Götter, die logen und ihre Frauen betrogen. Sokrates fragte, wie die Menschen moralisch sein könnten, wenn ihre Götter es nicht seien. Er wurde in beiden Punkten für schuldig befunden und zum Tod durch Schierlingssaft verurteilt.

Gemälde der Hinrichtung des Sokrates von Jacques-Louis David.[15]

Platon, ein Schüler und enger Freund von Sokrates, lehrte die Theorie der Formen, die besagt, dass unsere Vorstellung von der Wirklichkeit nur ein Abbild der tatsächlichen Wirklichkeit ist. Er sagte, es sei, als lebten wir in einer Höhle und sähen die Schatten, die die Sonne wirft. Wir halten die Schatten für die Realität, aber die wahre Realität ist die Sonne außerhalb der Höhle, deren Strahlen die Schatten werfen. Platon sagte, dass die meisten Menschen keine Ahnung haben, dass es mehr im Leben gibt als das Schattenland der Höhle, aber wenn jemand ausbrechen und nach draußen gehen würde, würde er die Welt so sehen, wie sie ist.

„Er wird in der Lage sein, die Sonne zu sehen, und nicht nur ihren Widerschein im Wasser, sondern er wird sie an ihrem eigenen Platz sehen und nicht an einem anderen, und er wird sie so sehen, wie sie ist. Dann wird er sagen, dass sie es ist, die die Jahreszeiten und die Jahre gibt, und dass sie der Hüter von allem ist, was in der sichtbaren Welt ist, und in gewisser Weise die Ursache von allem, was er und seine Mitmenschen zu sehen gewohnt sind".[i]

---

[i] Plato, *The Republic*, Book VII, trans. Benjamin Jowett. Internet Classics Archive. http://classics.mit.edu/Plato/republic.9.viii.html

Aristoteles, bekannt als „Vater der Logik", war ein Schüler von Platon und Lehrer von Alexander dem Großen. In seiner Metaphysik argumentierte er für die Notwendigkeit eines unveränderlichen, ewigen und vollkommenen Gottes, des „unbewegten Bewegers", der alles geschaffen hat. Aristoteles lehrte das Prinzip der Deduktion. Wenn eine Prämisse (Überzeugung) wahr ist, ist auch die Schlussfolgerung wahr. Die Deduktion ermöglicht es uns, bestimmte Wahrheiten zu verstehen und führt uns zur Induktion oder zum allgemeinen Verständnis.

Während die Philosophen Athens über spirituelle und wissenschaftliche Wahrheiten nachdachten, entlud sich die schwelende Rivalität zwischen Sparta und Athen im Jahr 460 v. u. Z. im Ersten Peloponnesischen Krieg. Zunächst hielt sich Sparta zurück, während seine Verbündeten, allen voran Korinth, gegen Athen kämpften. Athen schwächelte in den Landkriegen, errang aber glänzende Siege in den Seeschlachten. Schließlich marschierte Sparta nach Böotien, das sechzig Meilen nördlich von Athen lag. Die Athener trafen auf die Spartaner in der Schlacht von Tanagra, aus der Sparta siegreich hervorging. Doch die athenische Flotte war dem Landheer weit überlegen, umkreiste die Peloponnes und überfiel Spartas Verbündete an der Küste. In dieser ausweglosen Situation schloss Sparta 445 v. u. Z. den Dreißigjährigen Frieden mit Athen und beendete damit den Ersten Peloponnesischen Krieg.

Der Frieden währte nur 14 Jahre, denn der Zweite Peloponnesische Krieg (431-404 v. u. Z.) wurde von den Spartanern ausgelöst, die in das Ackerland der Halbinsel Attika um Athen einfielen. Die Spartaner plünderten die Felder und versuchten, die Athener zu einer offenen Feldschlacht zu provozieren. Da Perikles jedoch die Überlegenheit der Spartaner auf dem Land kannte, hielt er sich zurück und brachte die Landbevölkerung in die Stadtmauern, wo sie sich verschanzte und von den Getreidelieferungen aus Ägypten lebte. Währenddessen errichtete die mächtige Flotte Athens eine Blockade um die Peloponnes und blockierte den Nachschub für Sparta und seine Verbündeten.

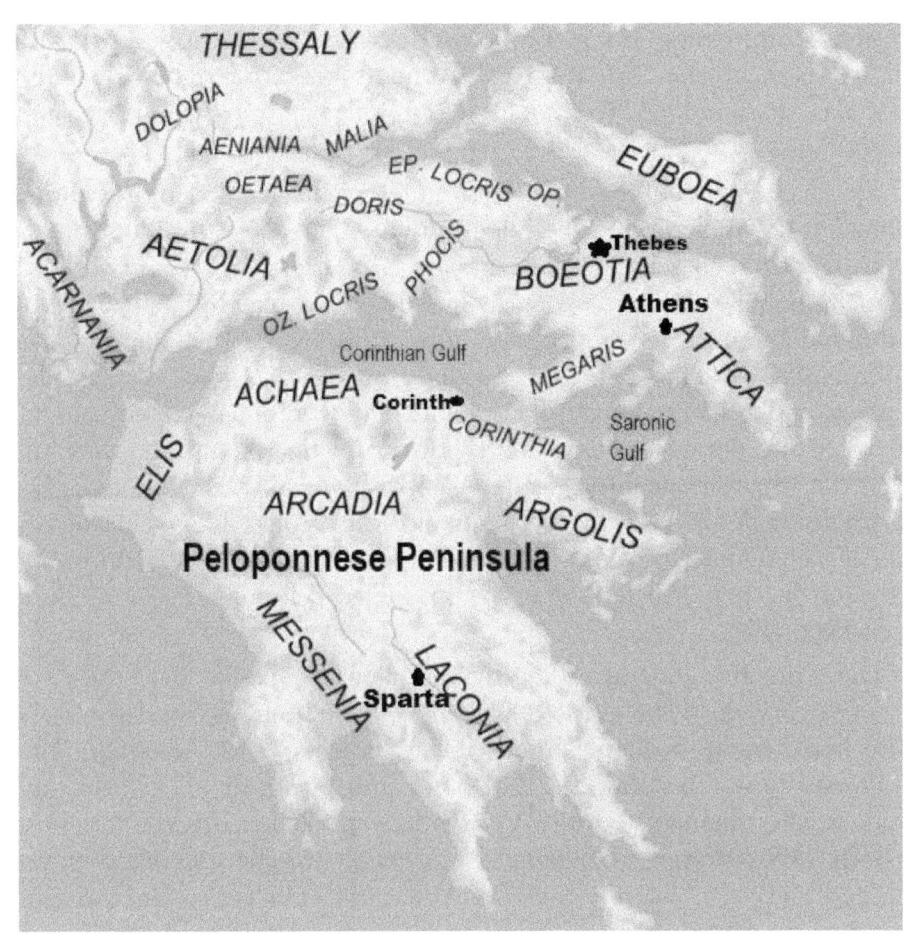

Der größte Teil Südgriechenlands war in den Peloponnesischen Krieg verwickelt.[16]

Perikles ahnte nicht, dass die Getreidelieferungen aus Ägypten Ratten mit sich brachten, die die Pest übertrugen, die sich im überfüllten Athen wie ein Lauffeuer ausbreitete. Ein Drittel der Bevölkerung starb an schwerem Durchfall, Gewebstod und Lungenentzündung. Die Überlebenden verbrannten die Toten auf Scheiterhaufen oder warfen sie täglich zu Hunderten in riesige Gruben. Sobald die Spartaner von der Seuche erfuhren, flohen sie von der Halbinsel Attika. Ironischerweise schützte die athenische Blockade Sparta und den Rest der Peloponnes vor den Schiffen, die die Seuche transportierten.

Als Perikles 429 v. u. Z. an der Pest starb, war Athen ohne seine weise und reife Führung. Die Pest verschwand jedoch, und Athen nahm seine Raubzüge zur See und den Bau von Festungen auf der Peloponnes wieder auf. Sparta griff Pylos an, eine dieser Festungen, aber die Athener siegten – zum ersten Mal gewannen sie eine Landschlacht gegen Sparta. Dieser Sieg gab den Athenern Kraft und Energie, denn sie erkannten, dass das spartanische Heer nicht so unbesiegbar war, wie sie geglaubt hatten.

Sparta reagierte auf diesen Verlust, indem es nach Norden in Richtung Thrakien marschierte und die Silberminen Athens bei Amphipolis unter seine Kontrolle brachte. Athen eilte nach Norden, um seine wichtigste Einnahmequelle zurückzuerobern, und in der erbitterten Schlacht von Amphipolis verloren beide Seiten ihre führenden Generäle. In einer Führungskrise schlossen die beiden Städte 421 v. u. Z. den fünfzigjährigen Frieden von Nikias. Der Frieden zerbrach jedoch bald, als einige Städte der Peloponnes ihr Bündnis mit Sparta aufkündigten und sich mit Spartas unabhängigem Nachbarn Argos verbündeten. Die verhängnisvolle Schlacht von Mantineia, die größte Landschlacht des Krieges, endete 418 v. u. Z. mit einem überwältigenden Sieg Spartas, und die rebellischen Städte wurden in den Peloponnesischen Bund zurückgedrängt.

Der Krieg führte dann auf die Insel Sizilien, die jenseits der Straße von Messina an der Stiefelspitze Italiens liegt. Ionische und dorische Griechen hatten Sizilien bereits in archaischer Zeit besiedelt. Ihre Mutterstädte waren Athen für die Ionier und Sparta für die Dorer, und beide Städte unterstützten ihre Verwandten in Sizilien. Als die Griechen Sizilien kolonisierten, drängten sie die einheimische Bevölkerung ins Landesinnere. Die Stadt Segesta bat Athen um Hilfe gegen einen Angriff der dorischen Stadt Selinus. Athen willigte ein, und 415 v. u. Z. kam es zur Sizilianischen Expedition, bei der die Athener einen Angriff auf Selinus' Verbündeten Syrakus unternahmen.

Sparta schickte eine Flotte von 80 Schiffen nach Syrakus, aber in den ersten beiden Seegefechten behielt die athenische Flotte die Oberhand. Doch dann setzte die spartanische Flotte die athenische Flotte im Hafen fest, wo sie nicht gut manövrieren konnte. In der erbitterten Schlacht verloren beide Seiten etwa fünfzig Schiffe. Schließlich setzten die Athener ihre Schiffe auf Grund und versuchten, über Land zu entkommen. Doch die syrakusisch-spartanischen Truppen töteten Zehntausende Athener und versklavten den Rest.

Zurück in Griechenland übernahm Sparta die Kontrolle über die nördliche Halbinsel Attika und blockierte den Handel und die Kommunikation zwischen Athen und Nordgriechenland. Sparta eroberte die Silberminen Athens zurück und brachte Athen in finanzielle Schwierigkeiten. Athen verlangte von den Städten des Delischen Bundes höhere Tributzahlungen, woraufhin die ionischen Kolonien verärgert aus dem Bund austraten. Die Perser griffen in den Krieg ein und bauten Kriegsschiffe für Sparta.

In einer Abwärtsspirale geriet Athen in innere Unruhen, als eine vierhundertköpfige Oligarchie die Macht an sich riss und die demokratischen Errungenschaften dahinschmolzen. Dann übernahm Sparta die Kontrolle über die Dardanellen und blockierte die Getreidelieferungen Athens aus dem Schwarzen Meer. Als die athenische Flotte versuchte, die Blockade zu durchbrechen, versenkten die Spartaner 168 ihrer 180 Schiffe. 404 v. u. Z. endete der Peloponnesische Krieg mit der Kapitulation Athens. Sparta eroberte die verbliebenen Kriegsschiffe Athens und zwang Athen, seine Schutzmauern zu schleifen. Sparta bewahrte die Athener jedoch vor der von den anderen griechischen Staaten vorgeschlagenen Versklavung, da man sich daran erinnerte, wie Athen Griechenland vor den Persern gerettet hatte.

Der Delische Bund, einst von Athen angeführt, wurde nun von Sparta kontrolliert. Sparta erhob nicht nur Tribute, sondern setzte auch eigene Statthalter in den Städten ein, die von spartanischen Garnisonen unterstützt wurden. Sparta zwang sogar demokratische Staaten, Oligarchien zu werden. Korinth und Theben, die sich im Peloponnesischen Krieg mit Sparta verbündet hatten, konnten die Tyrannei Spartas nicht mehr ertragen. Persien mischte sich erneut ein und hoffte, Griechenland weiter zu destabilisieren, indem es die griechischen Stadtstaaten bestach, sich gegen die Macht Spartas aufzulehnen.

König Pausanias von Sparta marschierte nach Norden, um den spartanischen Feldherrn Lysander zu treffen, der aus Asien zurückgekehrt war, um die Stadt Haliartos, einen engen Verbündeten Thebens, anzugreifen. Lysander traf zuerst ein und griff, ohne auf Pausanias zu warten, Haliartos an. Doch plötzlich attackierte ihn ein thebanisches Heer von hinten. Er wusste nicht, dass es in der Nähe war, was sich als fataler Fehler erwies, denn die Thebaner machten ihn nieder. Andere griechische Stadtstaaten schlugen sich auf die Seite der Thebaner.

Die spartanische Flotte befand sich auf dem Rückweg von den Dardanellen, als sie plötzlich von Persern und Athenern angegriffen wurde. Der athenische Feldherr Konon befehligte eine persische Flotte, der persische Statthalter Pharnabazos von Phrygien (Westtürkei) eine phönizische Flotte. Die Spartaner setzten ihre Schiffe auf den Strand und flohen, während die Perser und Athener ihnen dicht auf den Fersen waren. Der Strand färbte sich rot von griechischem Blut und die Seemacht Spartas brach zusammen.

Konon und sein neuer persischer Freund Pharnabazos verwüsteten die Küste der Peloponnes und segelten dann nach Athen, wo Pharnabazos den Wiederaufbau der Stadtmauern finanzierte. Sparta blockierte jedoch weiterhin die Getreidelieferungen nach Athen, so dass die Perser schließlich 387 v. u. Z. den Königsfrieden mit Sparta, Athen, Argos, Korinth und Theben aushandelten. Die Perser erhielten Zypern und die ionischen griechischen Kolonien in Asien, aber alle anderen griechischen Stadtstaaten wurden nun unabhängig regiert.

Sparta brach den Vertrag fünf Jahre später, als es Theben angriff und dort eine Garnison errichtete. Doch die thebanischen Anführer hatten heimlich junge Männer im Kampf ausgebildet, und 379 v. u. Z. töteten sie die spartanischen Anführer, ließen aber den Rest der Garnison unversehrt. Der Sieg in einer Landschlacht gegen die Spartaner veranlasste die Thebaner, die dreihundert Mann starke Heilige Armee aus hervorragend ausgebildeten Berufskriegern aufzustellen. Währenddessen erlebte Athen im folgenden Jahrzehnt ein Comeback und gründete 378 v. u. Z. den Zweiten Athenischen Seebund. Im Gegensatz zum ersten behielten alle Stadtstaaten ihre Unabhängigkeit in einem dezentralen Bündnis.

Die Macht Spartas über die anderen griechischen Stadtstaaten brach schließlich 371 v. u. Z. in der Schlacht von Leuktra zusammen. Die Spartaner marschierten nach Norden, um Theben anzugreifen, und überraschten die Thebaner, die sich jedoch schnell elf Kilometer südlich von Theben sammelten. Die Thebaner setzten ihre neue, einschüchternde, fünfzig Mann tiefe Phalanxformation und ihre vier Meter langen Speere ein, die die Spartaner das Fürchten lehrten. Dieser überwältigende Triumph ermöglichte es Theben, Griechenland für das nächste Jahrzehnt zu beherrschen, indem es eine Schlacht nach der anderen gewann.

Theben fiel im Norden in Thessalien und Makedonien ein und nahm den jungen makedonischen Prinzen Philipp II. als Geisel, ohne zu ahnen, dass dies einmal den Lauf der Geschichte verändern würde. Als Theben erstarkte, verbündete sich das verunsicherte Athen 362 v. u. Z. in der folgenschweren Schlacht von Mantineia mit Sparta. Theben gewann die blutige Schlacht, aber zu einem hohen Preis: Es verlor seinen erfahrenen Heerführer Epaminondas.

Theben marschierte erfolgreich in Sparta ein und befreite seine Heloten, die Spartas körperliche Arbeit verrichteten. Ohne die Arbeit der Heloten, die die spartanischen Männer zu Vollzeitkriegern machten, geriet Spartas Heer ins Wanken. Aber auch Theben geriet in Bedrängnis, nachdem es seine erfahrenen Feldherren verloren hatte. Weder Sparta noch Theben konnten die Kontrolle über den Rest Griechenlands aufrechterhalten und ließen dem aufsteigenden Stern Makedoniens freie Bahn: Philipp II.

# Kapitel 5: Philip II. und Alexander der Große

„Majestät, Ihr habt einen weiteren Brief von König Dareios erhalten. Er bietet erneut Frieden an."

„Da bin ich mir sicher!" Alexander der Große gluckste. „Ich habe die gesamte Mittelmeerküste erobert und seine Frauen in meiner Gewalt! Kannst du dir vorstellen, dass er sie auf dem Schlachtfeld zurückgelassen hat?"

„Ja, er bittet dich, seine Mutter, seine Frau und seine Töchter zurückzugeben. Im Gegenzug bekommst du das halbe persische Reich, ein Goldvermögen und eine seiner Töchter zur Frau."

„Ha!" Alexander lachte. „Das alles habe ich schon! Ich habe das Gold von Lydien, Tyros und Ägypten. Ich habe seine beiden Töchter und das halbe Reich erobert. Warum sollte ich jetzt aufhören, wenn ich alles haben kann?"

Wer hätte geglaubt, dass das obskure Makedonien an der Nordgrenze Griechenlands zu solchen Höhen aufsteigen würde? Während Sparta, Theben und Athen um die Vorherrschaft kämpften, war Makedonien nichts weiter als ein Rückzugsgebiet, das Gefahr lief, von stärkeren Mächten aufgesogen zu werden. Und doch eroberte es unter Philipp II. den größten Teil des griechischen Festlandes und unter Philipps Sohn Alexander das gesamte Persische Reich.

Die Kindheit und Jugend Philipps II. war von politischen Wirren geprägt. Nach der Ermordung seines ältesten Bruders, König Alexander

II., verbrachte er seine Jugendjahre als Geisel in Theben. Doch der thebanische General Epaminondas unterrichtete ihn in Diplomatie und thebanischer Militärkunst. Philipp träumte davon, das mazedonische Militär zu reformieren. Dazu studierte er die thebanische Phalanxformation und Waffenkunst. Im Alter von dreiundzwanzig Jahren wurde Philipp unerwartet König von Makedonien, als sein Bruder, König Perdikkas III, in einer Schlacht fiel.

Philipp machte sich sofort daran, das mazedonische Militär umzugestalten. Er ließ seine Soldaten an der Sarissa ausbilden, einem tödlichen, drei Meter langen Speer, den er erfunden hatte. Die Männer erlernten auch Philipps innovative Phalanx: sechzehn Reihen von Männern in einer Breite von acht Mann, was ihnen eine überlegene Manövrierfähigkeit verlieh. Philipp begann rasch, die Grenzen Makedoniens zu erweitern, den Tod seines Bruders zu rächen und die umliegenden Völker zu besiegen, die einst die Existenz seines Reiches bedroht hatten. Er dehnte sein Reich nach Westen aus und eroberte das heutige Albanien, im Osten das heutige Bulgarien und im Norden das heutige Serbien und den Kosovo. Er übernahm die Kontrolle über die Silberminen von Athen in Amphipolis.

Am Ende seiner Herrschaft kontrollierte Philipp II. die gesamte Balkanhalbinsel.[17]

Obwohl die Griechen jeweils nur eine Frau hatten, heirateten die makedonischen Adligen mehrere Frauen, um strategische Allianzen zu bilden. Im Jahr 337 v. u. Z. heiratete Philipp seine vierte Frau, Prinzessin Olympias von Epirus, die im folgenden Jahr ihren Sohn Alexander zur Welt brachte. Philipp stellte den berühmten Philosophen Aristoteles als Lehrer für Alexander ein und lud die griechischen Herrscher ein, ihre Söhne zu Alexander zu schicken, damit sie bei Aristoteles studieren konnten, was zu klugen griechischen Bündnissen führte.

Philipps nächstes militärisches Ziel waren die griechischen Stadtstaaten im Süden. Die Gelegenheit ergab sich, als 356 v. u. Z. in Delphi in Mittelgriechenland der Dritte Heilige Krieg ausbrach. Pythia, das Orakel von Delphi, war eine Priesterin, die sich in Trance versetzte, nachdem sie Dämpfe aus einem Spalt unter dem Apollon-Tempel eingeatmet hatte. Menschen aus der ganzen griechischen Welt reisten nach Delphi, um ihren Rat einzuholen. Die Stadt Phokis hatte es gewagt, im heiligen Bezirk um Delphi Ackerbau zu betreiben. Und dann beging sie ein noch größeres Sakrileg, indem sie den Apollon-Tempel überfiel und seine Schätze stahl.

Die Verteidigung von Delphi verschaffte Philipp nicht nur Heldenstatus bei den Anbetern Apollons, sondern ermöglichte es ihm auch, die Vorherrschaft in Mittelgriechenland zu erlangen. Philipp hatte an seiner Südgrenze gegen Thessalien gekämpft, doch plötzlich bot er an, sich mit diesem Land zu verbünden, um für Delphi zu kämpfen. Gemeinsam zerschlugen sie Phokis und löschten dessen Militär aus. Die Thessalier waren von Philipps Führungsqualitäten so beeindruckt, dass sie ihn zu ihrem obersten Magistrat auf Lebenszeit machten.

Teil des Friedensabkommens zwischen Philipp und Phokis war die Kontrolle über den Thermopylenpass, der auf dem Gebiet von Phokis lag und ihm ungehinderten Zugang zu Südgriechenland verschaffte. Um ihn an einer Invasion zu hindern, handelte Athen mit Philipp einen Vergleich aus, den dieser gerne annahm. Philipp brauchte die Flotte Athens für sein langfristiges Ziel, mit einer vereinten griechischen Streitmacht in das Perserreich einzudringen und es zu erobern.

Isokrates, der einflussreiche Redner von Athen, ermutigte Philipp in seinem Vorhaben. „Du musst die vier großen griechischen Städte miteinander versöhnen: Argos, Athen, Sparta und Theben. Wenn sie sich vereinen, werden sich alle anderen anschließen. Wir müssen die ständigen Streitereien zwischen den griechischen Stadtstaaten beenden und sie zusammenbringen, um Persien zu bekämpfen!"

Das Bildnis Philipps II. auf einer goldenen Statermünze.[18]

Doch der athenische Staatsmann Demosthenes wetterte: „Philipp ist der schlimmste Feind, den Athen haben kann! Er ist ein Despot! Wir müssen die Makedonier bekämpfen, nicht mit ihnen paktieren."

Während Philipp die Perser in Byzanz (dem späteren Konstantinopel) bekämpfte, wo sich Europa und Asien treffen, überzeugte Demosthenes Athen, sich mit Persien gegen Philipp zu verbünden. Philipp brauchte dringend die Kontrolle über Byzanz, da es seine Route zum Perserreich sein würde. Verärgert über Athen marschierte Philipp zurück nach Griechenland, während Athen sich schnell mit Theben verbündete, um ihn abzuwehren. Theben versperrte Philipp den Weg über den Thermopylenpass, doch Philipp kannte die alternative Route.

Philipp überquerte das Gebirge und stellte sich Athen, Korinth und Theben in der Schlacht von Chaeronea entgegen. Sein achtzehnjähriger Sohn Alexander befehligte mit Unterstützung erfahrener Offiziere die linke Flanke, während Philipp die rechte befehligte. Die griechischen Streitkräfte stellten sich auf der Straße in einer zweieinhalb Meilen langen Formation auf, wobei die Thebaner auf der rechten Flanke gegen Alexander, die Athener auf einer Anhöhe gegenüber von Philipp und die Korinther in der Mitte standen.

Philipp wollte nicht, dass die Athener den Vorteil hatten, hangaufwärts zu stehen, also griff er schnell an und täuschte dann einen Rückzug vor. Die Athener verfolgten Philipps Truppen durch das enge Tal und auf den Hügel auf der anderen Seite. Philipp wirbelte seine Truppen zum Kampf herum, wobei die Athener nun hangabwärts standen, was sie zu einem leichteren Ziel für seine Bogenschützen machte. Auf der linken

Flanke bewies der junge Alexander sein Können, indem er die legendäre Heilige Schar der Thebaner zerschlug.

Athen und Korinth waren verblüfft, als Philipp ihre Städte nicht dem Erdboden gleichmachte. Aber das war nicht sein Plan. Er wollte, dass sich die griechischen Staaten unter seiner Führung zusammenschlossen, um Persien zu bekämpfen. Er wollte mit ihnen kämpfen, nicht sie zerstören. Philipp machte sich mehr Sorgen um Sparta, das unbeteiligt geblieben war. Was wäre, wenn Sparta anfinge, die griechischen Städte zu verwüsten, während seine Truppen in Übersee gegen Persien kämpften? In lakonischer spartanischer Manier lehnten sie Verhandlungen ab.

Der Rest Griechenlands war jedoch bereit, sich an den Verhandlungstisch zu setzen. Sie gründeten 337 v. u. Z. den Bund von Korinth, in dem alle Stadtstaaten (mit Ausnahme von Sparta) vereinbarten, sich nicht gegenseitig zu bekämpfen, sondern sich gegen Persien zu vereinen. Sie erklärten dem Persischen Reich formell den Krieg und machten Philipp zu ihrem Befehlshaber. Innerhalb weniger Monate schickte Philipp den General Parmenion nach Asien, um die griechischen Stadtstaaten in Ionien von der persischen Herrschaft zu befreien. Doch dann kam es zur Katastrophe.

Philipp richtete für seine Tochter Kleopatra eine Hochzeit mit ihrem Onkel, König Alexander von Epirus, aus. Als Philipp den Saal betrat, rammte ihm plötzlich sein Leibwächter und verschmähter Liebhaber Pausanias einen Dolch in die Rippen. Der große Krieger war tot! Was würde nun geschehen? Würde die makedonisch-griechische Allianz weiter in das Achämenidenreich einfallen? Wer würde sie anführen?

Während Philipp verblutete, riefen das mazedonische Heer und der Adel ohne Zögern Alexander zu ihrem nächsten König aus. Der Zwanzigjährige sah sich mit mehreren Katastrophen konfrontiert, die seine sofortige Aufmerksamkeit erforderten. Sobald sie vom Tod Philipps erfuhren, traten mehrere griechische Städte aus dem Korinthischen Bund aus. Alexander musste sie schnell zurückgewinnen, um die persische Invasion voranzutreiben.

Alexander marschierte nach Süden, wo die thessalischen Truppen am Pass des Berges Olymp warteten. Doch er machte einen Umweg und tauchte am nächsten Morgen unerwartet in ihrem Rücken auf. Überrumpelt kapitulierte Theben und Alexander zog weiter nach Süden, wo Athen und Korinth seine Herrschaft bereitwillig anerkannten. Anschließend zog Alexander nach Norden, um Thrakien und Nordgriechenland unter seine Kontrolle zu bringen.

Das folgende Jahr verbrachte Alexander damit, die Rebellen im Norden in die Knie zu zwingen, aber Theben und Athen traten erneut aus dem Korinthischen Bund aus. Diesmal war Alexander nicht so bereit zu verzeihen. Er zerstörte die Stadt Theben und verschonte nur die Tempel. Er versklavte ihre Bürger und gab ihr Land den umliegenden Städten. Athen schickte sofort Gesandte zu Alexander, die ihn um Gnade baten.

Nachdem ganz Griechenland (mit Ausnahme Spartas) wiedervereinigt war, begann Alexander seinen kühnen Einfall in das Perserreich. Im Jahr 334 v. u. Z. führte er vierzigtausend Griechen und Makedonen über den Hellespont nach Asien und machte in Troja Halt, um die Helden des antiken Krieges zu ehren. König Dareios III. von Persien war nicht sonderlich beunruhigt. Er verließ Persien erst gar nicht, denn er ging davon aus, dass die Truppen seiner Statthalter in der Lage sein würden, die Griechen und Makedonen in Ionien mit Leichtigkeit zurückzuschlagen.

General Memnon von Rhodos teilte Dareios' Optimismus nicht. Er war als junger Mann nach einem gescheiterten Aufstand gegen den früheren persischen König nach Makedonien geflohen. Er war ein persönlicher Bekannter Philipps II. und seines Sohnes Alexander und kannte ihre ehrgeizigen Pläne. Er wusste auch, wozu ihre Militärmaschinerie fähig war. Er riet den persischen Satrapen (Statthaltern): „Wir brauchen eine Politik der verbrannten Erde! Schafft die Menschen von der Küste weg! Lasst nichts zurück, was die Griechen und ihre Pferde fressen können. Er muss sein Volk und sein Vieh ernähren. Hungert ihn aus, dann geht er!"

Die Perser hörten nicht auf seinen Rat. Warum sollten sie fliehen? Sie könnten doch den Emporkömmling aus Makedonien in die Flucht schlagen! Stattdessen stellten sie sich am Fluss Granikos auf, um es mit Alexander aufzunehmen. Die Griechen mussten den zwanzig Meter breiten, schnell fließenden Fluss überqueren und dann eine steile Klippe hinaufklettern, um auf das persische Heer zu treffen. Als sich Alexanders Truppen näherten, ging gerade die Sonne unter. Er würde mit der Überquerung bis zum Morgen warten.

Aber nein! Stattdessen gingen die makedonisch-griechischen Truppen schnell in Stellung. Alexander führte die rechte Flanke mit seiner makedonischen Kavallerie, Eliteinfanterie, Bogenschützen und Speerwerfern an. Seine starke Infanterie bildete die makedonische

Phalanx in der Mitte, die thessalisch-thrakische Kavallerie die linke Flanke. Als sich Alexanders Reiterei auf der rechten Flanke in den Fluss stürzte, antworteten die Perser mit einem Pfeilhagel, der die Sonne verdunkelte.

Alexander und seine Reiter galoppierten über den Fluss und das Steilufer hinauf und wehrten die Versuche der Perser ab, sie in den Fluss zu stoßen. Alexander durchbohrte Dareios' Schwiegersohn Mithridates, aber der Satrap Spithridates zertrümmerte mit seiner Streitaxt Alexanders Helm. Der Helm zerbrach in zwei Teile, verletzte Alexander aber nicht schwer. Kleitos der Schwarze, ein enger Freund Alexanders, spießte Spithridates auf, bevor dieser erneut zuschlagen konnte. In der Zwischenzeit watete der Rest von Alexanders Heer durch die reißende Strömung des Flusses und kletterte den Damm hinauf, um sich mit ihren sechs Meter langen Sarissen zu formieren. Die Perser sahen die Wand aus Speeren, gerieten in Panik und flohen vom Schlachtfeld.

Nach diesem Sieg kapitulierten die ionischen Stadtstaaten vor Alexander. Als Nächstes griff Alexander Milet und Halikarnassos an, die wichtigsten Häfen Persiens, und legte die persische Flotte lahm. Als Alexander die Stadt Gordium durchquerte, wies jemand auf den Gordischen Knoten hin und erzählte seinem Anführer von der Prophezeiung. Derjenige, der den Knoten lösen würde, würde über Asien herrschen. Alexander lächelte und zerschlug den Knoten mit seinem Schwert. Asien war sein! Die meisten Gelehrten halten diese Geschichte für einen Mythos.

Diese Wandmalerei aus Pompeji zeigt Alexander in der Schlacht bei Issos.[19]

Zu diesem Zeitpunkt erkannte König Dareios, dass er sein Heer persönlich anführen musste. Als Alexander am Mittelmeer entlang nach Süden marschierte, griff König Dareios ihn unerwartet von hinten an und hielt Alexanders Männer auf einer schmalen Ebene zwischen dem Nur-Gebirge und dem Golf von Issos fest. Alexander kehrte um, und seine gut ausgebildeten Soldaten stellten sich sofort wieder in der Formation auf, die sie am Granikos eingenommen hatten.

Am Nordufer des Pinaros stellte sich die schwere Reiterei des Dareios direkt am Meer auf. Die Perser hatten über ein Jahrhundert lang griechische Soldaten als Söldner angeworben, und in dieser Schlacht stand die griechische Infanterie des Dareios ihren griechischen Kameraden in der Mitte gegenüber. Die persische Infanterie stieß bis zum Vorgebirge vor und ein Teil überquerte den Fluss, um den rechten Flügel der Makedonen zu überrumpeln. Die persische Kavallerie überquerte den Fluss und stellte sich der thessalisch-thrakischen Kavallerie des Generals Parmenion entgegen.

Die makedonische Reiterei stürmte über den Fluss und durchbrach den linken Flügel der persischen Infanterie. Aber Alexanders mittlere Infanterie, die mit ihren Schilden und schweren Sarissen beschwert war, wurde von der schnellen Strömung eingeschüchtert und zog sich vom Fluss zurück. Aber Alexander führte seine Eliteinfanterie an der rechten Flanke unangefochten über den Fluss, da die makedonische Kavallerie die persische Infanterie, die ihm gegenüberstand, gestört hatte.

Kaum hatte er den Fluss überquert, sprang Alexander auf sein Pferd und ritt direkt auf König Dareios zu, seine makedonischen Reiter direkt hinter ihm. Dareios geriet in Panik und floh mit seinem Streitwagen. Als sich unter den Persern herumsprach, dass ihr König sie im Stich gelassen hatte, rannten sie los, dicht gefolgt von den Griechen, die jeden töteten, der nicht schnell genug fliehen konnte.

Obwohl er verwundet wurde, errang Alexander in der Schlacht von Issos einen überwältigenden Sieg. Er nahm sogar die Frauen des Dareios im persischen Lager gefangen; persische Frauen begleiteten ihre männlichen Verwandten oft in die Schlacht. Als Dareios und seine Männer in die Berge flohen, ließen sie die Königin des Dareios, die Königinmutter, und ihre beiden Töchter zurück. Alexander nahm sie in seine Obhut und behandelte sie mit Respekt. Einige Monate später starb Dareios' Frau im Kindbett, und Alexander gab ihr ein königliches Begräbnis. Später heiratete er eine der Töchter, Stateira II.

Als die Kriegerhorden Alexanders im Jahre 332 v. u. Z. entlang der libanesischen Küste nach Süden zogen, kapitulierten alle phönizischen Städte mit Ausnahme des antiken Tyros. Das alte Tyros hatte auf einer Insel eine halbe Meile vor der Küste eine neue Stadt mit 45 Meter hohen Mauern errichtet. Als sich Alexander näherte, evakuierten die Einwohner ihre Frauen und Kinder nach Karthago in Afrika. Alexander belagerte die Stadt sieben Monate lang und baute aus den Trümmern des alten Tyros einen Damm zur Insel. Doch je näher sie der Küste kamen, desto tiefer wurde das Meer, bis zu sechs Meter tief. Alexander ließ 220 Schiffe aus Zypern, Ionien und anderen phönizischen Städten zusammenziehen. Sechstausend Tyrer starben, als Makedonen und Griechen die Stadt einnahmen. Alexander kreuzigte weitere zweitausend und versklavte dreißigtausend.

Die Ägypter hatten unter persischer Herrschaft gelitten und immer wieder versucht, ihre Unabhängigkeit wiederzuerlangen. Jetzt begrüßten sie Alexander als ihren Befreier vom Achämenidenreich. Sie übergaben ihm ihre Schätze und die Priester krönten ihn zum neuen Pharao Ägyptens. An der Mündung des Nils ließ Alexander die neue Stadt Alexandria errichten, die sich zu einem glänzenden Zentrum hellenistischer Kultur und Wissenschaft entwickelte.

Dareios begegnete Alexander mit Elefanten und Streitwagen mit Sensen.[30]

König Dareios traf 331 v. u. Z. in der Schlacht von Gaugamela im heutigen Nordirak ein letztes Mal auf Alexander. Diesmal hatten es die Makedonen und Griechen mit Kriegselefanten aus Indien zu tun, was für sie eine neue Erfahrung war. Dareios hatte eine weitere neue Waffe: vierspännige Streitwagen mit Sensen. Ihre Klingen ragten drei Fuß über die Radnaben hinaus und konnten das Bein eines Mannes zerteilen. Alexander führte einen Reiterangriff um die linke Flanke der Perser, um sie auf sich zu ziehen und die Verteidigung in der Mitte, wo König Dareios stand, zu schwächen.

Die persischen Sensenwagen preschten auf die Griechen zu, aber dank der Flexibilität der makedonischen Phalanx wichen die Griechen aus und ließen die Wagen passieren, während die bulgarischen Speerwerfer die Pferde und ihre Reiter aufspießten. Als sich die zentrale Linie um Dareios auflöste, verließ dieser das Schlachtfeld und seine Männer flohen, als sie erkannten, dass ihr König sie im Stich gelassen hatte.

Alexander zog nach Süden, nach Babylon, wo er als neuer König des Perserreiches gefeiert wurde. Dareios floh nach Osten in der Hoffnung, mehr Männer zu rekrutieren und sein Reich zurückzuerobern, aber sein baktrischer Satrap Bessos ermordete ihn. Nach einem königlichen Begräbnis setzte Alexander die Herrscher über seine neuen Länder ein und beließ die Gouverneure, die ihn als König anerkannten, in ihren Ämtern. Alexander marschierte nun nach Osten. Sein erstes Ziel war es, Bessos zu finden und hinzurichten. Danach wollte er den Osten bis zum „Ende der Welt", dem Ganges auf dem indischen Subkontinent, erkunden und erobern.

Die baktrischen Fürsten übergaben Bessos an Alexander, der ihn dem Bruder des Dareios übergab, der seine Kreuzigung beaufsichtigte. Während seines Aufenthalts in Baktrien (dem heutigen Afghanistan und Tadschikistan) lernte Alexander Roxana kennen, die Tochter des baktrischen Fürsten Oxyartes. Für Alexander war es Liebe auf den ersten Blick. Er heiratete das junge Mädchen trotz der Einwände seiner Freunde, die der Meinung waren, dass er eine makedonische Prinzessin oder zumindest die Tochter von Dareios heiraten sollte. Ihrer Meinung nach war Roxanas Familie für den neuen Kaiser nicht angesehen genug. Alexander marschierte daraufhin zur Ostgrenze des Perserreiches am Fluss Jaxartes.

Zu diesem Zeitpunkt waren seine Truppen müde und demoralisiert, da sie seit zehn Jahren von ihren Familien getrennt waren. Außerdem misstrauten sie Alexanders plötzlichen Stimmungsschwankungen, besonders nachdem er betrunken seinen guten Freund Kleitos den Schwarzen getötet hatte. Doch Alexander ignorierte ihre Proteste und zog weiter. Er erklomm den 1100 Meter hohen Khaiber-Pass (auch: Chaiber-Pass) über das Hindukusch-Gebirge und stieg hinab ins heutige Pakistan.

Alexanders Hoffnungen, den großen Fluss in Indien zu erreichen, zerschlugen sich, als seine Männer rebellierten. Sie waren hartnäckig: Es war Zeit, nach Hause zu gehen! Alexander war wütend, gab aber nach und begleitete seine Männer zurück nach Babylon. Dort angekommen, veranstaltete Alexander eine Massenhochzeit, bei der er achtzig persische Prinzessinnen mit seinen Offizieren verheiratete und so die makedonischen, griechischen und persischen Königshäuser vereinte. Alexander heiratete an diesem Tag zwei Prinzessinnen: Stateira, die Tochter des Dareios, und Parysatis, die Tochter des früheren persischen Königs Artaxerxes III.

Im Jahr 323 v. u. Z. freute sich Alexander über die Schwangerschaft seiner ersten Frau Roxanna. Einige Monate später erkrankte er jedoch an einem Fieber und starb innerhalb von zwei Wochen. Alexander hat nie eine große Schlacht verloren. Er errang einen überwältigenden Sieg nach dem anderen und errichtete ein riesiges Reich auf drei Kontinenten. Aber er starb, bevor er es effektiv regieren oder einen Nachfolger bestimmen konnte. Was sollte nun aus Griechenland, Makedonien, Ägypten und seinen neuen asiatischen Provinzen werden?

# Kapitel 6: Die Diadochen und die römische Eroberung

Alexanders führende Generäle trafen sich, um die unerwartete Führungskrise in Alexanders neuem Reich zu besprechen. General Perdikkas hielt Alexanders Ring hoch: „Unser Feldherr und König Alexander hat ihn mir vor seinem Tod gegeben. Ich soll der Regent für seinen Halbbruder Arrhidaios und für das Kind von Roxana sein."

„Arrhidaios? Er ist geistig minderbemittelt! Wie kann er regieren?"

„Er ist Alexanders engster männlicher Verwandter", erklärte Perdikkas. „Ja, er hat körperliche und geistige Probleme, aber wir können ihn leiten. Er wird seine Nichte, Prinzessin Eurydike, heiraten. Roxana wird bald gebären. Wenn es ein Mädchen ist, werden wir Arrhidaios zum König machen, und wenn es ein Junge ist, wird Alexanders Sohn König."

„Ha! Als Regent wirst du so oder so de facto König sein", meinte einer der Generäle. „Und was denkt Arrhidaios über all das? Möchte er überhaupt König werden?"

General Meleager ging hinaus, um Arrhidaios zu holen. Als Meleager mit dem jungen Mann zurückkehrte, war Arrhidaios vom Anblick der strengen Generäle seines Bruders überwältigt und duckte sich ängstlich ins Freie. Sie lockten ihn wieder herein, aber Arrhidaios' Tränen flossen über sein Gesicht. „Ich bin nicht geeignet, euer König zu sein."

Einer der Generäle fragte: „Warum können wir nicht zwei Könige haben?"

Die Generäle einigten sich schließlich auf die Teilung Babylons, bei der Arrhidaios gemeinsam mit Roxanas Kind regieren würde, falls es ein Junge wäre. Perdikkas sollte der Regent für die Könige sein und die Armee des Reiches befehligen. Als Alexanders Diadochen oder Nachfolger teilten die anderen Generäle Teile des Reiches unter sich auf, um sie zu regieren. Zwei Monate später brachte Roxana einen Jungen zur Welt, König Alexander IV.

Im Ersten Diadochenkrieg (322-319 v. u. Z.) rebellierten die anderen Generäle gegen Perdikkas, weil er die Schwester Alexanders des Großen, Kleopatra, heiraten und König von Makedonien werden wollte. Perdikkas marschierte gegen General Ptolemäus, inzwischen Pharao von Ägypten, der Alexanders Leichnam stahl, um Alexanders Wunsch nach einer Bestattung in Ägypten nachzukommen. Doch Perdikkas' Männer rebellierten und seine drei führenden Offiziere töteten ihn. Damit war der erste Krieg beendet.

Nach dem Tod von Perdikkas trafen die Generäle neue Vereinbarungen über die Regentschaft der beiden Könige. Bei der Teilung von Triparadis 321 v. u. Z. wurde Königin Eurydike de facto Regentin für ihren Mann Arrhidaios. Antipater, den Alexander zum Regenten von Makedonien ernannt hatte, während er in Persien einmarschierte, wurde Regent für Roxanas minderjährigen Sohn, König Alexander IV. Antipater brachte die beiden Könige und die Königin nach Makedonien. General Seleukos, einer der Mörder von Perdikkas, wurde Herrscher von Babylon. Er sollte schließlich als König des Seleukidenreichs herrschen, das den größten Teil des Nahen Ostens umfasste.

Zwei Jahre später starb Antipater und hinterließ General Polyperchon als neuen Regenten. Doch Antipaters Sohn Kassander war der Meinung, dass die Regentschaft ihm zustand, und verbündete sich mit Ptolemäus und General Antigonos dem Einäugigen, um Polyperchon aus Makedonien zu vertreiben. Polyperchon floh mit Roxana und ihrem vierjährigen Sohn Alexander IV. nach Epirus. Die drei Generäle machten Arrhidaios daraufhin zum alleinigen König des Reiches.

Doch die Mutter Alexanders des Großen, Olympias, verbündete sich mit Polyperchon in einer Schlacht gegen König Arrhidaios und Königin Eurydike. Die makedonischen Soldaten weigerten sich, gegen die Königinmutter Olympias zu kämpfen, die daraufhin den Tod von Arrhidaios und Eurydike anordnete. Doch Olympias' Sieg währte nur kurz. Kassander verbündete sich mit Antigonos, Ptolemaios und einem weiteren General Alexanders, Lysimachos. Sie besiegten Olympias und steinigten sie 316 v. u. Z. zu Tode. Kassander nahm Roxana und den Knabenkönig Alexander gefangen und sperrte sie jahrelang in einen Turm in Makedonien. Der Zweite Diadochenkrieg endete mit einem Sieg der vier Generäle.

König Alexander IV. wurde bald vierzehn Jahre alt. Er würde bald alt genug sein, um ohne einen Regenten zu regieren. Kassander vergiftete ihn und Roxana im Jahr 309 v. u. Z. und hielt ihre Morde geheim, obwohl das zu diesem Zeitpunkt kaum noch eine Rolle spielte. Die fünf verbliebenen Diadochen nannten sich nun selbst König und demonstrierten damit ihre Unabhängigkeit vom Reich. Antigonos herrschte von der westlichen Türkei bis zur ägyptischen Grenze, und Kassander regierte Makedonien und Thessalien. Lysimachos kontrollierte Thrakien, Seleukos den Nahen Osten (vom Irak bis Afghanistan), und Ptolemäus war Pharao über Ägypten und Libyen.

Das letzte Aufeinandertreffen in der Schlacht von Ipsos 301 v. u. Z. in Phrygien (Westtürkei) beendete die Diadochenkriege. Kassander, Lysimachos und Seleukos verbündeten sich gegen Antigonos. Seleukos war auf dem Rückweg von einem Feldzug in Indien und brachte fünfhundert Kriegselefanten mit. Als Lysimachos die Westtürkei angriff, eilte Antigonos' Sohn Demetrios aus Griechenland herbei, um seinen Vater in Ipsos zu unterstützen.

Antigonos und Demetrios hatten fünfundsiebzig Kriegselefanten, die sie zum Eröffnungsangriff ausschickten. Sie wurden von zweihundert Elefanten des Seleukos empfangen. Die stärkere Infanterie des Antigonos setzte sich durch, bis Seleukos seine anderen dreihundert Elefanten losschickte. Seleukos' Kavallerie umging Antigonos' rechten Flügel. Ein Speer traf und tötete Antigonos. Demetrios entkam nach Griechenland, wo er die erfolgreiche Übernahme Makedoniens plante.

Kassander und Ptolemaios starben 297 bzw. 282 eines natürlichen Todes. Von den ursprünglich regierenden Generälen blieben nur Seleukos und Lysimachos übrig. Seleukos marschierte 281 v. u. Z. gegen Lysimachos, der in der Schlacht starb. Doch einige Monate später ermordete der Sohn von Ptolemaios I., Ptolemaios Ceraunus, Seleukos, den letzten der Diadochen.

Seleukos war der letzte der Generäle Alexanders des Großen.[21]

Die dynamische hellenistische (griechische) Kultur breitete sich über Asien, Afrika und Osteuropa aus. Die Griechen assimilierten die Kulturen der von ihnen beherrschten Völker und vermischten nahöstliche, ägyptische und indische Einflüsse mit griechischer Kunst, Philosophie, Wissenschaft und Mathematik. Die griechischen Städte Alexandria in Ägypten und Antiochia in Syrien waren die neuen wissenschaftlichen und künstlerischen Hochburgen.

Alexandria im Nildelta hatte eine halbe Million Einwohner und einen florierenden Seehandel rund um das Mittelmeer. Die unschätzbare Bibliothek enthielt Tausende von Schriftrollen über Geschichte, Wissenschaft, Religion und Literatur. Ihr oberster Bibliothekar, Eratosthenes, berechnete den Erdumfang auf 45.000 bis 46.500 Kilometer, was den heutigen Berechnungen von 40.000 Kilometern erstaunlich nahe kommt. Aristarchos von Samos lehrte, dass die Erde einmal im Jahr um die Sonne kreist und sich an einem 24-Stunden-Tag um ihre eigene Achse dreht.

Archimedes von Syrakus entwickelte eine Formel zur Bestimmung des Volumens einer Kugel und berechnete Pi ($\pi$) mit 3,14 für das Verhältnis zwischen dem Durchmesser eines Kreises und seinem Umfang. Er gilt als Begründer der theoretischen Mechanik, da er das Hebelgesetz entwickelte. Er entwickelte auch das Archimedische Prinzip: Ein fester Körper, der in eine Flüssigkeit getaucht wird, ist um das Gewicht der

Flüssigkeit leichter, die er verdrängt. Er demonstrierte, wie er ein Schiff mit einem zusammengesetzten Flaschenzug bewegen konnte.

Alexander der Große und seine hellenistischen Nachfolger verbreiteten den griechischen Dialekt Koine als gemeinsame Sprache im gesamten Mittelmeerraum und im Nahen Osten. Eine gemeinsame Sprache förderte den Handel und ermöglichte Diskussionen zwischen Gelehrten aus Wissenschaft, Mathematik und Religion. Ptolemaios II., der zweite makedonische Pharao Ägyptens, beauftragte jüdische Gelehrte mit der Übersetzung des Tanach (hebräisch-aramäische Bibel) ins Koine-Griechische. Diese als Septuaginta bekannte Übersetzung wurde zur Standardversion, die in den Synagogen Nordafrikas und des Nahen Ostens verwendet wurde.

Der Hellenismus leitete eine neue Epoche in der griechischen Bildhauerei ein. Während die Skulpturen der archaischen Epoche steife junge Männer und Frauen mit einem leichten Lächeln darstellten, zeigten die klassischen griechischen Skulpturen perfekte Körper in geschwungenen und fließenden Bewegungen. Die hellenistischen Skulpturen stellten Menschen mit Unvollkommenheiten, extremen Emotionen, angespannten Muskeln und übertriebenen Handlungen dar. Ein dramatisches Beispiel ist die Laokoon-Gruppe, die den gewaltsamen Tod des trojanischen Priesters Laokoon und seiner beiden Söhne durch Schlangen darstellt.

Die Laokoon-Skulptur zeigt die Qualen des Todes und der Verzweiflung.[22]

280 v. u. Z. kam es zum ersten Konflikt zwischen der griechischen Welt und Rom. Die Römische Republik, die sich auf Mittelitalien beschränkt hatte, eroberte Gebiete und dehnte sich nach Süditalien aus. Griechenland hatte den südlichsten Teil Italiens (die Spitze und den Absatz des italienischen Stiefels) in archaischer Zeit kolonisiert. Mehrere reiche und mächtige griechische Stadtstaaten kontrollierten nun den Seehandel in der Region.

„Noch so ein Sieg und wir sind verloren!" Als König Pyrrhos von Epirus sich in die politische Arena Italiens einmischte, entdeckte er, dass ein Sieg so teuer werden konnte, dass er zu einem „Pyrrhussieg" wurde. Alles begann damit, dass Rom einen Vertrag mit dem mächtigen griechischen Stadtstaat Tarent in Süditalien brach und zehn Schiffe in den Golf von Tarent schickte. Tarent reagierte wütend und versenkte vier römische Schiffe.

Als die Tarentiner König Pyrrhos von Epirus in Nordwestgriechenland um Hilfe baten, ergriff dieser die Chance, in Italien Fuß zu fassen. Als Verwandter Alexanders des Großen hatte er den Ehrgeiz, ein eigenes Reich zu errichten, obwohl es ihm an Soldaten, Geld und Schiffen mangelte. All dies lieh er sich von Makedonien, dem Seleukidenreich und Ägypten und segelte 280 v. u. Z. nach Italien. Zum Entsetzen der Tarentiner ging er hart gegen frivoles Verhalten vor und zog die Männer in seine Armee ein.

Pyrrhos stellte sich Rom erstmals in der Schlacht von Heraclea am Fluss Siris entgegen. Sein erster Kavallerieangriff durchbrach die römischen Linien. Entsetzt über die römische Grausamkeit forderte er seinen Leutnant auf, mit ihm die Rüstung zu tauschen. Die Römer hielten den Leutnant für König Pyrrhos und töteten ihn kurzerhand. Pyrrhos' Kriegselefanten wendeten das Blatt in der Schlacht und versetzten die römischen Soldaten und ihre Pferde in Angst und Schrecken. Die Griechen gewannen, aber beide Seiten erlitten katastrophale Verluste: fünfzehntausend römische Tote gegenüber dreizehntausend griechischen.

Im Laufe des Winters rekrutierte Pyrrhos Truppen aus Ionien und Makedonien und vergrößerte sein Heer auf vierzigtausend Soldaten. Im Jahr 279 v. u. Z. lieferte er sich erneut eine zermürbende zweitägige Schlacht mit Rom, diesmal in bewaldetem Gelände, das den Angriff von Pferden und Elefanten behinderte. Die Römer erschwerten den Angriff der Elefanten zusätzlich, indem sie dreihundert Ochsenkarren mit Lanzen und Katapulten gegen die Elefanten stellten, um die Griechen mit Steinen zu bewerfen.

König Pyrrhos kämpfte für die griechischen Stadtstaaten Italiens gegen Rom.²³

Am zweiten Tag führte Pyrrhos seine Elefanten um das Ende der Wagen herum, die die Elefanten abwehren sollten. Ein Blick auf die Elefanten und die erschrockenen römischen Pferde rannten davon. Technisch gesehen hatte Pyrrhos wieder gewonnen: Die Römer verloren siebentausend Mann, die Griechen etwa die Hälfte. Aber Pyrrhos war verwundet, und die meisten seiner Befehlshaber waren tot.

Nikias, der Arzt des Pyrrhos, wandte sich an die Römer und bot ihnen an, König Pyrrhos zu töten. Die römischen Befehlshaber warnten Pyrrhos in einem Brief:

„Wir sind sehr beunruhigt über euer fortdauerndes Unrecht und wollen gegen euch als Feind in den Krieg ziehen. Aber aus Gründen des allgemeinen Prinzips und der Ehre scheint es uns, dass wir eure persönliche Sicherheit wünschen sollten, damit wir die Möglichkeit haben, euch auf dem Feld zu besiegen".[i]

---

[i] A. Cornelius Gellius, *Noctes Atticae* (Attic Nights), Volume I, Book III (Loeb Classical Library). http://penelope.uchicago.edu/Thayer/E/Roman/Texts/Gellius/3*.html#8

Pyrrhos bedankte sich bei den Römern mit der Freilassung seiner römischen Kriegsgefangenen. Er ließ Nikias hinrichten und ließ seine abgezogene Haut zu Stuhlgurten verarbeiten. Dann verließ er überraschend Italien und segelte nach Sizilien, um die griechischen Stadtstaaten im Kampf gegen Karthago zu unterstützen. Die sizilianischen Griechen sagten, er könne ihr König werden, wenn er Sizilien von den Karthagern befreie. Während seiner Abwesenheit brachte Rom die süditalienischen Stämme auf Linie und unterwarf alle griechischen Stadtstaaten Italiens mit Ausnahme von Rhegion und Tarent.

Pyrrhos' Unternehmen auf Sizilien endete mit einem kläglichen Misserfolg, und die Reste seiner Flotte segelten 276 v. u. Z. nach Italien zurück. Er marschierte bei Nacht auf die römischen Truppen bei Maleventum zu und plante einen Überraschungsangriff im Morgengrauen. Doch seine Männer kamen in der Dunkelheit vom Weg ab und gerieten auf Ziegenpfade. Als die müden Soldaten schließlich aus dem Wald bei Maleventum herauskamen, befanden sie sich auf einem hohen Hügel in Sichtweite der römischen Truppen. Die Griechen erlitten eine vernichtende Niederlage und Pyrrhos verließ Italien für immer. Rom beherrschte nun alle griechischen Städte Süditaliens.

Roms erster Überseekrieg war der mit Karthago, um die Kontrolle über die griechischen Stadtstaaten Siziliens zu erlangen. Im Ersten Punischen Krieg (264-241 v. u. Z.) zwang Rom Karthago zur Aufgabe Siziliens. Im Kampf gegen Karthago führte Rom auch erstmals Krieg auf dem griechischen Festland, als es sich in die verworrene Politik der Makedonischen Kriege einmischte.

Hannibal von Karthago hatte Rom überrascht, als er die Alpen überquerte und an der Nordgrenze Italiens einfiel. Während Hannibal in Italien wütete, verbündete sich König Philipp V. von Makedonien mit ihm, um die östliche Adria vom römischen Einfluss zu befreien. Hannibal war zu sehr mit Italien und Karthago beschäftigt, um ihm zu helfen, aber Rom fing ihre Kommunikation ab und erfuhr von dem Bündnis. Daraufhin verbündete sich Rom mit dem Ätolischen Bund in Mittelgriechenland gegen Philipp V.

Der Ätolische Bund griff das mit Philipp verbündete Akarnanien in Mittelgriechenland an. Die Akarnaner waren siegreich, bis die römische Flotte eintraf, mehrere ihrer Städte eroberte und die Bevölkerung versklavte. Sparta nahm den Kampf auf und verbündete sich mit dem Ätolischen Bund und Rom, doch Philipp besiegte die verbündeten

Griechen 209 v. u. Z. auf der Peloponnes. Dies veranlasste König Attalos I. von Pergamon, sich mit dem Ätolischen Bund zu verbünden, und seine Flotte patrouillierte an der Seite Roms in der Ägäis.

Der Ätolische Bund griff das mit Philipp verbündete Akarnanien in Mittelgriechenland an. Die Akarnaner waren siegreich, bis die römische Flotte eintraf, mehrere ihrer Städte eroberte und die Bevölkerung versklavte. Sparta nahm den Kampf auf und verbündete sich mit dem Ätolischen Bund und Rom, doch Philipp besiegte die verbündeten Griechen 209 v. u. Z. auf der Peloponnes. Dies veranlasste König Attalos I. von Pergamon, sich mit dem Ätolischen Bund zu verbünden, und seine Flotte patrouillierte an der Seite Roms in der Ägäis.

Doch als Bithynien in Pergamon einfiel, musste Attalos nach Hause eilen. Roms gleichzeitiger Krieg mit Karthago zwang es, seine Flotte aus der Ägäis abzuziehen, was Philipp freie Hand gab, Städte im Golf von Korinth zu erobern. Als Philipps Verbündete Spartas Tyrannen Machanidas töteten, zog sich Sparta aus dem Krieg zurück und gab Philipp die Möglichkeit, den Ätolischen Bund aus Ionien und Thessalien zu vertreiben. Der Ätolische Bund beugte sich Philipp und beendete den Ersten Makedonischen Krieg im Jahr 205 v. u. Z.

Der Zweite Makedonische Krieg begann 200 v. u. Z. mit einer geheimen Verschwörung zwischen Philipp V. und dem seleukidischen König Antiochos, um Ägypten den Thron zu entreißen. Der Makedone Ptolemaios V. hatte den ägyptischen Thron im Alter von fünf Jahren geerbt, und eine Reihe ungeschickter Regenten hatte Ägypten destabilisiert. Die beiden Könige einigten sich darauf, dass Antiochos im Falle einer erfolgreichen Verschwörung Ägypten dem Seleukidenreich einverleiben würde, während Philipp Kyrene und die ägyptischen Besitzungen in der Ägäis erhalten sollte.

Antiochos machte sich sofort an die Arbeit, eroberte die Mittelmeerküste und nahm die von den Ägyptern gehaltenen Städte Damaskus, Sidon und Samaria ein. Die Juden öffneten Antiochos die Tore Jerusalems und feierten ihre Befreiung von Ägypten. Sie ahnten nicht, welche Schrecken sein Sohn eines Tages über sie bringen würde. In der Zwischenzeit eroberte Philipp den ägyptischen Flottenstützpunkt Samos in der Ägäis und das angrenzende Gebiet von Milet.

Schließlich besiegte Rom Karthago und beendete damit den Dritten Punischen Krieg. Nun hatte es die Schiffe und die Männer, um sich auf Griechenland und Makedonien zu konzentrieren. Rom befahl Philipp, alle Angriffe auf griechisches und ägyptisches Gebiet einzustellen. Wenn er sich fügte, konnte er Makedonien und Thrakien behalten. Der römische Gesandte Lepidus überbrachte Philipp in den letzten Tagen der Belagerung der Stadt Abydos persönlich das Ultimatum, das ihm die Kontrolle über die Dardanellen sichern sollte.

Philipp erwiderte Lepidus: „Ich verzeihe dir den beleidigenden Hochmut deines Benehmens aus drei Gründen: erstens, weil du ein junger Mann und unerfahren in Angelegenheiten bist; zweitens, weil du der schönste Mann deiner Zeit bist [das war wahr]; und drittens, weil du ein Römer bist." Abydos fiel an Philipp. Um nicht in die Sklaverei zu geraten, töteten die Männer ihre Frauen und Kinder, warfen sie von Dächern oder in Brunnen und erdolchten oder verbrannten sich anschließend selbst. Rom reagierte und entsandte den Konsul Sulpicius, um Philipp in Epirus anzugreifen. Nach einigen erfolglosen Kämpfen erhielt Philipp die Nachricht, dass die Dardanier vom mittleren Balkan in Makedonien eingefallen seien, und zog sofort aus, um sein Land zu verteidigen.

Im Jahr 198 v. u. Z. fand Philipp seinen Meister, als ihn der neue Konsul Roms, Titus Quinctius Flamininus, aus Griechenland vertrieb. Auf seinem Rückmarsch durch Albanien nach Makedonien griff Flamininus Philipp von hinten an und tötete zweitausend seiner Männer. Im folgenden Jahr traf Philippus in der Schlacht von Kynoskephala in einem nebelverhangenen Tal in Thessalien erneut auf Flamininus. Philipps Männer hörten den unheimlichen Klang trompetender Elefanten; es war das erste Mal, dass Rom Kriegselefanten einsetzte. Die verängstigten Makedonen hörten zwar die schweren Schritte der Elefanten, konnten aber nichts sehen, bis die Elefanten durch den dichten Nebel auf sie zustürmten. Die Römer töteten an diesem Tag achttausend Makedonen und der Zweite Makedonische Krieg endete mit der Kapitulation Philipps und dem Verlust seiner Flotte und seines Heeres.

---

[1] Polybius, *Histories*, Book 16.
http://www.perseus.tufts.edu/hopper/text?doc=Perseus%3Atext%3A1999.01.0234%3Abook%3D16%3Achapter%3D34

Philipp V. stellt sich den römischen Kriegselefanten in der Schlacht von Kynoskephala.[24]

Nach Philipps Tod versammelte sein aggressiver Sohn Perseus das Odrysenreich in Thrakien und einige griechische Stadtstaaten um sich und versprach, Griechenland zu alter Vormachtstellung und Glanz zurückzuführen. Mit der Eroberung Nordthessaliens löste er den Dritten Makedonischen Krieg (171-168 v. u. Z.) aus. Rom reagierte mit der Entsendung von Truppen nach Thessalien, doch in der Schlacht von Kallinikos töteten die Makedonen zweitausend Römer, während die Makedonen nur vierhundert Opfer zu beklagen hatten.

Als die Römer die Ernte in der Region plünderten, griff Perseus das römische Lager an und nahm die zurückgebliebenen 600 Römer gefangen und bemächtigte sich der römischen Vorräte. Er bemerkte nicht, dass der römische Konsul Publius Licinius Crassus in der Gegend war, bis dieser mit seinen Kriegselefanten und der numidischen Reiterei angriff und 8.000 Makedonen tötete.

Bei einer weiteren schrecklichen Niederlage an der makedonischen Küste im Jahr 168 v. u. Z. floh Perseus aus der Schlacht von Pydna und ließ seine Männer zurück, die von den Römern niedergemetzelt oder versklavt wurden. Die Römer fanden ihn schließlich auf der Insel Samothrake und schleppten ihn nach Rom. Sie führten ihn durch die Straßen und warfen ihn ins Gefängnis, wo er den Rest seines Lebens verbrachte. Rom teilte Makedonien in vier Republiken auf.

Im Jahre 146 v. u. Z. erhob sich der Achäische Bund auf der Peloponnes gegen seinen ehemaligen Verbündeten Rom, weil dieser ihm jede Gebietserweiterung untersagte. Rom vernichtete die Hauptstreitmacht der Griechen in der Schlacht von Skarpheia. Die meisten Griechen töteten sich selbst oder flohen nach Korinth, wo die letzte Schlacht die Stadt zerstörte und die Römer ihre unschätzbaren Skulpturen und Schätze raubten. Die anderen Stadtstaaten erkannten die Herrschaft Roms an. Dennoch beeinflusste Griechenland jahrhundertelang die römische Philosophie, Kunst, Literatur und Politik und verbreitete seine Kultur mit dem Aufstieg der römischen Republik (und später des Imperiums).

# ABSCHNITT DREI:
## Die römische und byzantinische Zeit an (146 v. u. Z. – 1453 u. Z.)

# Kapitel 7: Die griechisch-römische Welt und die frühen byzantinischen Jahre

Was geschah mit Griechenland und den hellenistischen Reichen, nachdem sie an Rom gefallen waren? Haben sie ihre Kultur beibehalten? Warum blieb die „griechische" Seite des Römischen Reiches bis ins Mittelalter bestehen, als das Weströmische Reich zusammenbrach? Wie wirkte sich die neue christliche Religion auf die griechische Welt aus, und wie ermöglichte die griechische Sprache ihre Verbreitung?

Rom beherrschte die griechische Welt fünf Jahrhunderte lang, doch die griechische Zivilisation hatte weiterhin großen Einfluss auf die römische Kultur, so wie es schon seit den Anfängen Roms der Fall war. Die Griechen hatten Süditalien im 8. Jahrhundert v. u. Z. kolonisiert, etwa zur gleichen Zeit, als Rom in Mittelitalien gegründet wurde. Die Römer trieben Handel mit den griechischen Stadtstaaten Süditaliens und später mit der übrigen griechischen Welt und übernahmen die griechische Kultur.

Die Römer integrierten im Laufe der Jahrhunderte griechische Mythologie, politische Ideen, Philosophie, Kunst und Architektur in ihre Kultur. Die strengen Römer bewunderten vor allem die griechischen stoischen Philosophen, die sich nicht vom frivolen Luxus verführen ließen und gleichzeitig Logik und Selbstaufopferung propagierten. Die Römer brachten griechische Kriegsgefangene nach Rom zurück, von denen viele hochgebildet waren. Diese versklavten griechischen Intellektuellen unterrichteten die Kinder der römischen Elite in der griechischen Sprache und Literatur. Die Fähigkeit, Griechisch zu lesen und zu schreiben, sowie die Kenntnis der griechischen Klassiker waren Statussymbole für die römische Elite.

Als Rom Korinth und andere griechische Städte eroberte, schleppte es unschätzbare Kunstwerke und Statuen nach Rom zurück. Dabei wurden die erlesenen Stücke beim Transport schwer beschädigt. Doch die Römer nutzten die griechische Kriegsbeute als Modelle, studierten und kopierten die Werke. Freie Griechen begannen nach Rom zu ziehen, um als Künstler oder Ärzte zu arbeiten, denn diese Berufe waren sehr gefragt. Die griechisch-römische Mischung aus griechischer und römischer Kultur breitete sich in den von Rom eroberten Gebieten von Britannien bis Zentralasien aus.

Nach der „Befreiung" Griechenlands von der mazedonischen Vorherrschaft vermied Rom zunächst eine direkte Herrschaft über Griechenland und ließ politische Autonomie zu. Doch 146 v. u. Z. löschte Rom Korinth als Lehre gegen die Rebellion aus und gründete die römische Provinz Makedonien, die zunächst das frühere Land Makedonien und den größten Teil des heutigen Griechenlands umfasste. Kaiser Augustus (reg. 27 v. u. Z. - 14 u. Z.) trennte das griechische Festland und die Kykladen von Makedonien ab und bildete die neue römische Provinz Achäa.

Das hellenistische Königreich Pontus (die heutige Westtürkei) lehnte sich im Ersten Mithridatischen Krieg (89-85 v. u. Z.) gegen Rom auf. Im Mai 88 v. u. Z. ordnete König Mithridates eine ethnische Säuberung aller Römer in Pontus an und tötete noch am selben Tag mindestens 80.000 Männer, Frauen und Kinder. Er übernahm die Kontrolle über weite Teile Griechenlands und setzte Aristion als Tyrannen von Athen ein. Roms Konsul Sulla marschierte 87 v. u. Z. in Griechenland ein und die meisten griechischen Städte kapitulierten schnell. Doch Athen leistete Widerstand, was zu einer fünfmonatigen Belagerung der Stadt führte, die am 1. März 86 v. u. Z. mit dem Fall der Stadt endete. In den Straßen Athens floss Blut, als die Römer die Stadt plünderten und niederbrannten. Nach diesem Schreckensszenario hielt sich Griechenland sorgfältig an die Vorgaben Roms.

Nachdem sich Griechenland Rom unterworfen hatte, genoss es in der Zeit der Pax Romana (Römischer Friede, 27 v. u. Z. - 180 u. Z.) zwei

Jahrhunderte relativen Friedens. Die Herrschaft Roms über ein riesiges Gebiet, das sich vom Nahen Osten bis nach Westeuropa erstreckte, ermöglichte Stabilität, blühenden Handel und Bevölkerungswachstum. Es war eine Zeit, in der Kunst, Literatur, Wissenschaft und Technologie neue Höhen erreichten, da Menschen aus drei Kontinenten frei miteinander kommunizieren und Ideen austauschen konnten.

Die Römer kopierten nach Belieben griechische Dramen, Skulpturen, Literatur, Philosophie und Rhetorik und prägten die hellenistische Kultur auf ihre Weise, doch die Griechen waren an einer Gegenleistung kaum interessiert. Sie lernten zwar, die römische Militärmacht zu respektieren, fühlten sich aber kulturell überlegen. Einer der wenigen Beiträge Roms zur griechischen Kultur war die Aufnahme von Gladiatoren- und Tierkämpfen in die Olympischen Spiele, bis Kaiser Konstantin (reg. 306-337 u. Z.) die blutigen Vorführungen verbot.[i]

Die meisten Griechen wurden erst 212 u. Z. römische Bürger, als Rom mit der Constitutio Antoniniana das Bürgerrecht auf alle freien erwachsenen Männer des Reiches ausdehnte. Bis zu diesem Zeitpunkt galt in Griechenland und einigen früheren hellenistischen Königreichen wie Ägypten weiterhin das griechische und nicht das römische Recht. Die griechische Architektur blieb während der gesamten römischen Epoche erhalten. So waren beispielsweise die Außenhöfe des Tempels des Herodes in Jerusalem im korinthischen Stil gehalten, während das innere Heiligtum den Vorschriften der Thora folgte.[ii] Die Bauten in Rom und im ganzen Reich folgten dem klassischen griechischen Stil, allerdings mit einigen Neuerungen.

Verschiedene asiatische und nordafrikanische Religionen verbreiteten sich in der hellenistischen Welt und beeinflussten später das Römische Reich. In hellenistischer Zeit hatten einige Griechen begonnen, Isis, die ägyptische Göttin der Fruchtbarkeit, Mutterschaft und Heilung, zu verehren, und dieser Kult verbreitete sich in der gesamten griechisch-römischen Welt. Die Griechen verbanden den alten vedischen Gott Mithra (Mithras, Mitra), der von den Hindus und Persern verehrt wurde, mit Helios und Apollo. Die Römer verwandelten die Verehrung dieses Gottes in einen Geheimkult, bei dem sich die Eingeweihten heimlich in

---

[i] A. H. M. Jones, „The Greeks under the Roman Empire," *Dumbarton Oaks Papers* 17 (1963): 1-9. https://doi.org/10.2307/1291187.
[ii] Jones, „The Greeks under the Roman Empire," 10.

Höhlen trafen. Das Judentum breitete sich aus, jüdische Synagogen (griechisch für „Versammlung") entstanden in den großen Städten der griechischen Welt.

Im griechisch-römischen Raum entstand um 30 u. Z. eine neue Religion. Der erste Kontakt der Griechen mit dem Christentum fand in dessen Anfangszeit statt. Jesus wurde in Judäa geboren, das seit der Eroberung durch Alexander den Großen mehr als drei Jahrhunderte lang zur griechischen Welt gehört hatte, und wurde von den jüdischen Priestern vor den Toren Jerusalems begrüßt. Der Talmud berichtet, dass der jüdische Hohepriester Schimon HaTzaddik Alexander den Großen um den Erhalt des Tempels bat, und Alexander dieser Bitte statt gab.[i]

Die Judäer sprachen sowohl Koine-Griechisch als auch Aramäisch. Als Jesus in der Synagoge aus der Jesajarolle vorlas (Lukas 4:17-21), las er aus der LXX (Koine griechische Übersetzung der Septuaginta), nicht aus dem hebräischen Tanach.[ii] Jesus und seine Apostel zitierten häufiger aus dieser griechischen Übersetzung als aus der hebräischen, und die Apostel schrieben das Neue Testament in Koine-Griechisch. Der Apostel Johannes begann sein Evangelium mit „Ἐν ἀρχῇ ἦν ὁ Λόγος" („Im Anfang war der Logos") [iii], was für die Griechen eine besondere Bedeutung hatte. Der griechische Philosoph Heraklit sagte, der Logos sei das unsichtbare Feuer, das die Systeme des Universums antreibt. Leukipp sagte, der Logos kontrolliere die Bewegung der Atome. Die stoische Philosophie lehrte, dass der Logos die universelle, göttliche Vernunft ist, aus der Leben und Ordnung hervorgehen.

Der Apostel Johannes berichtet von griechischen Konvertiten zum Judentum, die zum Passahfest nach Jerusalem kamen und um eine Audienz bei Jesus baten. Die griechisch sprechenden Apostel Paulus, Barnabas, Silas, Lukas und Timotheus brachten das Christentum in die griechischen Stadtstaaten in Asien, auf das griechische Festland und nach Mazedonien.[iv] Als Paulus nach Athen kam, diskutierte er mit den epikureischen und stoischen Philosophen und zitierte aus dem griechischen Gedicht Phaenomena des Aratus. „In ihm leben wir,

---

[i] Yoma 69a, *The William Davidson Talmud (Koren - Steinsaltz)*.
https://www.sefaria.org/Yoma.69a.14?lang=bi&with=all&lang2=en

[ii] Luke 4:18, „Commentaries," *Bible Hub*. https://biblehub.com/commentaries/luke/4-18.htm

[iii] John 1:1, „Interlinear Bible," *Bible Hub*. https://biblehub.com/interlinear/john/1-1.htm

[iv] Acts 13-17

bewegen wir uns, haben wir unser Sein ... wir sind seine Nachkommen"[i].

Paulus in Athen in der katholischen Basilika St. Dionysius der Areopagit. Paulus gehörte nicht zu den ursprünglichen zwölf Aposteln, aber er wird wegen seiner Bedeutung für das frühe Christentum als Apostel bezeichnet.[25]

---

[i] Acts 17:18-33

Paulus und seine Mitstreiter stießen bei den Griechen auf ein gemischtes Echo. Die einen waren interessiert und wollten mehr hören. Andere lachten verächtlich. Dionysios, Richter am Areopag, bekehrte sich und wurde der erste Bischof von Athen.[i] In Ephesos bekehrten sich so viele Menschen vom griechischen Polytheismus zum Christentum, dass die Silberschmiede mit dem Verkauf von Kultbildern kein Geschäft mehr machen konnten.[ii] Auf Zypern konvertierte der römische Prokonsul Quintus Sergius Paulus.[iii] In Mazedonien bekehrte sich eine wohlhabende Händlerin namens Lydia.[iv]

Noch zu Lebzeiten des Paulus entstanden in den großen Städten der griechischen Welt christliche Gemeinden. Zehn Bücher des Neuen Testaments sind Briefe des Paulus an griechische Gemeinden oder griechische Bischöfe, in denen er die griechischen Philosophen Epimenides und Menander zitiert. Einige Christen starben den Märtyrertod, weil sie als Gegner der traditionellen griechischen Überzeugungen angesehen wurden. Im Jahr 60 v. u. Z. wurde der Apostel Andreas, Bruder des Simon Petrus, in Patras gekreuzigt. Barnabas wurde in Salamis gesteinigt.

Auf die apostolische Zeit, die erste Generation des Christentums, folgte die vornizänische Periode, die um 100 u. Z. begann und bis 325 u. Z. dauerte, als das erste Konzil von Nicäa stattfand. Die Christen erlebten mehrere Perioden intensiver Verfolgung durch lokale Herrscher und verschiedene Kaiser, insbesondere Nero (reg. 54-68 u. Z.), Valerian (reg. 253-260 u. Z.) und Diokletian (reg. 284-305 u. Z.). Die Römer betrachteten das Christentum als einen die Gesellschaft spaltenden Kult, da sich die monotheistischen Christen weigerten, sich dem griechisch-römischen Götterpantheon zu unterwerfen oder den römischen Kaiser als Gottheit anzuerkennen. Die Juden waren ebenfalls monotheistisch, aber ihre Religion war so alt, dass sie im Allgemeinen toleriert wurde.

Quadratus, Bischof von Athen, war ein Schüler der ersten Apostel. Als Kaiser Hadrian im Jahr 124 u. Z. Athen besuchte, legte Quadratus eine Verteidigungsschrift des Christentums vor. Hadrian reagierte mit einer wohlwollenden Proklamation, in der er feststellte, dass Christen nicht

---

[i] Acts 17:32-34

[ii] Acts 19

[iii] Acts 13:6-12

[iv] Acts 16:11-15

allein deshalb verfolgt werden könnten, weil sie Christen seien, sondern nur dann, wenn sie etwas Illegales täten. Nach Hadrians Tod kam es jedoch in einigen Gebieten des Römischen Reiches erneut zu Verfolgungen. Polykarp von Smyrna, ein Schüler des Apostels Johannes, weigerte sich, Weihrauch zur Verehrung des Kaisers zu verbrennen und wurde um 156 u. Z. auf dem Scheiterhaufen verbrannt. Trotz der Verfolgungen waren um 300 u. Z. etwa 10 Prozent der Bevölkerung des Reiches Christen.

Der römische Kaiser Diokletian teilte die Führung des Reiches in eine Tetrarchie (vier Regenten) unter seiner Autorität auf. Er verlegte seine Hauptstadt von Rom nach Nikomedia (in der heutigen Türkei) und regierte die Westtürkei, Syrien, Palästina und Ägypten. Constantius verwaltete Britannien und Gallien, Maximian regierte Spanien, Italien und die Nordwestküste Afrikas, und Galerius kontrollierte Griechenland und den Rest der Balkanhalbinsel.

Als Diokletian schwer erkrankte, verdrängte Galerius ihn aus der Tetrarchie und machte sich selbst zum Alleinherrscher. Er erließ 311 u. Z. das Toleranzedikt und beendete damit die große Christenverfolgung Diokletians. Folter und Tod konnten das Christentum nicht abschrecken, es wuchs weiter an Vitalität und Zahl. Im Jahr 313 u. Z. war die Tetrarchie zusammengebrochen und es blieben zwei Kaiser übrig: Konstantin (der Sohn des Constantius) und Licinius (ein enger Freund des Galerius). Gemeinsam erließen sie das Edikt von Mailand, das den Christen und allen anderen die Freiheit gewährte, der Religion ihrer Wahl zu folgen.

Der instabile Waffenstillstand zwischen den beiden verbliebenen Kaisern zerbrach 321 u. Z. und es kam zu einer Reihe von Kämpfen. Im Jahr 324 u. Z. besiegte Konstantin die Flotte und das Landheer des Licinius, verschonte aber dessen Leben und ließ ihn als Privatmann in Thessaloniki leben. Nachdem Licinius versucht haben soll, die Goten zu unterstützen, um wieder an die Macht zu kommen, ließ Konstantin ihn hängen und machte sich selbst zum alleinigen Kaiser von Ost und West. Konstantin baute die alte griechische Kolonie Byzanz, wo sich Asien und Europa an der Meerenge des Bosporus trafen, wieder auf und nannte sie Konstantinopel. Seine neue Hauptstadt symbolisierte die Vereinigung von Ost und West.

Konstantin rief die Kirchenführer aus Ost und West in Nicäa zusammen, um die Lehre von der Heiligen Dreifaltigkeit zu klären.

Arius, ein Priester in Alexandria (Ägypten), hatte gelehrt, dass die Existenz Jesu mit seiner Geburt begann, was ihn Gott, dem Vater, der unendlich war, nicht gleichstellte. Die meisten Priester hielten sich jedoch an das Evangelium des Johannes, aus dem hervorging, dass der Logos im Anfang bei Gott war und alles geschaffen hatte.[i] Auf dem ersten Konzil von Nicäa wurde das Glaubensbekenntnis von Nicäa formuliert, das bis heute in vielen christlichen Kirchen in unterschiedlicher Form verwendet wird:

„Ich glaube ... an den einen Herrn Jesus Christus, Gottes eingeborenen Sohn, gezeugt vom Vater vor aller Zeit, Licht vom Licht, wahrer Gott vom wahren Gott, gezeugt, nicht geschaffen, eines Wesens mit dem Vater, durch den alles geschaffen ist".

Nach dem Tod Kaiser Konstantins durchlebte das Römische Reich eine Zeit der Instabilität. Im Jahr 364 u. Z. wurde Valentinian Kaiser, der das Weströmische Reich von Mailand aus regierte und seinen Bruder Valens zum Herrscher des Oströmischen Reiches ernannte. Dieser regierte von Konstantinopel aus. Valentinian starb plötzlich an einem Schlaganfall inmitten einer wütenden Tirade, und seine beiden Söhne erbten das Weströmische Reich, während Valens weiterhin den Osten regierte. Bald sah sich Valens seiner größten Nemesis gegenüber: den Goten, einem germanischen Nomadenstamm.

Die griechische Welt musste sich seit Jahrhunderten gegen indoeuropäische Stämme wehren, die über die Alpen nach Südeuropa vordrangen. Keltisch sprechende Stämme hatten die durch den frühen Tod Alexanders des Großen verursachte Destabilisierung ausgenutzt und waren nach Thrakien, Illyrien, Makedonien und in die Schwarzmeerregion eingedrungen. Ptolemaios Ceraunus, der Sohn des ersten ägyptischen Pharaos, hatte den makedonischen Thron bestiegen, doch die Kelten töteten ihn und spießten seinen Kopf 279 v. u. Z. auf einem Speer auf.

Im Jahre 279 v. u. Z. fielen unter der Führung des Königs Brennus achtzigtausend Keltisch sprechende Gallier in Griechenland ein, um die Schätze des Apollontempels von Delphi zu plündern. Eine griechische Koalitionstruppe unter dem athenischen Feldherrn Kalippos eilte herbei, um das allen Griechen heilige Land zu verteidigen. In einer wilden Schlacht bei Delphi beging der verwundete Brennus Selbstmord, und die

---

[i] John 1:1-5

Griechen vertrieben die Gallier aus Griechenland. Die überlebenden Gallier ließen sich in der heutigen Westtürkei nieder und gründeten das Königreich Galatien.

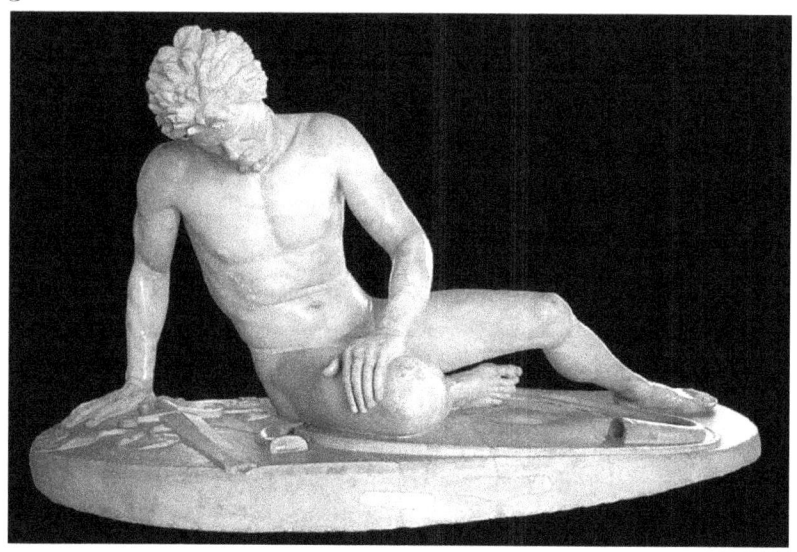

Der Sterbende Gallier ist eine römische Kopie eines griechischen Originals.[36]

Germanisch sprechende Stämme begannen ebenfalls nach Osten und Süden zu wandern und erreichten vor 200 v. u. Z. den Balkan. Die Antigoniden von Makedonien (Nachkommen von Antiochos dem Großen, Sohn des Demetrios) hinderten sie jedoch daran, die südliche Donau zu überqueren. Jahrhunderte später wanderte ein Stamm namens Heruli zum Schwarzen Meer, segelte an dessen Nordküste entlang und griff die griechischen Stadtstaaten an und eroberte sie.

Im Jahre 267 u. Z. segelten die Schiffe der Heruler zur südgriechischen Halbinsel Peloponnes und griffen Sparta, Korinth, Argos und Olympia an. Auf dem Weg zur Halbinsel Attika plünderten sie Athen und zerstörten die Tempel, die Bibliothek und das Gerichtsgebäude auf der Agora. Die Heruler ließen jedoch die Wohngebiete nördlich und südwestlich von Athen unversehrt und schienen nur an Plünderungen und nicht an einer Ansiedlung in Griechenland interessiert zu sein.[i]

---

[i] Lamprini Chioti, „The Herulian Invasion in Athens (267 CE): The Archaeological Evidence," *Destructions, Survival, and Recovery in Ancient Greece* (American School of Classical Studies at Athens: May 16, 2019). https://www.academia.edu/39196609/The_Herulian_invasion_in_Athens_267_CE_The_Archaeological_Evidence

Ein Jahrhundert später marschierte der oströmische Kaiser Valens mit seinem Heer nach Thrakien, wo er auf zehntausend germanische Goten traf. Die Goten töteten Valens 378 u. Z. in der Schlacht von Adrianopel, und der katastrophale Krieg vernichtete zwei Drittel des oströmischen Heeres, einschließlich der meisten seiner Befehlshaber. Der weströmische Kaiser ernannte Theodosius I., den Sohn eines Kriegshelden, zum neuen oströmischen Kaiser. Anstatt die Goten zu bekämpfen, erlaubte Theodosius ihnen, sich im Reich niederzulassen und warb sie als Söldner an.

In Griechenland waren die Olympischen Spiele seit jeher ein religiöses Fest zu Ehren des Zeus, mit der rituellen Schlachtung von hundert Ochsen im Zeustempel und einem anschließenden ausgelassenen Festmahl. Die römischen Kaiser unterstützten die Olympischen Spiele. Nero ließ sogar Musik- und Schauspielwettbewerbe abhalten und nahm selbst daran teil. Natürlich gewann er jeden Wettbewerb, an dem er teilnahm, sogar ein Wagenrennen, bei dem er aus dem Wagen fiel und das Rennen nicht beenden konnte. Um dem traditionellen griechischen Polytheismus entgegenzuwirken, verbot Theodosius jedoch Tieropfer, was den olympischen Feierlichkeiten einen Dämpfer versetzte. Dennoch wurden die Spiele noch einige Jahre weitergeführt, bis Theodosius II. (402-450 u. Z.) den Zeustempel niederbrennen ließ.

Das Weströmische Reich zerfiel innerhalb weniger Jahrzehnte, weil es dem unaufhaltsamen Ansturm der germanischen Stämme und der Hunnen aus Zentralasien nicht standhalten konnte. Als Rom 410 u. Z. unter einer schrecklichen Hungersnot litt, plünderte Alarich, König der Westgoten, die Stadt. Im Jahr 455 plünderten die Vandalen, ein anderer germanischer Stamm, Rom erneut. Im Jahr 475 zwangen die Ostgoten den westlichen Kaiser zur Abdankung und das Weströmische Reich brach zusammen.

Griechenland und der Rest des Oströmischen Reiches blieben bis zur Eroberung des Byzantinischen Reiches durch das Osmanische Reich im Jahre 1453 u. Z. bestehen. Moderne Historiker bezeichnen das Oströmische Reich nach seiner Hauptstadt Byzanz (umbenannt in Konstantinopel) als Byzantinisches Reich. Das Byzantinische Reich existierte mehr als ein Jahrtausend und war ein kulturelles, wirtschaftliches und militärisches Machtzentrum. Mit seinen immer wieder verschobenen Grenzen beherrschte es zeitweise auch Ägypten, die Türkei und den westlichen Mittelmeerraum.

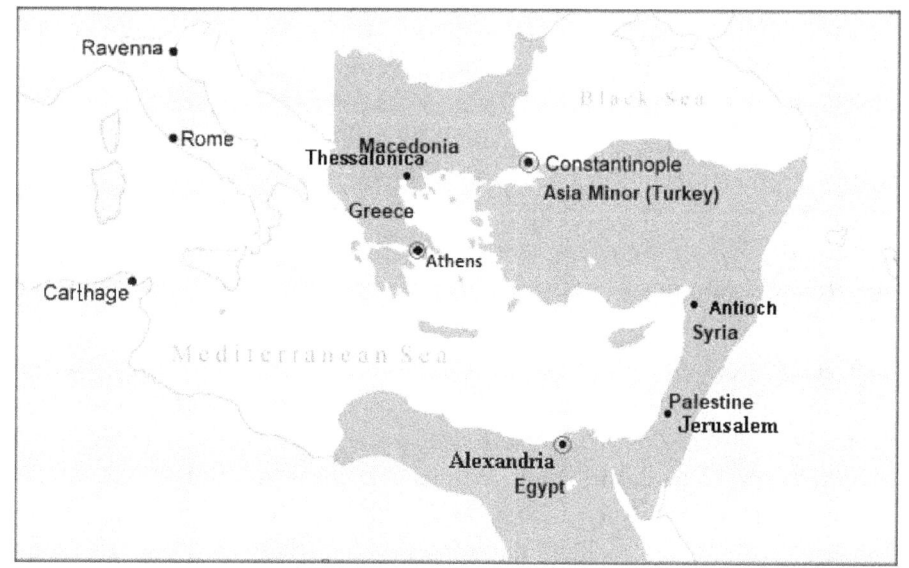

Das Byzantinische Reich im Jahr 476 u. Z.[37]

Im Jahr 529 u. Z. überarbeitete Kaiser Justinian I. das römische Recht im Codex Justinianus, der neun Jahrhunderte lang das byzantinische Rechtssystem prägte und sogar die Gesetze des modernen Griechenlands beeinflusste. Er machte das Christentum zur Staatsreligion und zur Voraussetzung für das Bürgerrecht. Die hellenistische Kultur war im Byzantinischen Reich noch stark vertreten und die griechische Philosophie prägte die christliche Theologie. Die Kaiser unterdrückten jedoch den Polytheismus. Im Jahr 529 entzog Justinian I. der Neuplatonischen Akademie, einer Wiederbelebung der ursprünglichen Schule Platons, die der römische Diktator Sulla im Jahr 86 v. u. Z. zerstört hatte, die staatliche Finanzierung. Die Gelehrten der Akademie brachten ihre philosophischen, literarischen und naturwissenschaftlichen Schriften nach Ktesiphon im heutigen Irak, wo sie unter der Sassaniden-Dynastie ein weiteres Jahrhundert überdauerten.

Die Griechen und die Bevölkerung der ehemaligen hellenistischen Reiche sprachen und schrieben während der römischen Epoche Koine-Griechisch. Latein war die offizielle Verwaltungssprache im gesamten Römischen Reich, wurde aber im Osten vor allem vom Militär und für bestimmte Verwaltungsaufgaben verwendet. Nach dem Zusammenbruch des Weströmischen Reiches wurde Griechisch im Byzantinischen Reich weiterhin als „lingua franca", als gemeinsame Sprache, verwendet. Kaiser Herakleios (reg. 610-641 u. Z.) machte Griechisch zur offiziellen Sprache des Byzantinischen Reiches und zur einzigen Sprache für

Regierungsangelegenheiten. Zu dieser Zeit war das Koine-Griechisch in das byzantinische Griechisch oder Mittelgriechisch übergegangen, eine Vorstufe des Koine-Griechischen zum Neugriechischen. Koine-Griechisch wird auch heute noch als liturgische Sprache der griechisch-orthodoxen Kirche verwendet.

# Kapitel 8: Byzanz unter griechischem Einfluss

Der Wind zerzauste Herakleios' Haar, als er am Bug seines Schiffes stand, an dem er ein Bild der Jungfrau Maria befestigt hatte. Vom Meer aus sah er die Silhouette von Konstantinopel, die Kuppel der Hagia Sophia und den Palast, in dem jetzt der unfähige Tyrann Phokas residierte. Als sich seine Flotte näherte, stürzte das Volk von Konstantinopel sofort seinen repressiven Herrscher, der jeden gefoltert und hingerichtet hatte, den er als Bedrohung ansah. Der Patriarch von Konstantinopel krönte Herakleios zum neuen Kaiser in der Hoffnung, er könne das Reich aus seinen zahlreichen Krisen retten.

Als das Volk Phokas auslieferte, fragte Herakleios: „So regiert ihr unser Reich?"

„Könnt ihr es besser?", antwortete Phokas verbittert, bevor er in Stücke gehauen wurde.

Das angeschlagene byzantinische Reich wieder aufzurichten, war eine gewaltige Herausforderung für Herakleios. Acht Jahre zuvor, im Jahr 602 u. Z., hatte Phokas Kaiser Maurikios ermordet, dessen Frau und drei kleine Töchter getötet und den Thron an sich gerissen. Das persische Sassanidenreich nutzte das Chaos in Konstantinopel, um in die byzantinischen Provinzen Armenien und Mesopotamien einzufallen. Im Jahr 608 mussten die entsetzten Bürger Konstantinopels mit ansehen, wie die Perser Dörfer auf der anderen Seite des Bosporus niederbrannten. Währenddessen drangen die Awaren aus der heutigen Ukraine, Russland und Kasachstan auf die Balkanhalbinsel vor. Sie verwüsteten Thrakien und Nordgriechenland und forderten Tributzahlungen vom Byzantinischen Reich.

Das erste Jahrzehnt des Krieges des Kaisers Herakleios gegen Persien verlief unglücklich. Die Perser eroberten Antiochia und Damaskus und im Jahr 614 eroberten sie Jerusalem und ermordeten mehr als fünfzigtausend Bürger, darunter Tausende von Nonnen und Priestern. Sie brannten die Kirchen der Stadt nieder und erbeuteten das Heilige Kreuz, von dem man glaubte, dass Jesus an ihm gestorben sei. Im Jahr 618 fielen sie in Ägypten ein und eroberten Alexandria. Ägypten war die wichtigste Getreidequelle für Konstantinopel, so dass der Stadt nun eine Hungersnot drohte.

Herakleios unternahm schließlich 622 eine erfolgreiche Gegenoffensive, marschierte direkt in den Iran und zwang die persischen Truppen zum Rückzug, um ihr Heimatland zu verteidigen. Er schlug die persischen Truppen vernichtend, bevor er nach Hause eilte, um die Awaren abzuwehren, die Konstantinopel belagerten. Der Patriarch rief die Bürger zu einem Marsch um die Stadtmauern von Konstantinopel auf und trug dabei eine Ikone der Jungfrau Maria. In der Zwischenzeit arrangierte Herakleios ein Treffen mit dem Khan (König) der Awaren in Thrakien, um eine Einigung zu erzielen. Auf dem Weg dorthin entkam Herakleios nur knapp einem Hinterhalt der Awaren. Er warf sein Purpurgewand ab, klemmte seine Krone unter den Arm, um nicht erkannt zu werden, und eilte unversehrt in die Stadt zurück.

Nachdem er seine Hauptstadt erfolgreich verteidigt hatte, führte Herakleios sein Heer 627 nach Asien zurück und errang in der elfstündigen Schlacht von Ninive einen vernichtenden Sieg. Die erzürnten Perser stürzten ihren König und krönten seinen Sohn, der sofort Friedensbedingungen aushandelte. Das Byzantinische Reich erhielt seine asiatischen und afrikanischen Gebiete zurück sowie das Heilige Kreuz.

Das Byzantinische Reich war eines der am längsten existierenden Reiche, das sich über mehrere Kontinente erstreckte. Es war ein Jahrtausend lang von Palastintrigen, Mehrfrontenkriegen und religiösen Kontroversen geprägt. Die Bewohner des Reiches nannten es nie das Byzantinische Reich, sondern betrachteten es weiterhin als das Römische Reich. Das Weströmische Reich war jedoch zusammengebrochen, und Rom lag weder innerhalb der Grenzen des Oströmischen Reiches noch übte es Macht über den Osten aus. Die Gelehrten der Renaissance nannten es daher Byzantinisches Reich, obwohl es kulturell gesehen ein überwiegend griechischer Staat war. Das Byzantinische Reich hinterließ ein reiches und dauerhaftes Erbe an Architektur, Kunst, Literatur und mystischem orthodoxen Christentum. Seine phantasievolle abstrakte Kunst mit spirituellen Themen spiegelt die verschiedenen Kulturen wider, die das Reich auf drei Kontinenten prägten.

Dieses Mosaik aus dem 6. Jahrhundert in der Hagia Sophia, das Christus Pantokrator („Allmächtiger") darstellt, spiegelt die charakteristische religiöse Kunst des Byzantinischen Reiches wider.[28]

Im Jahre 610 u. Z., dem Jahr, in dem Herakleios den byzantinischen Thron bestieg, hatte ein Mann in einer Höhle in Arabien Visionen. Mohammed sammelte Anhänger und eroberte schließlich Mekka. Während Herakleios erfolgreich gegen die Perser kämpfte, eroberte Mohammed ganz Arabien. Nach Mohammeds Tod im Jahr 632 führten seine leidenschaftlichen islamischen Anhänger einen heiligen Krieg, um ihre neue Religion zu verbreiten.

Die Muslime begannen mit Überfällen an der Grenze zu Palästina. Dennoch nahm Herakleios die Bedrohung ernst und blieb in Asien. Sein Alter und seine angeschlagene Gesundheit hinderten ihn jedoch daran, seine Truppen persönlich zu befehligen. Die eifrigen muslimischen Truppen eroberten Palästina, Transjordanien, Syrien und Ägypten. Herakleios zog sich zurück und befestigte Anatolien (Türkei) gegen die islamische Flut, während sich die Araber nach Osten wandten und das persische Sassanidenreich zerschlugen.

Als Herakleios 641 starb, hatte das Byzantinische Reich ganz Asien mit Ausnahme Anatoliens verloren, hielt aber noch Nordafrika westlich von Ägypten. Spanien war verloren, aber das Byzantinische Reich besaß die alten griechischen Kolonien in Süditalien und die Inseln im Mittelmeer. Das Reich beherrschte die Küstenregionen Griechenlands und den Rest des Balkans, aber die Awaren und Slawen kontrollierten einen großen Teil der zentralen Balkanhalbinsel.

Erstaunlicherweise gelang es dem Byzantinischen Reich trotz seiner zahlenmäßigen Unterlegenheit, die arabischen Kalifatstruppen daran zu hindern, weitere Gebiete zu erobern. Herakleios' Enkel, Konstans II., strukturierte die Armee um und verteilte sie auf Einheiten im ganzen Reich. Statt Sold erhielten die Soldaten Ackerland, das ihnen aus dem ehemaligen kaiserlichen Grundbesitz zugeteilt wurde. In den folgenden drei Jahrhunderten eroberte das Byzantinische Reich seine Gebiete auf dem Balkan zurück, verdoppelte seine Bevölkerung und erlangte unvorstellbaren Reichtum und Macht. Aus Ehrfurcht traten Russen, Serben und Armenier zum orthodoxen Christentum über.[i]

Obwohl sich das Byzantinische Reich „römisch" nannte und von einer Stadt an der Schnittstelle zwischen Europa und Asien aus regiert wurde, entwickelte es sich durch die Verbreitung der griechischen Sprache und Kultur zu einer hellenistischen Kulturmacht. Während der byzantinischen Renaissance, die vom 9. bis zum 11. Jahrhundert dauerte, erlebten hellenistische Kunst, Architektur, Literatur, Theater und Sprache einen Aufschwung. Gelehrte studierten Platon und andere antike griechische Philosophen und integrierten deren Ideen in die christliche Theologie.

---

[i] Warren Treadgold, „The Persistence of Byzantium," *The Wilson Quarterly* 22, no. 4 (1998): 76-7. http://www.jstor.org/stable/40260386.

Anna Komnena, Ärztin, Krankenhausverwalterin und Tochter des Kaisers Alexios I. Komnenos aus dem 12. Jahrhundert, verfasste die Alexiade, eine Chronik des Ersten Kreuzzugs. Sie war in den griechischen Klassikern, den Wissenschaften und der Rhetorik gut ausgebildet und schrieb ihre Geschichte im attisch-griechischen Dialekt Athens in einem epischen Gedichtstil, der an Homer und Xenophon erinnert. Das Werk schildert die Beunruhigung, die in Konstantinopel durch die westeuropäischen Kreuzfahrer ausgelöst wurde, die auf ihrem Weg zur Befreiung Jerusalems durch das Byzantinische Reich zogen.[i]

Durch die Übernahme der hellenistischen Kultur spielte das Byzantinische Reich eine wichtige Rolle bei der Bewahrung der klassischen griechischen Philosophie, Literatur und Kunst. Die griechische Kultur prägte das Byzantinische Reich, das seinerseits die griechische Kultur an Westeuropa und die islamische Welt weitergab.[ii] Die griechischen Kolonisten der archaischen und klassischen Epoche haben das Gebiet des Römischen Reiches stark beeinflusst. Später hinterließen die hellenistischen Reiche Alexanders des Großen und seiner Nachfolger ihre Spuren in Osteuropa, Westasien und Nordafrika. Als die Bedeutung Roms schwand, stiegen die hellenistischen Städte Antiochia, Alexandria und Pergamon zu kulturellen Zentren auf.

Trotz der inhärenten Unvereinbarkeit des griechischen Polytheismus mit dem monotheistischen Christentum verschmolz das Byzantinische Reich die hellenistische Kultur mit der orthodoxen Ostkirche. Dies geschah mit Bedacht. So ermunterte der Bischof Basilius von Caesarea (4. Jahrhundert) seine Studenten, die griechische Literatur und Philosophie zu studieren, aber alles abzulehnen, was dem Christentum widersprach. Christliche Theologen fanden Parallelen zwischen der Ethik und Philosophie Platons und den Lehren Christi.[iii]

Byzantinische Mönche wie Bessarion aus dem 15. Jahrhundert, der in Griechenland den Neuplatonismus studierte, kopierten und bewahrten die Texte der antiken griechischen Philosophen. Bessarion übersetzte die

---

[i] Romilly J. H. Jenkins, „The Hellenistic Origins of Byzantine Literature," *Dumbarton Oaks Papers* 17 (1963): 37-52. https://doi.org/10.2307/1291189.

[ii] Anthony Kaldellis, *Hellenism in Byzantium: The Transformations of Greek Identity and the Reception of the Classical Tradition*, (Cambridge: Cambridge University Press, 2007), 11.

[iii] Rakesh Mittal, *Hellenism and the Shaping of the Byzantine Empire*, Marquette University, 2010. https://epublications.marquette.edu/cgi/viewcontent.cgi?article=1001&context=jablonowski_award

Metaphysik des Aristoteles und die Memorabilia des Xenophon und versuchte, Platon und Aristoteles mit dem Christentum zu versöhnen. Im Byzantinischen Reich studierten die Schüler Homer als den Begründer der Literatur und erhielten Unterricht in griechischer Rhetorik und Philosophie, die als wesentlich für eine umfassende Bildung angesehen wurden.

Die byzantinische Literatur knüpfte an die antike griechische Tradition an und übernahm den literarischen Stil von Lukian, Homer und Herodot. Die byzantinischen Mönche, die die griechische Sprache und Literatur sammelten, übersetzten, kopierten und studierten, bewahrten diese außergewöhnlichen Werke bis weit in die Renaissance hinein. Die erhaltenen Werke beeinflussten noch Jahrhunderte später die Denker der Renaissance und die revolutionäre Politik.

In seiner *Dialectica* kommentierte der Mönch Johannes von Damaskus (8. Jahrhundert) die *Analytica priora* des Aristoteles, die sich mit dem deduktiven Denken befasst. In seinem Werk wandte Johannes die griechische Logik an, um die Kontroversen in der Kirche über die Natur Christi zu lösen. Aristoteles lehrte, dass, wenn bestimmte Prinzipien als Tatsachen bekannt sind, wir daraus Schlussfolgerungen ziehen können. Johannes von Damaskus bediente sich dieses deduktiven Verfahrens, um theologische Argumente zu erörtern.

Johannes von Damaskus, klassischer griechischer Gelehrter und arabisch-christlicher Mönch.[29]

Photios, der Patriarch von Konstantinopel, verfasste im 9. Jahrhundert die *Amphilochia*, die einen Kommentar zu den Kategorien des Aristoteles sowie zu seinem Substanzbegriff und seiner Prädikatenlogik enthält. Der Mönch und Gelehrte Michael Psellos aus dem 11. Jahrhundert führte das Studium Platons wieder ein und schrieb *De Omnifaria Doctrina*, das sich mit den Kategorien des Aristoteles und der Ersten Analytik befasst. Psellos vertiefte sich so sehr in die griechische Philosophie, dass seine Freunde an seinem christlichen Glauben zu zweifeln begannen.

Im frühen Byzantinischen Reich waren Alexandria, Antiochia und Konstantinopel die einzigen Städte mit mehr als 100.000 Einwohnern. Konstantinopel war in seiner Blütezeit mit etwa 400.000 Einwohnern die größte Stadt. Trotz des Wohlstands in den Städten waren etwa 90 Prozent der Bevölkerung des Byzantinischen Reiches Analphabeten, die ihren Lebensunterhalt als Bauern auf dem Land verdienten, was typisch für die mittelalterliche Gesellschaft war. Dennoch übertraf das Byzantinische Reich während des größten Teils seiner Geschichte das westliche Europa durch seine effiziente Regierung und seine diversifizierte Wirtschaft.[i]

Wie konnte das Byzantinische Reich fast tausend Jahre nach dem Untergang des Weströmischen Reiches überleben? Ein Grund war die Wirtschaft. Das Weströmische Reich war durch Eroberungen reich geworden, doch als es keine neuen Gebiete mehr hinzugewann, versiegte der Wohlstandsstrom. Das Byzantinische Reich wurde zwar durch die Eroberung des Persischen Reiches reich, aber die Kosten des jahrzehntelangen Krieges schmälerten den Wohlstand. Die Wirtschaft des Byzantinischen Reiches beruhte auf dem Seehandel. Die Griechen hatten seit der archaischen Zeit mit dem Mittelmeer, der Ägäis und dem Schwarzen Meer Handel getrieben und diese Gebiete kolonisiert, und ihr umfangreicher Seehandel setzte sich auch im Byzantinischen Reich fort.

Das antike Troja war einst durch die Beherrschung der Meerengen zwischen der Ägäis und dem Schwarzen Meer zu unvorstellbarem Reichtum gelangt. Auch Konstantinopel kontrollierte durch seine strategische Lage den Schiffsverkehr zwischen den beiden Meeren. Die beiden anderen großen Städte – Alexandria und Antiochia – waren für den lukrativen Seehandel im Mittelmeer gelegen. Alexandria lag an einem Nebenarm des Nils, der ins Meer mündete. Antiochia in Syrien

---

[i] Treadgold, „The Persistence of Byzantium," 69-70.

lag auf einer Insel im Fluss Orontes nahe dem Mittelmeer. Nachdem Antiochia 637 u. Z. und Alexandria 641 u. Z. an die Araber gefallen waren, gewann Thessaloniki in Nordgriechenland an der Ägäis an Bedeutung und wurde zur zweitgrößten Stadt des Reiches.

Die Stadt Konstantins lag auf einer dreieckigen Halbinsel, die auf drei Seiten von Wasser umgeben war. Im Süden lag das Marmarameer, im Norden die Meerenge des Goldenen Horns, im Osten die Meerenge des Bosporus und im Westen Griechenland und Thrakien (Bulgarien). Der Bosporus verband das Schwarze Meer mit der Ägäis und bildete die Grenze zwischen Europa und Asien. Die Lage Konstantinopels ermöglichte einen florierenden Seehandel und einen lukrativen interkontinentalen Landhandel.

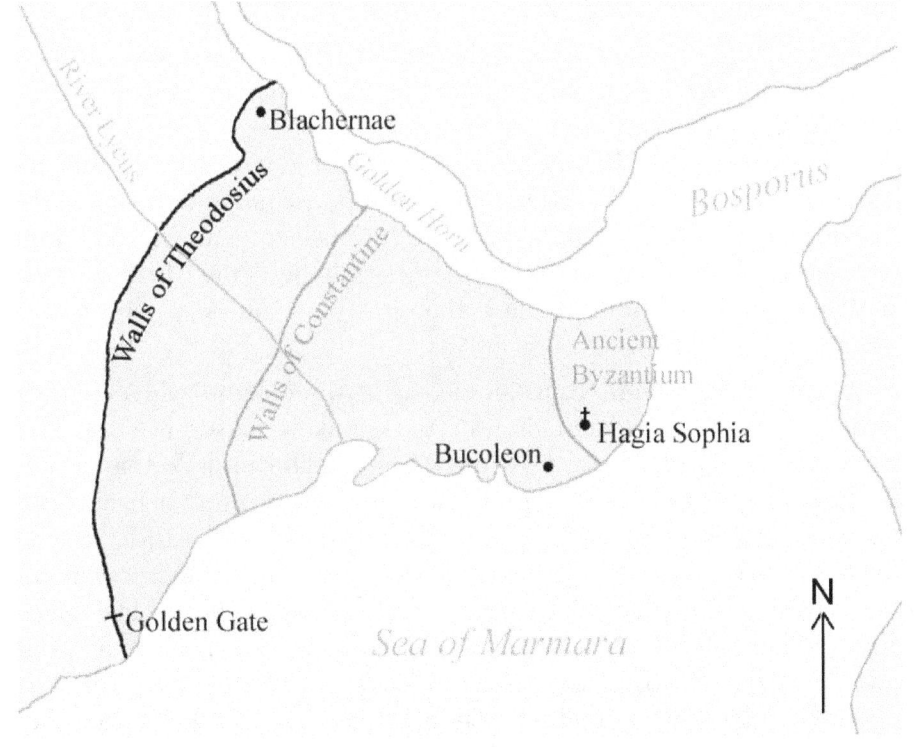

Konstantinopel (das heutige Istanbul) war die Hauptstadt des Byzantinischen Reiches.[80]

Als Konstantin die antike griechische Stadt Byzanz zu Konstantinopel ausbaute, ließ er eine neue Stadtmauer errichten. Sie reichte vom Marmarameer bis zur Mündung des Goldenen Horns und schützte die Stadt vor Einfällen vom Land her. Aus Rom ließ er Kunstwerke und Skulpturen von unschätzbarem Wert herbeischaffen. Konstantin brauchte Menschen, um seine prächtige neue Stadt zu bevölkern, und so lockte er die Adeligen mit Landzuweisungen und kostenloser Verpflegung für die Arbeiter.

Die Macht des byzantinischen Kaisers war nahezu unbegrenzt. Dennoch war er auf die Anerkennung und Gunst seiner Bürger und des Patriarchen von Konstantinopel angewiesen. Wurde er zu einem tyrannischen Despoten, riskierte er seinen Sturz, was Andronikos I. Komnenos 1185 u. Z. nach zweijähriger Herrschaft widerfuhr. Die Kirche erwartete von den Kaisern die Einhaltung ihrer moralischen Normen. Obwohl keiner von ihnen auch nur annähernd diesen Anforderungen entsprach, war der Patriarch von Konstantinopel nicht so geneigt, sie zu entschuldigen wie der römische Papst. Einige byzantinische religiöse Kunstwerke zeigten Kaiser, die in der Hölle schmorten.[i]

Wie in Rom arbeiteten die byzantinischen Kaiser mit einem Senat zusammen. Anders als in Rom stammten die Senatoren nicht aus der Oberschicht, sondern waren aufgestiegene Militärs. Die byzantinische Regierung folgte dem Rechtsstaatsprinzip, aber der Kaiser konnte die Gesetze ändern. Trotz der Hierarchie war ein faszinierender Aspekt der byzantinischen Gesellschaft, dass sie Aufstieg ermöglichte. Eine Prostituierte konnte Kaiserin werden, wie die Frau Justinians I., Theodora, und ein ungebildeter Bauer konnte Kaiser werden, wie Basileios I.

Basileios' Fähigkeiten, Ringkämpfe zu gewinnen und widerspenstige Pferde zu zähmen, erregten die Aufmerksamkeit Kaiser Michaels III. Der Kaiser machte Basileios zu seinem Leibwächter und Vertrauten und ließ ihn später seine Geliebte Eudokia heiraten, die mit Michaels Sohn Leo schwanger war. Als Leo im Jahre 866 u. Z. geboren wurde, machte Michael Basileios zu seinem jüngeren Mitkaiser, damit sein Sohn mit Eudokia von „legitimer" königlicher Geburt sein würde. Die ganze Angelegenheit fiel auf Michael zurück, als Basileios ihn im folgenden Jahr ermordete. Als Juniorkaiser bestieg Basileios automatisch den Thron. Überraschenderweise war er ein fähiger Kaiser. Er eroberte die alten griechischen Stadtstaaten in Süditalien zurück, besiegte das arabische Kalifat und schrieb das Gesetzbuch des Byzantinischen Reiches neu.

Die griechisch-orthodoxe Kirche, wie sie nach ihrer Abspaltung von Rom im 11. Jahrhundert genannt wurde, hatte großen Einfluss auf die

---

[i] Treadgold, „The Persistence of Byzantium," 70-71.

Regierung und die Kultur des Byzantinischen Reiches. Sie wurde damals als „griechisch-orthodoxe" Kirche bezeichnet, nicht weil sie nur in Griechenland oder für Griechen war, sondern weil Koine-Griechisch die liturgische Sprache war. Heute bezieht sich die Bezeichnung „griechisch-orthodoxe Kirche" auf die orthodoxen Kirchen in Griechenland oder unter der griechischen Bevölkerung weltweit und ist Teil der größeren orthodoxen Ostkirche (oder orthodoxen katholischen Kirche).

Der byzantinische Kaiser ernannte den Patriarchen (einen wichtigen Erzbischof) von Konstantinopel und konnte ihn auch wieder absetzen. Ab dem 4. Jahrhundert nahm der Patriarch von Konstantinopel nach dem Papst in Rom den zweiten Ehrenplatz unter den Erzbischöfen ein. Die byzantinische Kirche war bekannt für ihr Mönchtum, in dem Männer und Frauen, oft aus dem Adel, ihr luxuriöses Leben aufgaben, um als Asketen in Klöstern und Konventen zu leben.

Dieses Mosaik der Kaiserin Theodora, Gemahlin von Justinian I., befindet sich in der Basilika San Vitale (erbaut 547 u. Z.) in Ravenna, Italien.[81]

Die Mönche und Nonnen widmeten sich dem gemeinsamen Gottesdienst und der wissenschaftlichen Arbeit in den Klosterbibliotheken, die alte Texte enthielten. Sie kümmerten sich auch um Waisen, Alte, Bedürftige und Kranke. Kaiserin Theodora, die Gemahlin Kaiser Justinians I. (reg. 527-565), war vor ihrer Ehe Prostituierte. Nachdem sie Kaiserin geworden war, kaufte sie Mädchen, die in die Prostitution verkauft worden waren, frei und schickte sie in ein von ihr gegründetes Kloster, damit sie einen Beruf erlernen konnten, um ihren Lebensunterhalt zu verdienen.

Eine heftige Kontroverse, die vor allem im 8. Jahrhundert u. Z. die orthodoxe Kirche erschütterte, war die Frage der Ikonen: Bilder von Jesus, der Jungfrau Maria und den Heiligen. Diese Statuen und Bilder waren in Rom und in der östlichen orthodoxen Kirche fester Bestandteil des Gottesdienstes. Kaiser Leo III. und andere waren jedoch der Ansicht, dass Ikonen im Wesentlichen Götzenbilder seien, und verboten sie im Jahr 730. 57 Jahre später wurde Kaiserin Irene als Regentin für ihren zehnjährigen Sohn de facto zur Herrscherin. Sie organisierte das siebte ökumenische Konzil von Nicäa, auf dem die Ikonen wieder erlaubt wurden. Dieser Beschluss wurde 815 erneut aufgehoben, aber Kaiserin Theodora, die Witwe des Kaisers Theophilus, führte die Bilderverehrung 843 wieder ein.

Die Hagia Sophia wurde im Jahr 537 u. Z. fertiggestellt. Die Osmanen fügten die Minarette hinzu.[32]

Isidor von Milet, ein brillanter griechischer Architekt und Wissenschaftler, und Anthemios, ein weiterer griechischer Architekt und Meister der euklidischen Geometrie, entwarfen die Kathedrale Hagia Sofia. Die von Kaiser Justinian I. in Auftrag gegebene und 537 u. Z. fertiggestellte Hagia Sophia (Kirche der Heiligen Weisheit) war fast ein Jahrtausend lang die größte Kathedrale der Welt. Bei einem Erdbeben im Jahr 558 wurde die Kuppel beschädigt, woraufhin Isidors Neffe sie höher und erdbebensicherer wieder aufbaute. Als die Osmanen 1453 Konstantinopel eroberten, wandelten sie sie in eine Moschee um. Die Hagia Sophia aus dem 6. Jahrhundert schmückt noch heute Istanbul.

# Kapitel 9: Die letzten Jahre von Byzanz

„Theodora! Ich habe nicht mehr lange zu leben, und wir müssen die Nachfolge regeln." Konstantin VIII. stützte sich im Bett auf einen Ellbogen. „Ich habe keinen Sohn, deshalb musst du Romanos Argyros heiraten. Nur so kann er als neuer Kaiser akzeptiert werden."

„Ich kann Romanos nicht heiraten!" Theodora lief aufgeregt auf und ab.

„Warum nicht? Du wirst die neue Kaiserin sein!"

„Vater! Er ist verheiratet! Zumindest war er das, bis du ihn gezwungen hast, sich von seiner Frau scheiden zu lassen und sie in ein Kloster zu schicken! Ich werde nicht das Gericht Gottes auf mich ziehen, indem ich ihn heirate. Außerdem ist Romanos mein Cousin! Wir sind zu eng miteinander verwandt, um zu heiraten."

„Ach, Theodora!" Konstantin seufzte und ließ sich auf sein Kissen zurücksinken. „Kehre zu deiner religiösen Ergebenheit zurück und schicke deine Schwester zu mir. Ich werde sehen, ob Zoe Romanos heiraten wird."

Theodoras Schwester Zoe heiratete Romanos, und am nächsten Tag starb Konstantin, so dass das Paar 1028 zum neuen Kaiser und zur neuen Kaiserin wurde. Theodora entkam dem Drama im Palast, indem sie sich in ein Kloster zurückzog. Nach sechs Jahren unglücklicher Ehe ertränkten Zoe und ihr junger Liebhaber, Michael, Romanos in seinem Bad und heirateten noch am selben Tag. Sie bestachen den Patriarchen von Konstantinopel, Michael zum neuen Kaiser zu krönen, und adoptierten Michaels Neffen, Michael Kalaphates, da sie keinen Thronfolger hatten.

Als Kaiser Michael sechs Jahre später starb, wurde Michael Kalaphates Kaiser und verbannte Zoe in ein Kloster. Doch das Volk von Konstantinopel erhob sich und schickte Michael ins Exil. Sowohl Theodora als auch Zoe wurden aus ihren Klöstern zurückgeholt. So wurde das Byzantinische Reich von zwei Kaiserinnen regiert, nicht als Regentinnen oder Ehefrauen, sondern aus eigenem Recht.

Obwohl Theodora empört war, dass man sie gewaltsam aus ihrem geliebten Kloster geholt hatte, war sie eine fleißige Kaiserin. Zoe heiratete bald einen alten Liebhaber, Konstantin Monomachos. Alle drei regierten das Reich, aber ihre Vernachlässigung des Militärs machte das Reich gegenüber dem türkisch-persischen Seldschukenreich verwundbar. Als Zoe 1050 und Konstantin 1055 starben, rief die kaiserliche Garde Theodora zum „Kaiser" aus. Theodora regierte 20 Monate lang bis zu ihrem Tod als einzige Kaiserin des Byzantinischen Reiches.

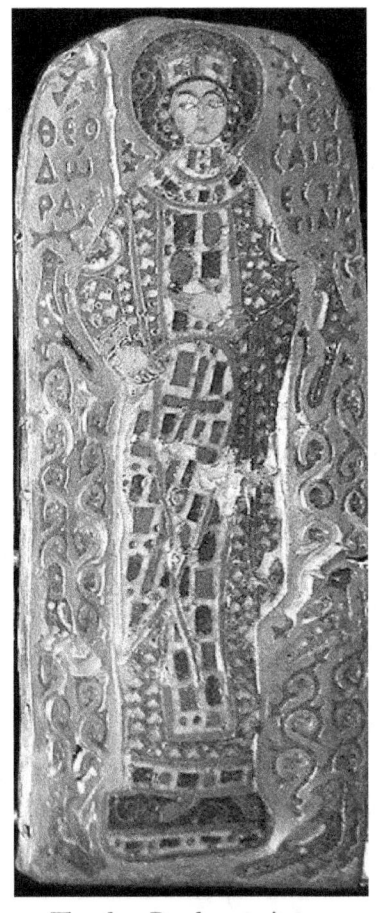

Theodora Porphyrogenite war Mitkaiserin ihrer Schwester Zoe und regierte dann als alleinige Kaiserin.[88]

Während der gemeinsamen Herrschaft von Theodora und ihrem Schwager Konstantin nahm die Kirchengeschichte eine dramatische Wende. Der römische Papst Leo III. exkommunizierte den Patriarchen von Konstantinopel, Michael Kerularios, im Großen Schisma (1054 u. Z.). Die Ost- und die Westkirche stritten jahrhundertelang über komplizierte religiöse Fragen, unter anderem über die Art und Weise, wie das Abendmahl gefeiert werden sollte, und über den genauen Wortlaut des Glaubensbekenntnisses von Nicäa. Die Ostkirche vertrat die Auffassung, dass Priester heiraten durften, während die römische Kirche sie zum Zölibat verpflichtete.

Und dann war da noch die Frage, wer die letzte Macht habe. Papst Nikolaus I. (858-867 u. Z.) behauptete, seine Herrschaft erstrecke sich über die ganze Erde. Da Rom nur noch ein Nebenschauplatz und Konstantinopel die größte und mächtigste Stadt Europas war, beanspruchte Konstantinopel, dass sein Patriarch dem Papst gleichgestellt sei. Zum einen war Konstantinopel eine Theokratie, in der der Kaiser als „Vizekönig Gottes" und „Ausleger des Wortes Gottes" fungierte.[i]

Die schwelenden Spannungen zwischen Rom und Konstantinopel erreichten 1054 ihren Siedepunkt, als Rom den Patriarchen von Konstantinopel, Michael I. Kerularios, exkommunizierte. Konstantinopel schlug zurück und exkommunizierte im Juli 1054 den römischen Papst und seine Vertreter, obwohl Leo drei Monate zuvor gestorben und ein neuer Papst noch nicht gewählt worden war. Trotz der Versuche, den Bruch zu kitten, bestand die christliche Kirche fortan aus zwei sich selbst verwaltenden Fraktionen.

Dieser Krise folgte 1071 der Einfall der seldschukischen Türken. Die Schlacht von Manzikert in Anatolien (Türkei) endete in einer Katastrophe: Die Türken dezimierten einen Großteil der regulären Truppen des Byzantinischen Reiches und nahmen Kaiser Romanos IV. Diogenes gefangen. Der seldschukische Sultan, Alp Arslan, drückte den Nacken des Kaisers mit dem Fuß zu Boden.

„Was würdest du tun, wenn ich an deiner Stelle wäre?", fragte der Sultan.

„Dich vielleicht töten. Oder dich durch die Straßen von Konstantinopel führen."

Der Sultan lächelte. „Ich werde dir eine härtere Strafe geben. Ich vergebe dir und lasse dich frei."[ii]

In der folgenden Woche speiste Romanos mit Alp Arslan, während sie die Bedingungen der Kapitulation aushandelten. Romanos erklärte sich bereit, 1,5 Millionen Goldstücke als Lösegeld und einen jährlichen

---

[i] Steven Runciman, *The Byzantine Theocracy: The Weil Lectures, Cincinnati* (Cambridge: Cambridge University Press, 2004). ISBN 978-0-521-54591-4.

[ii] R. Scott Peoples, *Crusade of Kings* (Rockville, MD: Wildside Press LLC, 2013), 13. ISBN 978-0-8095-7221-2

Tribut von 360.000 Goldstücken zu zahlen. Der Kaiser bot dem Sohn des Sultans seine Tochter zur Frau an, und der Sultan sorgte für eine sichere Rückkehr nach Konstantinopel. Zu Hause sah es nicht so rosig aus. Die Familie Doukas hatte einen Putsch inszeniert. Sie nahmen Romanos nach seiner Rückkehr gefangen und stachen ihm die Augen aus. Romanos starb kurze Zeit später an den Folgen der infizierten Wunden.

Zwei Jahrzehnte später brach der Erste Kreuzzug von Westeuropa aus auf, um Jerusalem und andere heilige Stätten aus den Händen der Muslime zurückzuerobern. Obwohl Westeuropa noch immer hinter dem Byzantinischen Reich zurücklag, erholte es sich von den dunklen Zeiten, die es nach dem Untergang des Weströmischen Reiches wirtschaftlich und kulturell erlebt hatte. Da das Byzantinische Reich große Gebiete in Anatolien, Syrien und Palästina an die Seldschuken verloren hatte, wandte sich Kaiser Alexios Komnenos an Papst Urban II. um Hilfe.

Vierzig Jahre waren seit dem Großen Schisma vergangen, und die Beziehungen zwischen der griechisch-orthodoxen und der römisch-katholischen Kirche waren nach wie vor angespannt. Doch sowohl die Ost- als auch die Westkirche waren beunruhigt, dass die Seldschuken, die ein Jahrhundert zuvor zum sunnitischen Islam übergetreten waren, nun das Heilige Land kontrollierten. Und nicht nur das: Das Reich der Seldschuken erstreckte sich vom Hindukusch in Afghanistan bis zum Mittelmeer und vom Schwarzen Meer im Norden bis zum Persischen Golf. Kaiser Alexios wollte die verlorenen Gebiete des Reiches zurückgewinnen und den europäischen Teil des Reiches vor den Türken schützen.

Papst Urban II. glaubte, dass die Unterstützung des Byzantinischen Reiches und die Rückeroberung des Heiligen Landes die beiden Kirchen mit ihm an der Spitze wieder vereinen könnte. Im Jahr 1095 rief er die Christen Europas auf, nach Osten zu marschieren, um das Byzantinische Reich gegen die Türken zu verteidigen und Jerusalem zurückzuerobern. Von religiösem Eifer beseelte Bürger und Berufsheere zogen 1096 durch das Byzantinische Reich nach Konstantinopel, dem Ausgangspunkt ihrer Reise nach Asien. Der byzantinische Kaiser Alexios und sein Volk waren zwar dankbar für die Hilfe bei der Rückeroberung von Gebieten des ehemaligen byzantinischen Reiches, aber die Zehntausende bewaffneter Westeuropäer, die sich in ihrer Hauptstadt versammelt hatten, verunsicherten sie. Außerdem hatten die Soldaten auf ihrem Weg durch die byzantinischen Gebiete ungehindert Bauernhöfe geplündert.

Eine Darstellung von Gottfried von Bouillon, der den ersten Kreuzzug anführt, aus dem 13. Jahrhundert.[84]

Alexios verlangte von allen Kreuzfahrern einen Treueeid und bestätigte, dass die Kreuzfahrer alle ehemals byzantinischen Gebiete, die sie zurückeroberten, an sein Reich zurückgeben würden. Alexios befehligte nicht die westlichen Truppen, und viele Byzantiner schlossen sich nicht an, aber das Reich leistete logistische Unterstützung. Die Soldaten des Ersten Kreuzzugs (1095-1099) eroberten die alten griechischen Städte Nicäa, Edessa und Antiochia zurück und schließlich 1099 auch Jerusalem, wobei sie Tausende von Muslimen massakrierten.

Fast fünfzig Jahre später brach der Zweite Kreuzzug auf, nachdem die Seldschuken Edessa zurückerobert und die christlichen Bürger getötet und versklavt hatten. König Ludwig VII. von Frankreich und der römisch-deutsche König Konrad III. führten ihre Truppen im Jahr 1147 an, aber ihre Bemühungen, Edessa und Damaskus zurückzuerobern, scheiterten kläglich. Im Jahr 1187 fiel Jerusalem an Saladin, einen sunnitischen Muslim kurdischer Abstammung und Sultan von Syrien und Ägypten, was Papst Leo III. dazu veranlasste, zum Dritten Kreuzzug aufzurufen.

Die Kreuzfahrer zogen unter der Führung des englischen Königs Richard Löwenherz, des französischen Königs Philipp II. und des römischen Kaisers Friedrich I. Barbarossa nach Osten. König Friedrich war der Erste, der seine Truppen 1190 in Marsch setzte, aber in der Türkei in einem Fluss ertrank. Die Franzosen und Engländer trafen 1191 rechtzeitig auf dem Seeweg ein, um den französischen Ritter Guy de Jerusalem bei einem erfolgreichen Gegenangriff gegen Saladin bei Akkon in Nordisrael zu unterstützen. Als die Kapitulationsbedingungen nicht erfüllt wurden, ließ König Richard 2.700 muslimische Gefangene enthaupten, während Saladin alle christlichen Gefangenen tötete. Schließlich einigten sich Richard und Saladin auf einen Vertrag, der christlichen Pilgern die sichere Durchreise ins Heilige Land ermöglichte.

Die Kreuzzüge ermöglichten es dem Byzantinischen Reich, die meisten seiner Besitzungen an der Ostküste der Ägäis zurückzuerobern, reiche Stadtstaaten, die zwei Jahrtausende zuvor von den Griechen gegründet worden waren. Das Byzantinische Reich vernachlässigte jedoch weiterhin sein Militär und überließ es den westeuropäischen Kreuzrittern, in seinem Namen zu kämpfen. Die Westeuropäer, die durch Konstantinopel zogen, bemerkten den schwindelerregenden Reichtum, die Schwäche des Militärs und die instabile Monarchie der Stadt.

Und dann geschah es. Statt gegen die Türken zu kämpfen, wandten sich die Kreuzritter gegen das Byzantinische Reich und griffen Konstantinopel an. Am Anfang stand eine Reihe von Staatsstreichen, die 1183 begannen. Andronikos I. Komnenos, der in ganz Europa und Asien Prinzessinnen verführt hatte, wandte sich plötzlich gegen seinen dreizehnjährigen Cousin, Kaiser Alexios II. und usurpierte dessen Thron. Andronikos tötete gnadenlos den Jungen, seine Mutter und Tausende von Westeuropäern, die in Konstantinopel lebten.

Die chaotische Herrschaft des Andronikos endete zwei Jahre später mit dem Aufstand der Bürger von Konstantinopel. Der Kaiser versuchte mit seiner Frau und seiner Geliebten (ja, mit beiden) per Schiff zu fliehen, wurde jedoch gefangen genommen, drei Tage lang gefoltert, getötet und ohne Begräbnis zurückgelassen. Ein entfernter Verwandter, Isaak II. Angelos, wurde 1185 Kaiser und wehrte erfolgreich den Normannenkönig Wilhelm II. von Sizilien ab, der in den Balkan eingefallen war. Als der Dritte Kreuzzug begann, plünderten einige Kreuzfahrer byzantinische Siedlungen – ein unheilvoller Vorgeschmack auf das, was noch kommen sollte. Dennoch gelang es Isaak nicht, seine Landstreitkräfte oder seine Flotte zu verstärken, die auf nur dreißig Schiffe geschrumpft war.

1195 inszenierte Isaaks Bruder Alexios Angelos einen Staatsstreich. Er ließ Isaak blenden, warf ihn in den Kerker und usurpierte den Thron. Alexios III. leerte die Staatskasse und verteilte Bestechungsgelder, um seine Position zu sichern. Er plünderte die Gräber der früheren Kaiser und erdrückte die Bürger mit hohen Steuern. Das Reich befand sich in einer schwierigen Lage, da Ungarn, Bulgaren, rumänische Walachen und Seldschuken von Norden und Osten her angriffen.

Isaak II. saß immer noch im Kerker, aber sein Sohn, Alexios IV. Angelos, wandte sich an die Soldaten, die sich in Venedig zum Vierten Kreuzzug versammelt hatten. Er schlug ihnen einen Handel vor: Wenn sie ihn zum neuen König des Reiches machten und seinen Onkel Alexios III. loswürden, würde er das Große Schisma mit Rom beenden und ihren Kreuzzug finanzieren. Im Jahr 1203 belagerten die Kreuzritter Konstantinopel und brannten einen Teil der Stadt nieder. Obwohl die Männer von Alexios III. den Kreuzfahrern zahlenmäßig überlegen waren, scheute er den Kampf und floh nach Thrakien.

Die Bürger von Konstantinopel befreiten Isaak II. aus dem Kerker. Sie kleideten ihn in Purpur, aber da er blind war, bestanden die Kreuzritter darauf, dass Alexios IV. der neue Kaiser werden sollte. Alexios musste die Kreuzritter auszahlen, aber er war entsetzt, dass sein Onkel die Staatskasse geleert hatte. Er ließ goldene und silberne Ikonen aus den Kirchen einschmelzen, konnte aber nur die Hälfte der Summe aufbringen, die er den Kreuzfahrern versprochen hatte. Die Bürger von Konstantinopel waren wütend über die Schändung ihrer heiligen Statuen und gingen auf die Straße, um heftig zu protestieren. Der Usurpator Doukas Mourtzouphlos nutzte das Chaos und ließ Alexios IV. gefangen nehmen und erdrosseln. Etwa zur gleichen Zeit starb Isaak II. und Mourtzouphlos wurde als Alexios V. gekrönt.

Die Kreuzfahrer waren verärgert, weil sie nicht die versprochene Geldsumme erhalten hatten und der von ihnen eingesetzte König ermordet worden war. Papst Innozenz III. befahl ihnen, Konstantinopel nicht mehr anzugreifen, aber die Priester, die die Kreuzfahrer begleiteten, ignorierten diesen Befehl. Im April 1204 überquerten die Kreuzfahrer den Bosporus und plünderten drei Tage lang Konstantinopel, raubten unschätzbare Kunstwerke, vergewaltigten Nonnen und ermordeten orthodoxe Priester. Sie entweihten die Hagia Sophia, zerstörten alte heilige Schriften und tranken Wein aus den Abendmahlskrügen.

Nach dem Fall Konstantinopels eroberten die Westeuropäer rasch Nordgriechenland, Thessalien und Thrakien. Die meisten Griechen aus den eroberten Gebieten flohen in die drei noch von den Byzantinern gehaltenen Staaten. Das „Reich von Nicäa" erstreckte sich von der Ägäis bis zum Schwarzen Meer. Der Schwiegersohn von Alexios III, Theodor Lascaris, wurde 1205 gekrönt. Nicäa wurde zum neuen Patriarchatssitz der orthodoxen Kirche. Der zweite verbliebene byzantinische Staat war das Despotat Epirus an der Adriaküste, das über Nordwestgriechenland und einen Teil Thessaliens herrschte. Am südwestlichen Ufer des Schwarzen Meeres lag der dritte Staat, das Kaiserreich Trapezunt, das von den Enkeln des ehemaligen Kaisers Andronikos erobert worden war.

In Nicäa sah sich Theodor I. sofort einem Angriff Balduins, des ersten Kaisers des neu gegründeten Lateinischen Kaiserreichs (Konstantinopel), ausgesetzt. Theodor musste schwere Gebietsverluste an der Schwarzmeerküste hinnehmen. Die in Thrakien verbliebenen Griechen schlossen jedoch ein Bündnis mit Zar Kalojan von Bulgarien. Dieser griff 1205 das Heer Kaiser Balduins an und nahm den Kaiser gefangen, der im Gefängnis starb. Bis 1241 waren die von den Lateinern gehaltenen Gebiete des ehemaligen Byzantinischen Reiches auf die Stadt Konstantinopel zusammengeschrumpft. Kaiser Johannes Vatatzes von Nicäa schickte sich an, Konstantinopel zurückzuerobern. Da die Bulgaren durch die aus Asien einfallenden Mongolen abgelenkt waren, brachte er Thessaloniki und Epirus unter seine Kontrolle.

Nach dem Tod von Vatatzes führte sein inkompetenter Sohn Theodor II. Lascaris seine Amtsgeschäfte weiter, bis er vier Jahre später an Epilepsie starb. Ein Palastputsch brachte Michael VIII. Palaiologos, der von allen drei kaiserlichen Familien Konstantinopels abstammte, die

Krone ein. Er regierte als Mitkaiser zusammen mit Theodors siebenjährigem Sohn Johannes IV. Im Jahr 1261 war sein General Alexios Strategopoulos auf dem Weg nach Thrakien, als er erfuhr, dass das lateinische Militär von Konstantinopel aus die Insel Daphnusia (Kefken) im Schwarzen Meer angriff. Er erfuhr auch von einem schmalen, unbewachten Tor in der Stadtmauer von Konstantinopel und schickte eine kleine Abteilung von Männern hindurch.

Sie überwanden die ahnungslosen Wachen und öffneten das Haupttor für Strategopoulos' Armee, die in die unbewachte Stadt strömte. Kaiser Balduin II. und der größte Teil der Lateiner entkamen nach Euböa. Michael wurde zum Kaiser von Konstantinopel gekrönt, ließ aber seinen Mitkaiser von Nicäa, Johannes IV, an seinem elften Geburtstag blenden. Der Patriarch von Konstantinopel exkommunizierte Michael für sein Verbrechen, aber die Blindheit machte es Johannes unmöglich, Nicäa oder Konstantinopel zu regieren.

In den folgenden zwei Jahrhunderten regierten Michaels Nachkommen, die Dynastie der Palaiologos, das wiedererstandene Byzantinische Reich. Sie erlangten zunächst viel von dem früheren Ruhm und der Macht des Reiches zurück, wiederholten aber einige fatale Fehler: Sie vernachlässigten ihre Armee und verwickelten sich in einen brutalen Bürgerkrieg. Dadurch wurde das Reich verwundbar gegenüber den osmanischen Türken, die bis 1305 den größten Teil Anatoliens eroberten.

1348 erreichte die Pest das Byzantinische Reich. Bei dieser Pandemie, auch „Schwarzer Tod" genannt, bildeten sich am ganzen Körper große Beulen, aus denen blutiger Eiter austrat. Die Menschen erbrachen Blut und ihre Finger, Zehen, Nasen und Lippen verfärbten sich schwarz durch Wundbrand. Der Schwarze Tod war die tödlichste Pandemie der Weltgeschichte: Bis zu 90 Prozent der Infizierten starben, manchmal schon einen Tag nach Ausbruch der Symptome. Mindestens ein Drittel der europäischen Bevölkerung starb an der Pest, in den Küstenregionen noch mehr. Konstantinopel, zwischen zwei Meeren gelegen, litt ebenso unter der Seuche wie die griechischen Inseln und Küstenstädte.

Schließlich ebbte die Pest ab, und Konstantinopel dümpelte noch ein Jahrhundert vor der osmanischen Eroberung vor sich hin. In den letzten Jahren des Reiches begann die antike griechische Philosophie wieder aufzublühen, insbesondere das neuplatonische Denken. Das Byzantinische Reich war die einzige nachklassische Kultur der Welt, in der weiterhin Griechisch gesprochen und geschrieben wurde, wodurch das Reich direkten Zugang zur hellenistischen Literatur hatte. Das Byzantinische Reich war „ein faszinierendes Laboratorium für kulturelle und intellektuelle Verschmelzung, Rezeption, Kombination und Neuerfindung".[i]

Die Byzantiner wandten Platons Philosophie auf die neue politische Welt an, die nicht mehr heidnisch, sondern christlich war. Sie erkannten, dass Aristoteles, Platon und andere griechische Philosophen das Konzept mehrerer Götter abgelehnt hatten, die ebenso offenkundig sündigten wie die Menschen. In den Texten der byzantinischen Komnenos-Dynastie wurden aristotelische Begriffe verwendet, um historische Konflikte zu interpretieren. Die byzantinische Geistesgeschichte kontextualisierte das klassische griechische Denken so, dass es in ihr Milieu passte und ihr Weltbild weiter prägte. Sie benutzten die neuplatonische Theorie und andere griechische Philosophien nicht nur, um ihre Ziele durchzusetzen, sondern sie waren ihrer Wahrheit verpflichtet. Hellenismus und Christentum waren nicht unbedingt gegensätzliche Weltanschauungen, sondern parallele Diskurse.[ii]

Konstantinopel hatte im Laufe der Jahrhunderte mehreren Belagerungen standgehalten, da es auf drei Seiten von Wasser umgeben war. Drei Stadtmauern und ein Wassergraben schützten die dem Land zugewandte Westseite. Doch das islamische Osmanische Reich im Westen der Türkei drang immer weiter nach Europa vor und hatte bereits Thrakien, Serbien und Thessaloniki erobert. Zwei osmanische Angriffe auf Konstantinopel 1394 und 1422 schlugen die Byzantiner zurück, doch 1453 blockierte Sultan Mehmed II. die Stadt und verhinderte so westeuropäische Hilfe.

---

[i] Anthony Kaldellis, *Hellenism in Byzantium: The Transformations of Greek Identity and the Reception of the Classical Tradition* (Cambridge: Cambridge University Press, 2007). https://www.cambridge.org/core/books/cambridge-intellectual-history-of-byzantium/introduction/6301574643465C8A8D0D73A01EA92AD1

[ii] Kaldellis, *Hellenism in Byzantium*.

Ein restaurierter Abschnitt der Stadtmauern Konstantinopels.[35]

Konstantinopel verfügte nur über fünftausend Soldaten und sechsundzwanzig Schiffe unter dem Kommando von Kaiser Konstantin XI., um sich gegen die riesige osmanische Armee zu verteidigen. Sie hatten Katapulte, aber die Türken verfügten über eine neuere Technologie: die türkische Bombarde, eine neun Meter lange Kanone, die sechshundert Pfund schwere Steine abfeuern konnte. Sechs Wochen lang beschossen die osmanischen Türken die Mauern von Konstantinopel, und am 29. Mai 1453 überfluteten sie die Stadt und töteten Kaiser Konstantin. Sie plünderten die Stadt und brachten Tausende um. Fünfzigtausend Einwohner wurden versklavt. Die Muslime verwandelten die Hagia Sofia in eine Moschee und benannten Konstantinopel in Istanbul um, das zur Hauptstadt des Osmanischen Reiches wurde.

Die antike griechische Kultur blieb jedoch erhalten. Einige griechische Gelehrte hatten die Stadt vorsichtshalber verlassen, als die Osmanen die umliegenden Regionen angriffen. Andere konnten während oder unmittelbar nach dem Fall Konstantinopels fliehen. Sie gelangten mit wertvollen griechischen Handschriften klassischer Philosophen wie Platon und Aristoteles, die dann ins Lateinische übersetzt wurden, nach Italien. Das Wissen dieser Gelehrten über Astronomie, Architektur, Poesie, Musik und politische Theorie trug zur Entstehung der Frührenaissance bei: der Wiedergeburt von Kultur, Kunst und Philosophie in Westeuropa.

# ABSCHNITT VIER:
# Neuere und Zeitgeschichte Griechenlands
# (1453 u. Z. – 20. Jahrhundert)

# Kapitel 10: Die Herrschaft der Osmanen und der Unabhängigkeitskrieg

„Domenikos! Was sollen wir wegen der Paidomazoma (dt. Knabenlese) machen? Sie werden bald kommen!"

„Mach dir nicht so viele Sorgen, Philippa. Vielleicht suchen sie sich nicht unsere Kinder aus."

„Sie nehmen jeden fünften, Domenikos! Die stärksten und hübschesten Jungen. Sie werden Nikolas nehmen! Ich weiß es!"

Domenikos versuchte, seine Frau zu beruhigen. „Vielleicht ist es gar nicht so schlimm. Sie werden ihn ausbilden, um in der Eliteeinheit zu kämpfen oder als Beamter zu dienen. Er hätte dann die Chance auf ein besseres Leben."

„Domenikos! Sie werden ihn zwingen, Muslim zu werden. Und wenn sie ihn kastrieren und zu einem Eunuchen machen? Und Agatha! Sie wächst zu einer Schönheit heran. Sie werden sie in die Harems verschleppen, und sie wird nie wieder das Licht der Welt erblicken!"

Domenikos räusperte sich. „Wenn wir zum Islam konvertieren, werden sie uns die Kinder nicht wegnehmen. Wir brauchen nicht wirklich zu konvertieren, wir werden Krypto-Christen. In unseren Herzen werden wir Christus folgen."

Aber Philippa liefen die Tränen über die Wangen. „Wir sind gezwungen, uns zwischen unseren Kindern und unserem Gott zu entscheiden? Ich fürchte um unser aller Seelen!"

Innerhalb von fünfzig Jahren nach dem Fall Konstantinopels im Jahr 1453 fiel Griechenland Stück für Stück an das türkische Osmanische Reich. Mehr als drei Jahrhunderte lang mussten die Griechen unter der osmanischen Besatzung brutale Grausamkeiten und Demütigungen erdulden. Die Osmanen zwangen die christlichen Gemeinden, ein Fünftel ihrer Kinder als „Tribut" abzuliefern. Sie verboten ihnen das Tragen von Waffen und das Reisen zu Pferd. Wenn eine christliche Familie zum Islam konvertierte und bei der heimlichen Ausübung des Christentums erwischt wurde, wurde sie hingerichtet. Die griechische Wirtschaft litt, die Alphabetisierung ging zurück, die Bevölkerung schrumpfte.

Sultan Mehmed II und Patriarch Gennadios II.[36]

Die Muslime ließen die orthodoxe Kirche jedoch weiterbestehen und ernannten sogar die Patriarchen. Sultan Mehmed II., der als Einundzwanzigjähriger Konstantinopel erobert hatte, übergab den Patriarchenstab an Gennadios Scholarios, den er als neuen ökumenischen Patriarchen ausgewählt hatte. Mehmed erklärte den Patriarchen zum obersten Vertreter aller griechisch-orthodoxen Christen im Osmanischen Reich. Der Patriarch war für das gesetzestreue Verhalten der Christen verantwortlich und war ihre höchste juristische Autorität, insbesondere in Bezug auf das Familien- und Erbrecht.[i]

Mehmed begründete die Wiedereinsetzung des Patriarchen unter anderem mit der Aufrechterhaltung der Spaltung zwischen der griechisch-orthodoxen und der römisch-katholischen Kirche. Er wollte nicht, dass der Papst in Rom den Christen in seinem Reich vorschrieb, was sie zu tun hatten. Und doch spielte das Patriarchat eine entscheidende Rolle bei der Gestaltung des modernen Hellenismus zu einem geschlossenen, einheitlichen Gebilde und der Weiterführung der griechischen Geistestradition. Die orthodoxen Priester waren nun im Wesentlichen die Führer der griechischen Gemeinden und kontrollierten die Schulen und Gerichte.

Der anhaltende Konflikt zwischen dem Osmanischen Reich und der Republik Venedig um die Kontrolle über die Ägäis, das Ionische und das Adriatische Meer begann bereits vor dem Fall Konstantinopels. Einen entscheidenden Sieg errangen die Türken 1499 in der Schlacht von Pylos, in der sie zum ersten Mal Kanonen auf ihren Schiffen einsetzten. Im Osmanisch-Venezianischen Krieg (1537-1540) verbündete sich Sultan Süleyman I. mit Frankreich gegen den römischen Kaiser Karl V. Sie planten einen gleichzeitigen Angriff auf Italien: Frankreich aus dem Norden und die Osmanen aus dem Süden. Doch die Franzosen wurden durch die Niederlande abgelenkt und erreichten Italien nicht. So verließen die osmanischen Truppen Italien, segelten in die Adria und besiegten die Allianz der europäischen Staaten der Heiligen Liga in der Schlacht von Preveza 1538. Die Kriege mit Venedig dauerten noch fast zwei Jahrhunderte an. Das Osmanische Reich gewann alle Kriege bis auf einen, und beschnitt das venezianische Territorium immer weiter.

---

[i] Constantinos Svolopoulos, „The Ecumenical Patriarchate in the Ottoman Empire (1453-1923): Adaptation and Change," *Journal of Modern Hellenism.* 17-18 (2000-2001): 107-110.

In den Jahren der osmanischen Besatzung kam es immer wieder zu griechischen Aufständen und Revolten, die oft die Zeit nutzten, in der die Türken durch ihre Kriege mit Venedig abgelenkt waren. Die Brüder Kladas, Epifani und Krokodeilos, kämpften Ende des 14. Jahrhunderts für die Rückeroberung der griechischen Halbinsel Peloponnes vom Osmanischen Reich. Sie verbündeten sich mit den Venezianern und gewannen einige Gebiete, über die Epifani herrschte. Krokodeilos führte elf Jahre lang einen Guerillakrieg gegen die Türken auf der Peloponnes, bis er gefangen genommen und bei lebendigem Leib gehäutet wurde.

Makarios Melissourgos, Bischof auf der Peloponnes, konspirierte mit den Spaniern und zettelte einen Aufstand an. Spanien hatte sich einer vom Papst unterstützten Koalition gegen das Osmanische Reich angeschlossen, das den Seehandel im Mittelmeer bedrohte. Die Schlacht von Lepanto 1571 im Golf von Patras in Westgriechenland war ein überwältigender (und seltener) Sieg der Koalitionsstreitkräfte gegen das Osmanische Reich. Melissourgos und seine Familie führten weiterhin Angriffe gegen die Osmanen auf der Peloponnes, aber als die Westeuropäer das Gebiet verließen, flohen sie nach Italien.

Die Gesellschaft der Freunde (*Filiki Eteria*) wurde 1814 in Odessa in der Ukraine als Geheimorganisation gegründet, um Griechenland von der osmanischen Herrschaft zu befreien und eine autonome griechische Regierung zu errichten. Odessa war eine antike griechische Stadt, die in archaischer Zeit kolonisiert worden war. Viele Mitglieder waren „Phanarioten" aus wohlhabenden griechischen Kaufmannsfamilien in Konstantinopel und Russland. Andere Mitglieder waren politische Führer aus Griechenland oder orthodoxe Priester aus der erweiterten griechischen Welt. Ein wichtiger Anführer war Alexander Ypsilantis, der aus einer adligen griechischen Familie in Konstantinopel stammte, die vor den Türken nach Russland geflohen war. Ypsilantis verlor seinen rechten Arm, als er für Russland gegen Napoleon Bonaparte kämpfte, widmete sich aber der Rekrutierung und Ausbildung von Kämpfern und der Beschaffung von Geldmitteln. In flammenden Briefen an die hellenistischen Zentren warb er für die Unabhängigkeit Griechenlands.

Als die osmanischen Türken Griechenland eroberten, flohen die letzten Widerstandskämpfer in die zerklüfteten Berge, um sich nicht der islamischen Herrschaft zu unterwerfen. Die Osmanen konnten sie nie ganz auslöschen, und so waren diese *Klephten* (Unabhängigkeitskämpfer) wie die griechische Version von Robin Hood und seinen Gefährten, die die osmanischen Steuereintreiber bestahlen. Sie überlebten als Banditen und plünderten die türkischen Siedlungen, um Vieh und Waren zu erbeuten.

Ihre Reihen wuchsen, weil sich ihnen Menschen anschlossen, die vor drückender Armut oder kriminellen Anschuldigungen flohen, aber sie hatten eine dunkle, gewalttätige Seite. Sie neigten zu Rachefeldzügen. Sie beraubten sowohl Griechen als auch Türken und erpressten von den griechischen Gemeinden Geld für ihren Schutz. Manchmal wurden sie sogar von den Osmanen als „Friedenswächter" oder „*Armatolen*" in einem Gebiet eingesetzt. Schließlich wurden die klephtischen Banden zu lokalen Herrschern in den griechischen Bergregionen.

Da das Osmanische Reich den griechischen Christen das Tragen von Waffen verbot, gehörten die *Klephten* zu den wenigen Griechen, die Waffen besaßen. Vor allem aber verfügten sie über jahrhundertelange Kampferfahrung und wussten das zerklüftete und gebirgige Gelände Griechenlands zu ihrem Vorteil gegen die Türken zu nutzen. Mit wachsendem nationalistischem Eifer starteten sie Guerilla-Angriffe gegen die Osmanen und stärkten so die Moral der Griechen. Einer ihrer mächtigsten Anführer war Dimitrios Makris, der in die *Filiki Eteria* eingeweiht war und zu den führenden Kämpfern der griechischen Revolution gehörte.

Dimitrios Makris, Klephte und griechischer Freiheitskämpfer.[87]

Doch um der griechischen Revolution gerecht zu werden, müssen wir am Anfang beginnen. Während der jahrhundertelangen osmanischen Besatzung waren die Griechen vor allem mit dem Überleben beschäftigt und schenkten ihrem kulturellen Erbe nur wenig Aufmerksamkeit. Die griechische Literatur, Philosophie und Kunst waren jedoch der Auslöser für die Renaissance in Westeuropa. Es entstand das Zeitalter der Vernunft, in dem ein neuer politischer Diskurs zu tiefgreifenden Veränderungen in Europa und den britischen Kolonien in Amerika führte. Im 18. Jahrhundert führte die allgemeine Bewunderung der antiken griechischen Kultur zur Aufklärung der griechischen Intelligenz und zu nationalistischem Eifer. Auch nicht-griechische Europäer begannen, das erbärmliche Dasein der Griechen in ihrer Heimat in Frage zu stellen.

Inspiriert von ihrer klassischen Vergangenheit verachteten die führenden Köpfe der griechischen Aufklärung zunächst ihre „von Priestern beherrschte" byzantinische Geschichte. Doch dann propagierte Konstantinos Paparrigopoulos, Geschichtsprofessor an der Universität Athen, ein Kontinuum der griechischen Geschichte, das von der archaischen Epoche bis in die Neuzeit reichte. So begannen die Denker der Aufklärung, sich auf den Ruhm der byzantinischen Epoche zu konzentrieren und darauf, wie sie das klassische Denken und die klassische Kunst bewahrt und weiterentwickelt hatte.[i]

Die türkische Besatzung und der ultrakonservative griechisch-orthodoxe Klerus hatten Griechenland von der politischen, wissenschaftlichen und industriellen Revolution in Westeuropa und Amerika isoliert. Dabei hatten die Griechen bereits um 800 v. u. Z. das Mittelmeer, die Ägäis, das Ionische und das Schwarze Meer besiedelt. Sie waren seit jeher Seehändler. Jahrhundert bauten griechische Kaufleute ein Handelsimperium auf, das sich vom Mittelmeer bis nach Indien erstreckte und schließlich zum größten maritimen Handelsimperium der Welt wurde.[ii] Auswanderer, die dem politischen und wirtschaftlichen System Griechenlands entkommen wollten, folgten diesen Handelsrouten und zogen weiter, bis sie um 1800 Amerika erreichten. Die griechische Aufklärungsbewegung verbreitete sich durch diese griechische Diaspora.

---

[i] Richard Clogg, *A Concise History of Greece* (Cambridge: Cambridge University Press, 2021), 1-3.

[ii] Clogg, *Concise History of Greece*, 4-6.

Während das Osmanische Reich wirtschaftlich und militärisch verfiel, wurde die griechische Kaufmannschaft immer wohlhabender. Durch ihre Kontakte zur Außenwelt wurden sie mit neuen, revolutionären Ideen konfrontiert. Mit der Unterstützung der Diaspora und wohlhabender Kaufleute verfügte Griechenland nun über die wirtschaftliche Macht, einen Krieg zu finanzieren. Die russische Zarin Katharina die Große (reg. 1762-1796) förderte die nationalistischen Bestrebungen in Griechenland. Sie hoffte, den östlichen Teil des Osmanischen Reiches einschließlich Konstantinopel annektieren zu können, indem sie die Osmanen von Russen und Griechen gleichzeitig angreifen ließ. Doch als Russland 1768 gegen die Osmanen in den Krieg zog, waren die Griechen noch nicht bereit für eine eigene Revolution. Doch der russische Krieg und die Französische Revolution von 1789 schürten den griechischen Revolutionseifer.

Rigas Feraios war ein Schriftsteller und Verleger, der sowohl bei den *Klephten* als auch bei den griechisch-orthodoxen Bischöfen um Unterstützung für die Sache eines unabhängigen Griechenlands warb. Er schrieb und veröffentlichte die patriotische Hymne „Thourios", die zur Hymne der Revolution wurde und aus der ein Teil des Textes stammt:

„Sollen wir in Höhlen hausen und nur auf die Zweige schauen?

Aus der Welt gehen in die bittere Knechtschaft?

Lieber eine Stunde in Freiheit leben

als vierzig Jahre in Knechtschaft und Gefangenschaft".[i]

1818 zog die *Filiki Eteria* unter der Leitung von Panagiotis Sekeris, einem wohlhabenden Kaufmann, nach Konstantinopel. Er half bei der Finanzierung der Organisation und machte die kleine Gesellschaft bei der griechischen Führungsschicht in der osmanischen Hauptstadt bekannt. Die *Eteria* rekrutierte „Apostel": griechische Veteranen, die auf russischer Seite gegen Napoleon gekämpft hatten. Sie schickten die Apostel durch die griechischen Länder, um eine militärische Truppe zu rekrutieren und auszubilden.

Der Aristokrat Alexander Ypsilantis übernahm 1820 die Führung der *Filiki Eteria* und holte seine Brüder und Freunde aus der wohlhabenden Oberschicht mit ins Boot. Die Führer trafen sich im Oktober 1820, um

---

[i] Mark Mazower, *The Greek Revolution: 1821 and the Making of Modern Europe* (New York: Penguin Press, 2021), 10-11.

den „Großen Plan" auszuarbeiten: wie und wo der Unabhängigkeitskrieg beginnen sollte. Zunächst wurde erwogen, den Krieg am 15. November auf der Peloponnes zu beginnen. Ypsilantis änderte seine Meinung und beschloss, den Krieg im Frühjahr jenseits der russischen Grenze in Moldawien und der Walachei zu beginnen. Diese Gebiete lagen zwar innerhalb der osmanischen Grenzen, waren aber halbautonom, mehrheitlich christlich und wurden von christlichen Gouverneuren ohne türkische Garnisonen regiert. Der moldawische Fürst Michael Soutzos war heimliches Mitglied der *Filiki Eteria*.

Am 21. Februar 1821 begann Ypsilantis die Revolution in Galati mit dem Aufruf „Kämpft für den Glauben und das Vaterland!" Mit 4.500 griechischen und osteuropäischen Soldaten überquerte Ypsilantis einen Nebenfluss der Donau. Sie marschierten nach Bukarest in Rumänien, wo Ypsilantis feststellen musste, dass er die russische und rumänische Unterstützung überschätzt hatte, obwohl er den orthodoxen Glauben teilte. Die osmanische Armee überquerte bald mit dreißigtausend Mann die Donau und lieferte sich mehrere Schlachten mit den zahlenmäßig unterlegenen griechischen Truppen von Ypsilantis.

In Istanbul (früher Konstantinopel) reagierten die Osmanen auf die Aufstände, indem sie den Patriarchen Gregor V. am Ostersonntag zwangen, die Revolutionäre zu exkommunizieren. Eine Woche später drangen türkische Soldaten während der Göttlichen Liturgie in die Georgskathedrale ein, zerrten den Patriarchen heraus und hängten ihn am Portal auf, wo sie seinen Leichnam drei Tage lang hängen ließen. Am selben Tag begannen die Osmanen mit Massenhinrichtungen von Bischöfen, Priestern, griechischen Beamten und griechischen Kaufleuten in Konstantinopel und Griechenland und zerstörten Kirchen im ganzen Reich.

Die Schlacht von Drăgășani am 19. Juni beendete den Konflikt in Moldawien, als der betrunkene griechische Befehlshaber Karavias den Angriff befahl, bevor die meisten griechischen Truppen auf dem Schlachtfeld angekommen waren. Nur 500 Kavalleristen stürmten los und zogen sich schnell zurück, als das „Heilige Bataillon" mit etwa 350 freiwilligen Studenten aufmarschierte. Nur etwa ein Drittel überlebte, aber ihr Opfer beflügelte die Widerstandsbewegung auf der Peloponnes und in Mittelgriechenland, wo am 25. März der Aufstand ausbrach.

Nach dem Debakel von Drăgășani floh Ypsilantis nach Österreich, wo ihn Kaiser Franz II. für sieben Jahre unter Hausarrest stellte. Doch die südgriechische Peloponnes hatte bereits am 12. Mai 1821 in der Schlacht von Valtetsi einen wichtigen Sieg errungen. Eine fünftausend Mann starke türkische Streitmacht griff das Dorf Valtetsi an, in dem sich mehrere Kompanien griechischer Revolutionäre versammelt hatten. Die Griechen kämpften von vier Wohntürmen aus mit jeweils 80 bis 350 Mann.

Während die Türken die Türme belagerten, traf eine griechische Streitmacht von siebenhundert Mann ein und griff ihre Flanke an, wobei sie einen Vorteil gegenüber den Osmanen durch einen steilen Abhang hatte. Gegen Ende der vierundzwanzigstündigen Schlacht traf ein weiteres griechisches Bataillon ein, das das Blatt wendete, und die Griechen schlugen die türkischen Truppen zurück. Am Ende des Jahres hatten die Griechen Zentralgriechenland und die Peloponnes im Süden fest in ihrer Hand. Im Januar 1822 riefen sie ihre Unabhängigkeit aus.

Die Schlacht von Valtetsi auf der Peloponnes war der erste entscheidende Sieg der Griechen.[38]

Die konservativen Staatsoberhäupter Europas waren über die griechische Rebellion beunruhigt und wollten lieber den Status quo beibehalten. Aber viele Europäer applaudierten dem Mut der Griechen. Pfarrer und Professoren erinnerten an das reiche Erbe der griechischen Philosophie, Literatur und Kunst. Männer aus ganz Europa, vor allem aus Frankreich und Italien, segelten nach Griechenland, um an der Seite der Revolutionäre zu kämpfen. Griechische Organisationen in den Vereinigten Staaten schickten Nachschub und finanzielle Mittel. Russland, entsetzt über die Hinrichtung des Patriarchen Gregor V., brach die diplomatischen Beziehungen zum Osmanischen Reich ab.

Die Insel Kreta hatte sich immer gegen die osmanische Herrschaft gewehrt, und als Griechenland seine Unabhängigkeit erklärte, revoltierte auch Kreta. Muhammad Ali Pascha war der albanische Gouverneur Ägyptens (Teil des Osmanischen Reiches), und Sultan Mahmud II. bot ihm Kreta an, wenn er die Kreter auf Linie bringen und im Kampf gegen die Griechen unterstützen würde. Muhammad Ali schickte seinen Schwiegersohn und dreißig Kriegsschiffe, um Kreta zu erobern. In der Zwischenzeit schickte Zypern (unter osmanischer Kontrolle) Schiffsladungen mit Vorräten und eintausend Zyprioten nach Griechenland, um dort zu kämpfen. Im Juli 1821 übten die Osmanen Vergeltung, indem sie Erzbischof Kyprianos von Zypern, drei weitere zypriotische Bischöfe sowie alle Äbte und Mönche Zyperns hinrichten ließen.

Die Flotte der griechischen Revolutionäre bestand aus albanischsprachigen Inselbewohnern der Ägäis, die in der Regel keine Kriegs-, sondern Handelsschiffe besaßen. Da das Osmanische Reich ihnen mit größeren und besser bewaffneten Kriegsschiffen überlegen war, griffen die Griechen auf eine alte Taktik zurück: Feuerschiffe. Sie beluden kleine Schiffe mit leicht entzündlichen Stoffen. Mit einer Minimalbesatzung steuerten sie das Schiff auf die osmanische Flotte zu. Im letzten Moment steckten sie das Schiff in Brand und entkamen auf einem kleinen Boot, das sie hinter sich herzogen. Wenn der Wind oder die Gezeiten günstig waren, trieb das brennende Schiff auf feindliche Schiffe zu, setzte sie in Brand und sprengte sie manchmal in die Luft. Einem Feuerschiff gelang es, das Flaggschiff des Osmanischen Reiches in die Luft zu sprengen, wobei der Kommandant Kara Ali und mehr als zweitausend Menschen ums Leben kamen. Tragischerweise waren einige der Toten Griechen, die auf Chios gefangen genommen und auf den türkischen Sklavenmarkt gebracht worden waren.

Ein interner Konflikt drohte die griechische Revolution zum Scheitern zu bringen, als ein Bürgerkrieg zwischen Guerillakämpfern aus den Bergen und General Theodoros Kolokotronis, dem griechischen Oberbefehlshaber auf der Peloponnes, ausbrach. Nach zwei Bürgerkriegen wurde Kolokotronis schließlich als Revolutionsführer bestätigt. Die internen Kämpfe machten ihn jedoch schutzlos gegenüber den Ägyptern, die im Namen der Osmanen angriffen. Die Ägypter richteten auf der Peloponnes große Verwüstungen an und eroberten 1827 das antike Athen.

Im April 1827 wählten die Griechen Ioannis Kapodistrias zu ihrem Kyvernetes oder Gouverneur. In der Zwischenzeit hatten die türkischen Gräueltaten, die Einmischung Ägyptens und die Hoffnung, ihre eigenen Interessen in der Region zu fördern, die Briten, Franzosen und Russen zum Eingreifen veranlasst. Nachdem die Türken eine Vermittlung abgelehnt hatten, segelten die alliierten Mächte am 20. Oktober 1827 mit einer Flotte in die Bucht von Navarino auf der Peloponnes. Dort lag eine türkische und ägyptische Flotte von achtundsiebzig Schiffen vor Anker, und die Osmanen schossen zuerst, was sich als selbstmörderisch erwies, da die Alliierten über Kanonen mit größerer Reichweite verfügten. Bis auf acht versenkten sie alle türkischen und ägyptischen Schiffe. Freudenfeuer und das Läuten der Kirchenglocken verbreiteten sich in Griechenland, als sich die Nachricht vom überwältigenden Sieg verbreitete.

Kapodistrias, der erste Gouverneur Griechenlands, traf im Januar 1828 ein, nachdem er in Europa um Unterstützung geworben hatte. Vier Monate später erklärte Russland dem Osmanischen Reich den Krieg und zwang es, an zwei Fronten zu kämpfen. Ägypten zog sich 1828 aus Griechenland zurück, und die Griechen vertrieben rasch die verbliebenen osmanischen Garnisonen auf der Peloponnes. Im Dezember 1828 handelten die Botschafter Großbritanniens, Frankreichs und Russlands ein Protokoll für einen autonomen griechischen Staat aus, der von einem König regiert werden sollte, aber der Autorität des osmanischen Sultans unterstand. Die Griechen waren jedoch mit den vorgeschlagenen Grenzen unzufrieden, und Sultan Mahmud erklärte, er werde Griechenland niemals die Unabhängigkeit gewähren.

Die letzte Schlacht fand im September 1829 bei Petra in Mittelgriechenland statt. Eine vereinte griechische Armee (statt Guerillas) unter der Führung von Demetrios Ypsilantis (Alexanders jüngerem Bruder) errang einen glorreichen Sieg, verlor nur drei Männer, tötete aber hundert Türken und beendete die türkische Militärpräsenz in Griechenland. Die Osmanen akzeptierten schließlich einen autonomen griechischen Staat, aber zu diesem Zeitpunkt bestanden die Briten und Franzosen bereits auf einem völlig unabhängigen griechischen Staat mit einem König.

Im Mai 1832 boten Großbritannien, Frankreich und Russland dem siebzehnjährigen bayerischen Prinzen Otto von Wittelsbach, der von zwei byzantinischen Königsgeschlechtern abstammte, den griechischen Thron an. Zum ersten Mal in seiner Geschichte war Griechenland ein geeintes, unabhängiges Land mit einem König, der über das ganze Land herrschte.

# Kapitel 11: Griechenland im 19. Jahrhundert

Als er auf dem Vorschiff der HMS Madagascar stand, tropfte Otto trotz der Meeresbrise eine Schweißperle von der Stirn. Er betrachtete die Dörfer am Fuße der zerklüfteten Berge, während die Fregatte den Argolischen Golf hinauf in Richtung Nafplio segelte. Zweiundvierzig Schiffe, die ihn begleiteten, transportierten das bayerische Hilfskorps: eine dreitausend Mann starke Truppe, die als Ersatz für die verbündeten französischen Truppen entsandt worden war, die sich um die Erhaltung des Friedens in Griechenland bemühten.

Als Otto geboren wurde, war sein Großvater Maximilian I. König von Bayern. Als er zehn Jahre alt war, bestieg sein Vater Ludwig I. den Thron und sein älterer Bruder wurde Kronprinz. Nun boten die Großmächte (Russland, Großbritannien und Frankreich) Otto den neu geschaffenen griechischen Thron an. Er war nicht ihre erste Wahl. Sie hatten sich für Prinz Leopold von Sachsen-Coburg und Gotha entschieden, doch dieser lehnte wegen der Instabilität und Armut Griechenlands ab. Leopolds Zögern war wohlbegründet. Die Ermordung des Gouverneurs Kapodistrias im Jahre 1831 hätte das Land beinahe in die Anarchie gestürzt.

Die zweite Wahl der Großmächte war Otto, der entfernte Vorfahren aus der byzantinisch-griechischen Komnenos-Dynastie hatte. Niemand machte sich die Mühe, in Griechenland nachzufragen. Otto war noch nicht alt genug, um König zu werden, und so sollte ein Regentschaftsrat aus bayerischen Beratern die nächsten Jahre regieren, bis er zwanzig war. Er war noch nie in Griechenland gewesen, beherrschte die Sprache nicht und war römisch-katholisch, nicht griechisch-orthodox. Er hatte gehört, dass es in Griechenland kein Bier gäbe, also brachte er seinen bayerischen Braumeister mit.

Als sich die HMS Madagascar Nafplio näherte, fragte sich Otto, ob die Griechen ihn akzeptieren würden. Konnte er es schaffen? Konnte er Griechenland aus dem Chaos heraus und zu Größe führen? Er sah, wie sich Tausende von Menschen an den Docks drängten, und dann erhob sich ein großer Jubel. Otto atmete erleichtert auf. Als er von Bord ging, ging ein aufgeregtes Raunen durch die Menge beim Anblick ihres gut aussehenden, jungen Königs. Sie nickten zustimmend, als er seinen Namen in das hellenistische „Othon" änderte und griechische Kleidung trug, darunter den Fustanella-Rock.

Griechenlands erster König: Otto Friedrich Ludwig.[89]

Otto verlegte die Hauptstadt Griechenlands von Nafplio nach Athen. Zu diesem Zeitpunkt war die antike Stadt bereits zu einem Dorf mit mehreren hundert Häusern verkommen. Er machte sich sofort an die Arbeit, Athen zu restaurieren und baute Universitäten, Gärten, eine Nationalbibliothek, einen Palast und ein Parlamentsgebäude. Obwohl Otto überall in Griechenland Krankenhäuser und Schulen errichtete, ließ die Bewunderung des Volkes schnell nach. Sein Regentschaftsrat missachtete die griechische Kultur, da er darauf bedacht war, bayerische Sitten und eine autoritäre Regierung durchzusetzen, die keine Griechen in Schlüsselpositionen zuließ. Sie versuchten, die griechischen Klöster zu unterdrücken. Und dann waren da noch die Steuern, die höher waren als die im Osmanischen Reich erhobenen.

Als Otto 1835 sein zwanzigstes Lebensjahr vollendete, löste sich sein Regentschaftsrat auf, aber in den höchsten Verwaltungsämtern saßen weiterhin Bayern. König Otto ersetzte sie 1837 durch griechische Minister. Als er einundzwanzig war, reiste Otto zurück nach Bayern und heiratete die schöne siebzehnjährige Amalia von Oldenburg. Sie war lutherisch, aber jedes Kind, das dem Paar geboren wurde, sollte in der griechisch-orthodoxen Kirche getauft werden.

Amalie von Oldenburg, Königin von Griechenland. Gemälde von Karl Joseph Stieler.[40]

Zunächst bezauberte die zierliche, lebhafte und jugendliche Königin die Griechen mit ihrem enthusiastischen Patriotismus für ihre Wahlheimat. Sie setzte sich unermüdlich für die Verbesserung der sozialen Verhältnisse ein. Doch sie und Otto hatten keine Kinder. Wer sollte Griechenland regieren, wenn ihr König keine Söhne hatte? Die griechischen Frauen tuschelten: „Es muss das viele Tanzen und Reiten sein, das sie unfruchtbar macht."

Als König stand Otto vor großen Herausforderungen. Die osmanische Herrschaft hatte Griechenland verarmen lassen, und die Revolutionsjahre hatten das Land in eine verzweifelte Lage gestürzt. Das felsige, gebirgige Land mit seinen unregelmäßigen Niederschlägen hatte nie genug Ackerland geboten, um eine große Bevölkerung zu ernähren. In der Vergangenheit hatte Griechenland Getreide mit seinen ehemaligen Kolonien am Mittelmeer und am Schwarzen Meer getauscht. Doch nun hatte es kaum noch Mittel und Waren zum Tauschen.

Der größte Teil des Ackerlandes befand sich in den Händen mächtiger Clans wie der Familie Mavromichalis, die den griechischen Gouverneur Kapodistrias ermordet hatte. Die Großmächte liehen Griechenland Geld, um zu überleben, aber im Gegenzug mischten sich ihre drei Gesandten in Athen in die politischen Angelegenheiten ein. Statt sich allmählich zurückzuziehen, mischten sich die Großmächte immer stärker in die griechische Politik ein.

Die Griechen forderten eine Verfassung und eine Legislative als Gegengewicht zur absoluten Monarchie Ottos. Die Probleme erreichten 1843 ihren Siedepunkt, und die Helden des griechischen Unabhängigkeitskrieges revoltierten. Sie forderten eine Verfassung, das Wahlrecht für alle Männer und den Ausschluss der Bayern aus der Regierung. Nach einem unblutigen Staatsstreich gewährte Otto 1844 den Griechen ihre Verfassung, und die meisten Bayern verließen das Land. Das allgemeine Wahlrecht musste jedoch bis zum nächsten König warten.

Das nächste Dilemma der Griechen betraf die Griechen außerhalb ihrer Grenzen. Diese Griechen lebten in Ländern wie Makedonien, Thrakien, Epirus, den ägäischen Inseln, Zypern und Kreta, die alle seit der Antike zur griechischen Welt gehörten. Mitte des 19. Jahrhunderts standen sie jedoch noch unter osmanischer Herrschaft. Die „Große Idee" der Griechen war es, all diese Gebiete in den griechischen Staat einzugliedern und das Byzantinische Reich mit Konstantinopel als Hauptstadt wieder aufleben zu lassen.[i]

---

[i] Roumen Daskalov and Tchavdar Marinov, *Entangled Histories of the Balkans - Volume One:*

Der Krimkrieg (1853-1856) brach aus, als Russland nach den osmanischen Gebieten im Nahen Osten und im östlichen Mittelmeerraum griff. Großbritannien, Frankreich, Sardinien und die Türkei intervenierten gegen Russland, und die Griechen hielten dies für einen günstigen Zeitpunkt, um Thessalien und Epirus zurückzuerobern. Doch Großbritannien und Frankreich vereitelten ihre Versuche. Russland verlor den Krieg, und Griechenland konnte kein Gebiet zurückgewinnen.

Die Griechen waren unzufrieden mit der autoritären Herrschaft König Ottos, seiner Entlassung von Premierminister Konstantinos Kanaris und seiner mangelnden Unterstützung bei der Invasion von Thrakien und Epirus. Als er und die Königin 1862 die Peloponnes besuchten, kam es zu einer Rebellion, und die Griechen setzten König Otto nach dreißigjähriger Herrschaft ab. Als Otto und Amalia an Bord eines britischen Kriegsschiffes gingen, um nach Deutschland zu reisen, war er der Meinung, dass sein Exil nicht von Dauer war.

Doch die Griechen waren bereit für einen Neuanfang und mochten Prinz Alfred von Großbritannien. Doch Königin Victoria hatte andere Pläne für ihren zweiten Sohn. Auf Empfehlung der Großmächte wählten die Griechen einen siebzehnjährigen Prinzen aus Dänemark zu ihrem neuen König: Georg I. Er war der Sohn des dänischen Thronfolgers Christian IX., der wenige Monate später König von Dänemark werden sollte. Über seine Mutter war Georg I. ein entfernter Nachkomme von Kaiser Isaak II. Angelos aus dem Byzantinischen Reich.

Obwohl Georg Dänisch, Englisch, Französisch und Deutsch sprach, konnte er kein Griechisch, lernte es aber schnell. Durch die Heirat seiner Geschwister in europäische Königshäuser verfügte er über ein ausgezeichnetes Netzwerk von Allianzen, die Griechenland zugutekamen. Seine Schwester Alexandra heiratete den späteren König Edward VII. von Großbritannien, sein älterer Bruder Frederick wurde König von Dänemark. Eine weitere Schwester, Dagmar, heiratete den Sohn des russischen Zaren Alexander III. und wurde 1881 Kaiserin Maria.

1863, kurz nachdem Georg in Kopenhagen zum König von Griechenland gekrönt worden war, machte Dagmar ihn mit der zwölfjährigen Großfürstin Olga Konstantinowna von Russland bekannt, die er vier Jahre später heiratete. Georg war lutherisch, Olga dagegen

---

*National Ideologies and Language Policies.* (Leiden, Brill, 2013), 200.

orthodox, was den griechischen Untertanen gefiel. Sie hatten acht gemeinsame Kinder, und ihre Nachkommen regierten Griechenland bis 1967. Ihr Enkel, Prinz Philip, heiratete Prinzessin Elisabeth, die spätere Königin Elisabeth II. von England.

Georg I. und Olga mit Olgas Schwester, Großfürstin Vera Konstantinowna von Russland.⁴¹

Da er noch minderjährig war, reiste König Georg mit zwei dänischen Beratern nach Griechenland: seinem Onkel, Prinz Julius, und Graf Wilhelm Sponneck. In seinem ersten Jahr forderte er die griechische Versammlung auf, eine neue Verfassung auszuarbeiten, die allen männlichen Bürgern das Wahlrecht einräumte (die Frauen mussten noch neunzig Jahre warten). In seinem zweiten Jahr schickte er seinen Onkel Julius zurück nach Dänemark, als er ihn bei dem Versuch erwischte,

Sponneck abzusetzen. Sponneck blieb weitere zwölf Jahre Georgs Berater, obwohl er bei den Griechen wegen seiner rüden, ethnozentrischen Haltung unbeliebt war. Er bezweifelte sogar, dass die heutigen Griechen von den alten Griechen abstammten.

Die sieben Ionischen Inseln vor der Westküste Griechenlands im Ionischen Meer wurden mindestens seit dem 9. Jahrhundert v. u. Z. von Griechen besiedelt. Im 13. Jahrhundert erlangte die Republik Venedig die Kontrolle über die Inseln, gefolgt von Venedig im Jahre 1797, dann Frankreich und schließlich Großbritannien. Griechisch-nationalistische Gruppen auf den Inseln begannen jedoch, die Enosis (Eingliederung in Griechenland) zu fordern. Schließlich übertrugen die Großmächte 1864 die Souveränität über die Inseln an Griechenland und erfüllten damit den Wunsch König Georgs I., als dieser den griechischen Thron bestieg.

Die Insel Kreta wurde um 3.500 v. u. Z. von den Minoern besiedelt und war die älteste bronzezeitliche Kultur der griechischen Welt. Die kretischen Revolutionäre konnten mit Fug und Recht behaupten, dass Kreta schon immer ein integraler Bestandteil der griechischen Welt gewesen sei. Die Kreter hatten sich gegen die osmanische Besatzung gewehrt, und da König Georg I. nun den Titel „König der Hellenen" (nicht nur Griechenlands) trug, erklärten sie Kreta zum Teil des Königreichs der Hellenen.

Von 1866 bis 1869 wütete die Große Kretische Revolution gegen die Türken. Die Explosion von Arkadi im November 1866 war ein osmanischer Angriff auf das Kloster Arkadi, das Hauptquartier der Rebellen. Hunderte Frauen und Kinder hatten sich in das Kloster geflüchtet, als die Osmanen ihre Dörfer überfielen. Doch als den griechischen Rebellen die Munition ausging, sprengten die riesigen Kanonen der Türken am zweiten Tag der Kämpfe die Tore des Klosters.

Die Lage war aussichtslos. Sollten sich die Kreter ergeben, würden die Frauen vergewaltigt, die Kinder in die Sklaverei verkauft und die Männer hingerichtet werden. Der Abt forderte die Männer auf, sich in die Gewölbe des Klosters zurückzuziehen, wo das Schießpulver lagerte, und es in die Luft zu sprengen, sobald die türkischen Truppen eindrangen. Bei der Explosion starben etwa 850 Griechen, die meisten von ihnen Frauen und Kinder, und über 1.500 Türken.

Der Vorfall löste in ganz Europa und Amerika einen leidenschaftlichen Aufschrei aus, und die Zeitungen druckten Briefe des französischen Dichters Victor Hugo ab, in denen er die Tragödie beschrieb. Die Menschen schickten Vorräte nach Kreta und reisten dorthin, um im Kampf zu helfen. Der osmanische Großwesir Ali Pascha kam 1867 nach Kreta und eroberte die Insel Stück für Stück zurück, gewährte den kretischen Christen aber eine gewisse lokale Autonomie. Bis 1869 waren die Aufständischen entweder nach Griechenland geflohen oder hatten sich der osmanischen Herrschaft unterworfen.

Zu Beginn der Herrschaft Georgs I. wurde mit der neuen Verfassung ein Einkammerparlament eingeführt und der Senat abgeschafft. König Georg konnte seinen Premierminister wählen, Parlamentssitzungen einberufen und das Parlament auflösen, wenn sein Kabinett sein Dekret billigte. In den ersten zehn Jahren seiner Herrschaft war das Parlament eine Katastrophe. Georg ignorierte die öffentliche Meinung bei der Wahl des Premierministers und löste das Parlament immer wieder auf.

Charilaos Trikoupis, ein liberaler Abgeordneter, veröffentlichte 1874 in der Athener Zeitung ein anonymes Manifest mit dem Titel „Wer trägt die Schuld?" Er kritisierte, dass König Georg das Parlament häufig auflöste und mehrere Minderheitsparteien zuließ. Er empfahl das Dedilomeni-Prinzip des parlamentarischen Vertrauens: Bevor ein Politiker zum Ministerpräsidenten ernannt werden konnte, musste er die Unterstützung der Mehrheit im Parlament haben. Seiner Meinung nach würde dieses System die verschiedenen Fraktionen zur Zusammenarbeit zwingen. Nachdem Trikoupis zugegeben hatte, den Artikel verfasst zu haben, lud ihn König Georg zur Regierungsbildung ein und erklärte, er werde nur den Vorsitzenden der Mehrheitspartei im Parlament zum Premierminister ernennen.[i]

Griechenland verfolgte weiterhin die Annexion von Thessalien und Epirus. Als 1877 Russland und die Türkei in den Krieg eintraten, bot sich eine einmalige Gelegenheit. Georgs Schwester Dagmar setzte sich bei ihrem Schwiegervater, Kaiser Alexander II. von Russland, dafür ein, sich in diesem Krieg mit Griechenland zu verbünden. Doch die beiden anderen Großmächte, Großbritannien und Frankreich, wollten eine Beteiligung Griechenlands nicht zulassen. Als Russland 1878 siegte und der Berliner Kongress die neuen Grenzen festlegte, beanspruchte Griechenland Thessalien, Epirus und Kreta.[ii] Briten und Franzosen

---

[i] Richard Clogg, *A Short History of Modern Greece* (Cambridge: Cambridge University Press, 1979), 86.

[ii] Clogg, *Modern Greece*, 89.

standen der Idee positiv gegenüber, aber die osmanischen Türken behielten Kreta und traten 1881 Thessalien und einen Teil von Epirus an Griechenland ab.

Der Türkisch-Griechische Krieg („Dreißig-Tage-Krieg") brach 1897 auf Kreta aus, das seit jeher ein Unruheherd im Osmanischen Reich war. Als die Kämpfe zwischen dem Osmanischen Reich und Griechenland ausbrachen, umzingelten die Großmächte die Insel mit ihren Schiffen und versuchten, in den Konflikt einzugreifen. Deutschland unterstützte die Türkei, was König Georg sehr unangenehm war, da sein Sohn Konstantin mit Sophie, der Schwester des deutschen Kaisers, verheiratet war. Kronprinz Konstantin war General der griechischen Armee, als sich die Kämpfe auf Thessalien und Makedonien ausweiteten.

Es war der erste Krieg Griechenlands nach der Revolution. Es war zahlen- und waffenmäßig unterlegen und verlor die meisten Schlachten. Nikolaus II. von Russland (Sohn Alexanders III.) vermittelte einen Friedensvertrag, der Griechenland zu Reparationszahlungen an die Türkei verpflichtete. Im folgenden Jahr vertrieben die Großmächte die Osmanen und machten Kreta zu einem autonomen Staat. Der Sohn König Georgs, Prinz Georg, diente 15 Jahre lang als Hochkommissar des kretischen Staates, bis Kreta 1913 formell Teil Griechenlands wurde.

Im Jahr 1913 freute sich König Georg auf sein Goldenes Thronjubiläum im Oktober, bei dem er sein fünfzigjähriges Regierungsjubiläum feiern wollte. Nach den Feierlichkeiten wollte er abdanken und seinen Sohn Konstantin auf den Thron setzen. Doch am 18. März wurde er bei einem Nachmittagsspaziergang in Athen von einem geisteskranken Mann aus nächster Nähe in den Rücken geschossen. Der König war sofort tot. Sein Nachfolger wurde Konstantin I., der erste griechische König, der in Griechenland geboren wurde. Er war auch der erste griechische König, der bereits Mitglied der griechisch-orthodoxen Kirche war.

Trotz der zahlreichen Herausforderungen, mit denen König Georg I. konfrontiert war, stabilisierte sich Griechenland, gewann an Territorium und verbesserte seine Infrastruktur während seiner langen Regierungszeit. Im Jahr 1881 wurde mit dem Bau des Kanals von Korinth begonnen, der den Isthmus von Korinth mit dem Saronischen Golf verbindet und eine Abkürzung zwischen dem Ionischen und dem Ägäischen Meer darstellt. Schon die alten Griechen träumten vom Bau des Kanals, und der römische Kaiser Nero begann 67 u. Z. mit dem Bau und hob den ersten

Korb Erde aus. Wenige Monate später starb er jedoch und die Bauarbeiten wurden eingestellt. Die Griechen vollendeten schließlich 1893 den Kanal, der noch heute von kleineren Schiffen genutzt wird, obwohl er im Oktober 2022 nach katastrophalen Erdrutschen vorübergehend geschlossen wurde.

König Georg belebte auch die Olympischen Spiele wieder und eröffnete 1896 die ersten modernen Olympischen Spiele im Panathinaiko-Stadion in Athen. Kronprinz Konstantin war Vorsitzender des Organisationskomitees und beschaffte die notwendigen Mittel für die Ausrichtung der Spiele. Das Panathinaiko-Stadion wurde 144 u. Z. aus Marmor erbaut, und der Geschäftsmann George Averoff zahlte 920.000 Drachmen (etwa eine Million US-Dollar) für seine Restaurierung.[i] Das Stadion wird noch heute genutzt und diente 2004 als Austragungsort der Olympischen Spiele.

Griechenland war während der osmanischen Herrschaft von der Renaissance isoliert, mit Ausnahme der Ionischen Inseln und Kretas, die eine Zeit lang unter europäischer Kontrolle standen. Die kretische und die ionische Schule nahmen die europäische Kunstrevolution auf und verbanden östliche und westliche Traditionen. El Greco (Doménikos Theotokópoulos) wurde in der kretischen Schule ausgebildet.

Während der Herrschaft der ersten beiden griechischen Monarchen im 19. Jahrhundert erlebte das Land eine Blütezeit der Kunst. Griechische Künstler, die häufig in München studierten, prägten die Romantik, indem sie sich von der Landschaft, der Geschichte und den revolutionären Idealen Griechenlands inspirieren ließen. Die Werke dieser Epoche sind von rohen Emotionen und Theatralik geprägt. Historische Gemälde zeigen das Heldentum und die Opfer der griechischen Revolution. In der zweiten Hälfte des 19. Jahrhunderts wichen die historischen Themen der Darstellung des Alltags und der Natur.

---

[i] David C. Young, *The Modern Olympics: A Struggle for Revival* (Baltimore: Johns Hopkins University Press, 1996), 128.

# Kapitel 12: Griechenland im 20. Jahrhundert

Die Balkankriege, die die Lunte für den Ersten Weltkrieg legten, brachen nach Jahren schwelender Spannungen zwischen Slawen und anderen ethnischen Gruppen innerhalb des Osmanischen Reiches aus. Aus Sorge um das Pulverfass Balkan und die Gefahr, dass eine Revolution das restliche Europa aus dem Gleichgewicht bringen könnte, nutzten die europäischen Großmächte ihre diplomatische Macht, um die Hoffnungen auf einen Aufstand zu unterdrücken.

Aber auch Griechenland hatte unter dem Osmanischen Reich gelitten, und das griechische Volk fühlte sich solidarisch mit denen, die auf dem Balkan noch um ihre Unabhängigkeit kämpften. 1912 gründeten Griechenland und die slawischen Staaten im Geheimen den Balkanbund, dem Bulgarien, Serbien, Griechenland und Montenegro angehörten. Der Bund repräsentierte verschiedene ethnische Gruppen, die sich normalerweise gegenseitig bekämpften, sich aber gegen die Türkei verbündeten, als diese durch die italienische Invasion in Libyen abgelenkt war.

Am 5. Oktober 1912, dem ersten Kriegstag, unternahm der griechische Leutnant Dimitrios Kamberos einen Aufklärungsflug über Thessalien: der erste militärische Lufteinsatz der Geschichte. Innerhalb eines Monats schockierte der Balkanbund die Welt, indem er die osmanischen Streitkräfte aus Südosteuropa vertrieb. Die Großmächte versuchten verzweifelt, die Kontrolle wiederzuerlangen und riefen alle

Beteiligten nach London, um die neuen Grenzen auf dem Balkan zu klären. Nach dreiundsechzig Sitzungen einigten sie sich schließlich auf einen Vertrag, der am 30. Mai 1913 den Ersten Balkankrieg beendete.

Die Bulgaren waren unzufrieden. Serbien und Griechenland hatten die bulgarischen Hoffnungen auf den größten Teil Mazedoniens zunichtegemacht, indem sie beschlossen hatten, die von ihren Streitkräften eroberten Gebiete zu behalten. Genau einen Monat später löste Bulgarien mit einem Überraschungsangriff auf Griechenland und Serbien den Zweiten Balkankrieg aus. Bulgarien wurde schließlich von allen Seiten angegriffen, als das Osmanische Reich erneut in den Kampf eingriff und Rumänien die nördlichen Grenzen Bulgariens überschritt.

Der Krieg war innerhalb von sechs Wochen beendet, und diesmal waren es die Akteure und nicht die Großmächte, die den Vertrag von Bukarest aushandelten. Die Türkei erhielt das bulgarische Thrakien zurück, Serbien Nordmazedonien. Griechenland erhielt das südliche Epirus und Makedonien, die ägäischen Inseln und die formale Kontrolle über Kreta, das auf mehr als das Doppelte seiner Größe anwuchs. Während der Balkankriege unternahm das griechische U-Boot Delfin den weltweit ersten (wenn auch erfolglosen) Torpedoangriff auf ein Kriegsschiff: den osmanischen Leichten Kreuzer Mecidiye.[i]

Der Erste Weltkrieg brach 1914 aus, nachdem der serbische Nationalist Gavrilo Princip den österreichisch-ungarischen Kronprinzen Franz Ferdinand und seine Frau Sophie erschossen hatte. Österreich-Ungarn erklärte Serbien daraufhin den Krieg, zahlreiche andere Staaten schlossen sich an. Im Krieg standen sich die Mittelmächte (Deutschland, Österreich-Ungarn, Bulgarien und das Osmanische Reich) und die alliierten Mächte (Großbritannien, Frankreich, Russland, Italien, Rumänien, Kanada, Japan, die Vereinigten Staaten und schließlich Griechenland) gegenüber.

Der Vertrag Griechenlands mit Serbien am Ende der Balkankriege versprach gegenseitigen militärischen Beistand im Falle eines Angriffs von dritter Seite. Da mit der dritten Partei jedoch Bulgarien gemeint war, sprach sich Premierminister Eleftherios Venizelos für Neutralität aus, es sei denn, Bulgarien würde eingreifen. Sollte dies geschehen, was Venizelos für wahrscheinlich hielt, plädierte er für einen Beitritt zu den Alliierten.

---

[i] E. R. Hooten, *Prelude to the First World War: The Balkan Wars 1912-1913* (Gloucestershire: Fonthill Media, 2014).

König Konstantin I. und seine Außenminister glaubten jedoch, dass Deutschland und die Mittelmächte den Krieg gewinnen würden, und wollten nicht auf der Verliererseite stehen. Außerdem hatte der König in Deutschland studiert, war in der kaiserlichen Armee ausgebildet worden und hatte Sophie, die Schwester des deutschen Kaisers, geheiratet. Doch seine Mutter Olga lebte in ihrer Heimat Russland, das gegen Deutschland kämpfte. Konstantin befand sich in einer misslichen Lage und wollte sich aus dem Krieg heraushalten.

Premierminister Venizelos und König Konstantin I.⁴²

Im September 1915 marschierte Bulgarien in Serbien ein, woraufhin Premierminister Venizelos die griechischen Truppen mobilisierte, um den Vertrag zu erfüllen. Da er mehr Männer benötigte, bat Venizelos die Franzosen um die Entsendung zusätzlicher Truppen, was diese auch taten. Da es Venizelos jedoch nicht gelang, die Angelegenheit mit dem König und dem Parlament zu klären, wurde er von König Konstantin entlassen. Neuer Premierminister wurde Alexandros Zaimis, der Serbien mitteilte, dass Griechenland nicht helfen könne.

König Konstantin und das Parlament versuchten verzweifelt, im Krieg neutral zu bleiben, litten aber dennoch. Die Alliierten blockierten die Einfuhr von Kohle und Weizen nach Griechenland und beschlagnahmten die griechischen Inseln Lesbos und Korfu. Die Franzosen nahmen das griechische Fort Dova Tepe an der mazedonisch-griechischen Grenze ein. Zwei Wochen später griffen deutsch-bulgarische Kolonnen die griechische Festung Rupel in Zentralmazedonien an und nahmen sie ein. Der französische General Maurice Sarrail verhängte das Kriegsrecht über Thessaloniki und kontrollierte die gesamte Kommunikation, die Eisenbahn und den Hafen. Im Juni befahlen die Alliierten Griechenland, seine Armee zu demobilisieren. Bulgarien marschierte ein und besetzte Ostmakedonien bis Ende August 1916. Im Oktober griffen die Italiener an und besetzten das von den Griechen gehaltene nördliche Epirus.

Genug war genug! Der ehemalige Ministerpräsident Venizelos und viele andere aufgebrachte Griechen bildeten am 9. Oktober eine eigene griechische Regierung: die Provisorische Regierung der Nationalen Verteidigung. Sie schlossen sich den Alliierten an und erklärten Deutschland und Bulgarien den Krieg. Die Alliierten drängten König Konstantin zur Abdankung, und als dieser im Juni 1917 in die Schweiz reiste, übernahm die provisorische griechische Regierung die Kontrolle über das gesamte Land. Griechenland vertrieb Bulgarien aus Mazedonien und eroberte zusammen mit den Alliierten ganz Serbien zurück. Der Erste Weltkrieg endete im November 1918 und Griechenland erhielt Thrakien durch die nachfolgenden Verträge.

Als die alliierten Mächte Konstantin zur Abdankung zwangen, schlossen sie Kronprinz Georg als nächsten König aus, da sie glaubten, dass er die deutschfreundliche Haltung seines Vaters teilte. Sie erlaubten jedoch Konstantins zweitem Sohn Alexander, König von Griechenland zu werden. König Alexander regierte bis zu seinem plötzlichen Tod durch einen Affenbiss im Oktober 1920. Er ging im Garten des Sommerpalastes spazieren, als der Berberaffe des Gärtners den Deutschen Schäferhund des Königs angriff. Als der König versuchte, die Tiere zu trennen, wurde er von einem anderen Affen angegriffen, der ihm mehrere Bisswunden zufügte, die zu einer Blutvergiftung führten. Drei Wochen später verstarb der König. Daraufhin lud Griechenland Konstantin I. ein, zurückzukehren, und im Dezember 1920 übernahm er wieder die Herrschaft.

Zu diesem Zeitpunkt war Griechenland bereits in den griechisch-türkischen Krieg (1919-1922) verwickelt. Nach dem Ende des Ersten Weltkriegs erhob Griechenland Anspruch auf Anatolien (Kleinasien oder Westtürkei), das einst zum Byzantinischen Reich gehört hatte. Im zerfallenden Osmanischen Reich lebten noch immer 2,5 Millionen Griechen, obwohl die Muslime während des Ersten Weltkriegs in der Türkei systematisch Hunderttausende griechischer Christen ermordet hatten.[i] Venizelos' Anspruch, Kleinasien für sich zu beanspruchen, hatte zum Ziel, die osmanische Herrschaft „aus den Gebieten zu vertreiben, in denen die Mehrheit der Bevölkerung aus Griechen besteht".[ii]

Im Mai 1919 landete die griechische Armee in Smyrna an der Westküste der Türkei, das Griechenland 1918 im Waffenstillstand von Mudros erhalten hatte. Die Griechen und Armenier der Region verbündeten sich mit der griechischen Armee und übernahmen rasch die Kontrolle über das westliche Kleinasien. Die Türken wehrten sich mit einem Guerillakrieg, und beide Seiten verübten ethnische Gräueltaten an den im Kriegsgebiet gefangenen Einheimischen. Die Griechen massakrierten die Muslime, die Muslime ermordeten die griechisch-orthodoxen Bürger und zwangen die Überlebenden aus ihren Dörfern nach Osten in die Region von Smyrna.

In den zwei Monaten zwischen dem Tod König Alexanders und der Wiedereinsetzung König Konstantins wählten die Griechen Venizelos ab und zwangen ihn, das Land zu verlassen. Als sie König Konstantin wieder auf den Thron setzten, stellten die alliierten Mächte ihre finanzielle und militärische Hilfe für Griechenland ein. Russland befand sich mitten in einem Bürgerkrieg, aber die sowjetische Fraktion versorgte die Revolutionäre der türkischen Nationalbewegung mit Munition. 1921 erlitten die Griechen in der Schlacht von Sakarya eine bittere Niederlage und verloren 80 Prozent ihrer Offiziere. Im August 1922 rückte die türkische Großoffensive mit über 100.000 Soldaten vor. Die Griechen hatten doppelt so viele Männer, waren aber desorganisiert und demoralisiert. Die Türken zerschlugen die griechische Armee, nahmen 15.000 Soldaten gefangen und zwangen sie zum Rückzug in die Ägäis.

---

[i] Adam Jones, *Genocide: A Comprehensive Introduction* (London: Routledge, 2006), 154-55.

[ii] „Not War Against Islam – Statement by Greek Prime Minister," *The Scotsman.* June 29, 1920, 5, 29.

Die Türken brannten den griechischen und armenischen Teil von Smyrna nieder. Die verzweifelten Bürger waren zwischen den türkischen Streitkräften, dem Feuer und dem Meer eingeschlossen und konnten nirgendwo mehr Zuflucht finden. Fast 100.000 Menschen starben, als die Stadt neun Tage lang brannte. Die Alliierten beschlossen, dass ein Bevölkerungsaustausch die einzige Möglichkeit sei, weitere Gräueltaten zu verhindern. Der Vertrag von Lausanne von 1923 zwang 1,2 Millionen orthodoxe Christen, die Türkei in Richtung Griechenland zu verlassen, und 400.000 griechische Muslime, Griechenland in Richtung Türkei zu verlassen.

Der Brand von Smyrna im September 1922.[45]

Nach der Katastrophe von Smyrna zwangen die Anhänger von Venizelos König Konstantin I. im September 1922 erneut zur Abdankung und setzten seinen ältesten Sohn Georg II. als Monarchen ein. Als jedoch zwei Jahre später die Liberale Partei an die Macht kam, verbannte sie Georg und erklärte Griechenland zur Republik. Die neue Regierung drohte jedem, der eine Rückkehr zur Monarchie befürwortete oder das Wahlergebnis in Frage stellte, mit mindestens sechs Monaten Gefängnis. Die zerbrechliche neue Regierung kam nur langsam voran, unterbrochen von einer einjährigen Diktatur, als General Theodoros Pangalos 1925 einen Staatsstreich inszenierte. Er wurde im darauf folgenden Jahr abgesetzt und die Republik wiederhergestellt. Venizelos übernahm 1928 erneut die Macht und brachte eine gewisse Stabilität.

Doch die Weltwirtschaftskrise (1929-1939) zerstörte die griechische Wirtschaft und das politische Chaos nahm seinen Lauf.

Die Griechen wählten Venizelos 1932 ab, und drei Militärputsche erschütterten das Land zwischen 1933 und 1935. Im Oktober 1935 schließlich setzte sich General Georgios Kondylis als Premierminister durch, löste die Republik auf und inszenierte eine manipulierte Wahl, bei der die Monarchie mit 98 Prozent der Stimmen wiederhergestellt wurde. Georg II., der zwei Zimmer im Brown's Hotel in London bezogen hatte, kehrte im November 1935 nach Griechenland zurück. Da er es ablehnte, ein Marionettenkönig zu sein, legte er sich sofort mit Kondylis an, entließ ihn und ernannte Konstantinos Demertzis zum Premierminister.

Vier Monate später starb Demertzis an einem Herzinfarkt, woraufhin Georg den Verteidigungsminister Ioannis Metaxas zum neuen Premierminister ernannte. Diese Ernennung war bei der aufstrebenden Kommunistischen Partei äußerst unpopulär, und die Arbeiter traten in ganz Griechenland in den Streik. Metaxas verhängte im August 1936 den Ausnahmezustand, den er mit Arbeiterunruhen und der „kommunistischen Gefahr" begründete. Er löste das Parlament auf und errichtete das totalitäre August-Regime nach dem Vorbild des faschistischen Italiens unter Benito Mussolini. Er verbot Parteien und Streiks und zensierte die Medien. Seine Diktatur dauerte fünf Jahre bis zu seinem Tod 1941.

Als sich der Zweite Weltkrieg abzeichnete, verstärkte Metaxas die Befestigungen an der bulgarisch-griechischen Grenze mit Tunneln, Maschinengewehrnestern und Panzersperren, den sogenannten „Drachenzähnen". Mussolinis italienische Truppen marschierten im Oktober 1940 in Nordwestgriechenland ein und zogen Griechenland offiziell in den Zweiten Weltkrieg hinein. Die Griechen leisteten erbitterten Widerstand und vertrieben die Italiener aus dem Land. Im April 1941, drei Monate nach dem Tod von Metaxas, marschierte Adolf Hitler in Griechenland ein. Der König und das Parlament flohen nach Kreta, während Deutsche, Bulgaren und Italiener Griechenland überrannten.

Die Besatzungstruppen plünderten Bauernhöfe und beschlagnahmten Lebensmittel zur Versorgung ihrer Truppen. Griechenland war immer auf Getreidelieferungen aus dem Ausland angewiesen, um seine Bevölkerung zu ernähren. Die Blockade durch die Verbündeten unterbrach nun diese Versorgung. Als die große Hungersnot einsetzte, waren die Straßen Athens mit Leichen übersät, täglich starben bis zu tausend Menschen an den Folgen des Hungers. In anderen Städten war die Lage ähnlich düster: Schätzungsweise 5 Prozent der griechischen Bevölkerung verhungerten. Griechenland

Griechenland hatte sich während des griechischen Unabhängigkeitskrieges auf Widerstandsgruppen in seinen zerklüfteten Bergen verlassen, und ähnliche Gebirgsguerillatruppen setzten sich erfolgreich gegen die Invasoren zur Wehr. Italien kapitulierte 1943 vor den Alliierten, die Deutschen und Bulgaren zogen sich 1944 aus Griechenland zurück, und der griechische König und die Regierung kehrten nach Griechenland zurück. Der Zweite Weltkrieg endete im September 1945.

Eine Kavalleriebrigade der griechischen Volksbefreiungsarmee."

Die beiden wichtigsten griechischen Widerstandsbewegungen – die Nationale Befreiungsfront und die Griechische Volksbefreiungsarmee – waren kommunistisch und wurden von der Sowjetunion und Jugoslawien unterstützt. Ihre Auseinandersetzungen mit der griechischen Regierung mündeten in den griechischen Bürgerkrieg, der von 1944 bis 1949 dauerte und das vom Krieg zerrüttete Land weiter verwüstete. Der Bürgerkrieg kostete 100.000 Menschen das Leben und brachte die ohnehin am Rande des Ruins stehende Wirtschaft völlig zum Erliegen. Schließlich forderte der sowjetische Diktator Josef Stalin die griechischen Kommunisten auf, ihre Aktivitäten einzustellen, da es zu schwierig sei, gegen Großbritannien und die Vereinigten Staaten zu kämpfen. Ein positiver Aspekt des liberalen Einflusses in Griechenland war, dass die Frauen am 28. Mai 1952 endlich das Wahlrecht erhielten.

Nach dem Zweiten Weltkrieg fielen die Dodekanes-Inseln in der Ägäis und im Mittelmeer an Griechenland mit der Auflage, dass sie entmilitarisiert blieben. Die Minoer und Mykener hatten die Inseln seit dem 2. Jahrtausend v. u. Z. besiedelt und waren stets eng mit Griechenland verbunden. Im 20. Jahrhundert fielen die Inseln an Italien, Deutschland und Großbritannien, bevor sie am 7. März 1948 mit Griechenland wiedervereinigt wurden.

Im 2. Jahrtausend v. u. Z. besiedelten die Mykener auch die Insel Zypern im östlichen Mittelmeer, südlich der Türkei und westlich von Syrien. Im 20. Jahrhundert waren etwa 80 Prozent der Bevölkerung zypriotisch-griechischsprachige Menschen griechischer Abstammung, die der griechisch-orthodoxen Kirche angehörten. Das Osmanische Reich besetzte Zypern bis zum Russisch-Türkischen Krieg (1877-1878), als Großbritannien die Verwaltung übernahm.

Im 20. Jahrhundert drängte die griechische Bevölkerung Zyperns auf eine Vereinigung mit Griechenland, wogegen sich die ethnischen Türken wehrten. Als Zypern 1960 unabhängig wurde, erhielten die türkischen Zyprioten, die 20 Prozent der Bevölkerung ausmachten, eine Vertretung von 30 Prozent im Parlament. Viele Griechen empfanden dies als Überrepräsentation. 1963 kam es zu Gewaltausbrüchen, bei denen 174 Griechen und 364 Türken ums Leben kamen. Die Griechen zerstörten 109 türkische Dörfer und vertrieben 30.000 Türken. 1974 putschten die griechischen Zyprioten, die immer noch eine Wiedervereinigung mit Griechenland anstrebten, und lösten damit eine türkische Invasion aus. Das Ergebnis war eine Trennlinie, die die Insel in einen nördlichen Teil unter türkischer Herrschaft und einen südlichen Teil unter griechisch-zypriotischer Kontrolle teilte.

Auf dem griechischen Festland erreichte der Kampf zwischen den kommunistisch orientierten Liberalen und den Rechtskonservativen 1967 den Siedepunkt. Die Vereinigten Staaten hatten sich 1947 mit der Truman-Doktrin eingemischt, die eine autoritäre Regierung in Griechenland unterstützte, um den sowjetischen Einfluss zu verhindern. Bei den Wahlen von 1964 errang die fortschrittlichere Partei der Zentrumsunion einen erdrutschartigen Sieg, und ihr Gründer, Georgios Papandreou, wurde Griechenlands neuer Premierminister.

Papandreou wollte Offiziere ausschließen, die in der von der CIA finanzierten, antikommunistischen Gesellschaft IDEA (*Ieros Desmos Ellinon Axiomatikon* oder Heiliger Bund der griechischen Offiziere) engagiert waren, die eine Diktatur befürwortete. Als der 24-jährige Konstantin II. 1964 den Thron bestieg, geriet er mit Papandreou in Konflikt und zwang ihn 1965 zum Rücktritt. Der König ersetzte Papandreou durch eine Reihe von Premierministern der Zentrumsunion, die immer noch die Mehrheit hatte, aber keiner war länger als ein paar Wochen im Amt. Papandreous Anhänger betrachteten diese Männer als Überläufer oder „Abtrünnige" der Partei und bezeichneten das Vorgehen Konstantins als *Apostasie* oder königlichen Staatsstreich.

Griechenland geriet in eine politische Krise. Am 21. April 1967 erwachte die Bevölkerung Athens mit dem Lärm von Schüssen und Panzern, die in die Stadt rollten. Aus dem Radio ertönten Militärlieder, gefolgt von der Meldung: „Die griechischen Streitkräfte haben die Regierung des Landes übernommen". Rechtsgerichtete Militärs hatten einen Putsch inszeniert, der als griechische Junta bezeichnet wurde und eine siebenjährige Diktatur begründete. Sie zensierten die Medien, verhafteten linke Politiker und zehntausend Bürger, die auf einer schwarzen Liste standen, und schickten sie ins Gefängnis oder in ein Konzentrationslager auf der Insel Yaros. Tausende wurden von der griechischen Sicherheits- und Militärpolizei gefoltert.

König Konstantin unternahm im Dezember 1967 den Versuch eines Gegenputsches mit Angehörigen der Marine und der Luftwaffe, die ihm noch treu ergeben waren. Als der Putsch scheiterte, floh er mit seiner Familie aus Griechenland und die Junta ernannte Major Georgios Zoitakis zum Regenten in Abwesenheit des Königs. Zoitakis ernannte Oberst George Papadopoulos, einen der drei Anführer des Putsches, zum Premierminister. Im Jahr 1972 wurde Papadopoulos sowohl Regent als auch Premierminister und schaffte im Juni 1973 die Monarchie ab.

Im November 1973 protestierten mehrere hundert Studenten an der Nationalen Technischen Universität in Athen und forderten die Militärjunta auf, die Macht abzugeben. Am nächsten Tag strömten Tausende von Bürgern auf den Campus, um die protestierenden Studenten zu unterstützen. Die Studenten bauten ein Radiosystem auf, das in ganz Athen sendete. Drei Tage später durchbrach ein Panzer die Tore der Universität und das Militär vertrieb die Demonstranten auf brutale Weise.

In der darauf folgenden Woche enthob Papadopoulos' Protegé, Dimitrios Ioannidis, seinen Mentor durch einen Gegenputsch seines Amtes, weil er ihn beschuldigte, von den revolutionären Idealen von

1967 abgewichen zu sein. Das griechische Militär entzog Ioannidis jedoch die Unterstützung, als er 1974 den katastrophalen Putsch auf Zypern unterstützte, der zur türkischen Invasion der Insel führte. Die Junta-Führung der zweiten Generation beschloss, Griechenland wieder auf den Weg zu Wahlen zu bringen. Sie luden Konstantinos Karamanlis, der in den frühen 1960er Jahren Premierminister gewesen war, ein, aus dem Exil zurückzukehren und bis zur Wiederaufnahme der Wahlen als Übergangspräsident Griechenlands zu fungieren.

Nach der Wiedereinführung der Wahlen und der Einsetzung einer neuen Regierung war Konstantin II. zuversichtlich, als Monarch nach Griechenland zurückkehren zu können. Die Wähler stimmten jedoch gegen die Wiederherstellung der Monarchie. Konstantin blieb in London, da er ein enger Freund seines Cousins Prinz Charles (heute König Charles III.) und Patenonkel von William, Prinz von Wales, war. Im Jahr 2013 erlaubte Griechenland Konstantin schließlich die Rückkehr nach Griechenland, wo er als Privatmann lebt.

Am 1. Januar 1981 trat Griechenland der Europäischen Wirtschaftsgemeinschaft (EWG) bei, für die es sich bereits 1959 beworben hatte. Im Jahr 1961 unterzeichneten Griechenland und die EWG ein Assoziierungsabkommen, aber das politische Chaos, das darauf folgte, brachte den Prozess zum Stillstand. Nach der Wiederherstellung der Demokratie im Jahr 1974 leitete Premierminister Karamanlis den Prozess der Integration Griechenlands als Vollmitglied der Europäischen Union wieder ein. Sein Ziel war es, die wirtschaftliche und politische Stabilität wiederherzustellen und die griechische Gesellschaft zu modernisieren. Im Jahr 2002 führte Griechenland den Euro als gemeinsame Währung ein.

Im August 2004 richtete Athen die 25. Olympischen Spiele der Neuzeit seit der Wiederbelebung der modernen Spiele durch König Georg I. im Jahr 1896 aus. Athen baute einen neuen Flughafen, eine Ringstraße und ein U-Bahn-System, um mehr als 11.000 Teilnehmer und geschätzte eine Million Besucher zu beherbergen. Entgegen den düsteren Vorhersagen der Medien wurden alle Austragungsorte pünktlich fertiggestellt, und die Transportsysteme und Veranstaltungsorte versetzten alle in Erstaunen. „Unvergessliche Traumspiele", so der Präsident des Internationalen Olympischen Komitees, Jacques Rogge.

# Schlussbemerkung

Als Wiege der westlichen Zivilisation hat Griechenland einen enormen Einfluss auf unsere Welt ausgeübt. Die Minoer bildeten die erste europäische Hochkultur, ein Volk, das atemberaubende Paläste baute, brillante Kunstwerke schuf und die ersten beiden europäischen Schriftsprachen entwickelte. Bald darauf folgten die Mykener, die Griechenland und die umliegenden Inseln auf ein neues Niveau der städtischen Organisation, des Ingenieurwesens, der Architektur und der Kriegskunst brachten. Ihre Schiffe befuhren das Mittelmeer und das Schwarze Meer, tauschten Waren aus, gründeten Kolonien und verbreiteten eine fortschrittliche Kultur.

Nach dem Dunklen Zeitalter Griechenlands begann die archaische Epoche, in der Europa die schriftliche Literatur kennenlernte, z. B. die Ilias und die Odyssee von Homer. Wir verdanken den alten Griechen erstaunliche Errungenschaften in Mathematik, Naturwissenschaften und Medizin. Die griechischen Philosophen entwickelten eine logische Sicht der physischen Welt, und die frühen griechischen Ärzte entwickelten eine systematische Diagnose von Volkskrankheiten. Griechenland hat unauslöschliche Spuren in der römischen Kultur, der christlichen Kirche, dem Byzantinischen Reich, der Renaissance und der modernen Politik hinterlassen. Die griechischen Experimente und die Entwicklung politischer Systeme haben wesentlich zur Entstehung demokratischer Republiken in der ganzen Welt beigetragen.

Die kretischen Hieroglyphen und Linear A, die auf Kreta und in Südgriechenland verwendet wurden, waren die ersten europäischen

Schriftsysteme. Tafeln mit Linear B, die mindestens auf 1350 v. u. Z. datiert werden, dokumentieren eine antike Form der griechischen Sprache, die noch heute gesprochen wird. Das gesprochene und geschriebene Koine-Griechisch stammt aus dem 4. Jahrhundert v. u. Z. und wurde zur Verkehrssprache in den riesigen, drei Kontinente umfassenden Gebieten, die Alexander der Große eroberte. Im hellenistischen Ägypten übersetzten Gelehrte den hebräischen Tanach (hebräisch-aramäische Bibel) ins Koine-Griechische (Septuaginta), und die Apostel schrieben das Neue Testament in Koine-Griechisch.

Das Byzantinische Reich hat ein bleibendes Erbe hinterlassen, insbesondere durch seinen Beitrag zur Entwicklung der orthodoxen Kirche. Die byzantinische Architektur verbreitete sich bis nach Russland und im Süden bis nach Ägypten. Byzantinische Mönche, Philosophen und Künstler kultivierten eine einzigartige kulturelle Mischung aus Christentum und griechischer Philosophie, Wissenschaft, Kunst und Literatur. Sie bewahrten griechische und römische Kunst, Literatur, Philosophie, Wissenschaft, Technik und Recht durch die Jahrhunderte bis zur Renaissance.

Das moderne Griechenland hat viele Herausforderungen gemeistert, Innovationen eingeführt und Skeptiker zum Schweigen gebracht. Nach der Befreiung von der osmanischen Herrschaft errichtete Griechenland die älteste parlamentarische Demokratie im östlichen Mittelmeerraum und in Südosteuropa. Sie besteht seit 1864 mit drei kurzen nichtdemokratischen Regimen, die insgesamt dreiundzwanzig Jahre dauerten. In den letzten sieben Jahrzehnten hat sich Griechenland – mit einigen Rückschlägen – von bitterer Armut zu wirtschaftlichem Wohlstand entwickelt. Die antike und klassische Vergangenheit ist ein wesentliches Element der nationalen Identität Griechenlands, und das Land ist heute ein globaler Akteur, der eine beeindruckende geopolitische Identität im östlichen Mittelmeerraum entwickelt hat.

# Teil 2: Die Griechische Mythologie

*Eine fesselnde Einführung in die Welt der griechischen Mythen, Götter und Göttinnen*

# Einleitung

Wie es bei allen Arten der heidnische Volksmythen üblich ist, hat sich auch die griechische Mythologie über die Jahrhunderte hinweg an Veränderungen in der Gesellschaft angepasst. Sie war den Launen von Redakteuren, Philosophen und Geschichtenerzählern ausgesetzt, die die Erzählungen nach Wunsch veränderten, um eine tiefere Bedeutung in den Handlungen von Göttern, Göttinnen und Helden zu enthüllen.

So sind beispielsweise die Umstände der Geburt des Weingottes Dionysos heftig umstritten, denn die Geschichte wurde mehrfach umgeschrieben. In der von Hesiod verfassten Version wurde Dionysos nach einer Vereinigung zwischen Zeus und Semele, einer Prinzessin, geboren. In einer anderen, von Hesychius verfassten Version ist er der Sohn der Dione, einer Titanin. Die unterschiedlichen Mütter, die in den jeweiligen Erzählungen vorkommen, könnten sich dadurch erklären lassen, dass beide Männer die Geschichte auf unterschiedliche Art und Weise erzählt bekommen hatten - oder sie haben sich einfach bewusst dazu entschieden, die Geschichte ein wenig zu ändern.

Diese Vielfalt der Versionen spiegelt die unterschiedlichen Realitäten des Lebens im antiken Griechenland wider. Griechenland wurde meist nicht als ein einheitliches Königreich im engeren Sinne betrachtet, denn es gab keinen einzelnen Monarchen, der über ganz Griechenland herrschte. Das Festland und die Inseln wurden von verschiedenen *Poleis* (Singular *polis*, was „Stadt" bedeutet) regiert, was zu großen Unterschieden in der griechischen Kultur, Kunst, Literatur und mündlichen Überlieferungen der Mythologie führte. Die Vielfalt dieser

Welt soll in diesem Buch erkennbar bleiben, aber unser Ansatz versucht, die verschiedenen Versionen der Mythen miteinander zu verbinden, um die vollständige griechische Welt und das Lebensgefühl der umliegenden Nationen darstellen zu können.

Unser Hauptziel ist es, ein umfassendes und fesselndes Weltbild der griechischen Mythologie zu vermitteln, mit all den vielfältigen Details, die eine gute Erzählung ausmachen. Die folgenden Versionen der Mythen sind ganz im Geiste der griechischen Mythologie gehalten. Sie könnten manchmal etwas anders sein als die Mythen, an sie Sie sich erinnern, da wir teilweise die dramatischere Version eines Mythos gewählt und in die traditionelle Erzählung eingefügt haben, aber der Kern einer jeden Geschichte wird dabei derselbe bleiben.

# Kapitel 1: Vom Chaos zu Uranus

Was war zuerst da, das Huhn oder das Ei? Für viele alte Kulturen, darunter auch die Griechen, begann die Erschaffung der Welt an einem Ort, an dem es keinen Anfang und kein Ende gab. Sie begann im Chaos, einer tiefen, aber nicht völlig leeren Leere. Aus dem Chaos wurden die ersten Götter geboren. Das hitzköpfige und tollkühne Verhalten der Urgötter brachte eine Welt hervor, die schon bald darauf unter dem Drama und den Auseinandersetzungen zwischen ihren Kindern leiden musste sollte.

Es ist unklar, ob die Kinder des Chaos sich selbst geboren haben, indem sie aus der Leere ihres Vaters hervorgingen, oder ob das Chaos in die Hocke ging und diese Wesen auf schmerzhafte Weise zur Welt brachte. Unter den Gelehrten wird auch heftig über das Geschlecht des Chaos diskutiert, das wir aus dem Grund, dass es Kinder geboren hat, als weiblich betrachten. Das macht vermeintlich Sinn, aber andererseits werden das Geschlecht und die Biologie der griechischen Götter, Titanen und anderer nicht-menschlicher Gestalten nicht durch die schwarz-weißen Gesetze der Biologie bestimmt. In der griechischen Mythologie konnten Babys aus einem Kopf, einem Schenkel, einem Vulkan unter der Erde oder einem dunklen, wirbelnden schwarzen Loch am Anfang der Zeit geboren werden.

So gebar das Chaos Gaia, deren Körper den Grundstein für die Erde legte, aus der alle Formen des Lebens hervorgingen. Der Zweitgeborene war Tartarus, der auch als Erebus bezeichnet wird. Sein Körper bildete die Unterwelt, das Reich der Toten, in das alle Seelen am Ende ihres

Lebens vor Gericht gingen. Sowohl Götter als auch Menschen fürchteten sich vor dem, was in der Dunkelheit der Unterwelt lag. Nach der Geburt des Tartarus kam Pontus, der erste Gott des Meeres, zur Welt. Aber er war mehr als das - er war das Meer selbst, eine rohe Form der Macht, die von den späteren Göttergenerationen geerbt werden sollte. Dieser elementare Character war Teil der Identität aller Urwesen. Sie waren das Stadion, in dem die Olympier ihre Spiele austrugen, und sie waren ursprüngliche Quelle der Waffen und der Macht aller Olympier.

Das Chaos brachte noch andere Kinder zur Welt, die ebenfalls zu den ursprünglichen Urwesen gezählt werden. Das Chaos gebar Eros, den sagenumwobenen, engelsgleichen Gott der Liebe, den manche für das Kind der Olympier Aphrodite und Ares hielten. Tatsächlich soll er am Anfang der Zeit geboren worden sein. Nyx, die buchstäbliche Nacht, die die Gestalt einer Frau angenommen hat, ist ebenfalls aus dem Chaos hervorgegangen. Ihr Name und ihre Charakterisierung als eine schattenhafte Gestalt erwecken oft den Eindruck, dass Nyx böse sei. Tatsächlich ist sie jedoch eine ambivalente Göttin, die sowohl helle als auch dunkle Eigenschaften besitzt, die durch ihre zahlreichen Kinder verkörpert werden.

Nyx und ihr Bruder Erebus brachten Aether und Hemera in die Welt. Aether füllte den Raum zwischen Himmel und Erde mit einem feinen Nebel, der dem Himmel seinen blauen Farbton verlieh. Seine Schwester, Hemera, wurde zum Tag, sie war ein von Helios (der Sonne) völlig unabhängiges Wesen und brachte jeden Morgen die Nebel ihres Bruders hervor. In der griechischen Mythologie stehen die Kombinationen von Geschwistern und Partnern oft für die Dualität der natürlichen Welt, wie z. B. den Zyklus von Wasser und Regen.

Nyx brachte neben Aether und Hemera noch mehrere andere göttliche Wesen zur Welt, die sie aus ihrer eigenen dunklen Masse herausdrängte. Diese Kinder prägten ein breites Spektrum menschlicher Erfahrungen, sowohl positiver als auch negativer Art. Die Liste ihrer Kinder ist lang, deswegen möchte ich an dieser Stelle nur einen kurzen Überblick geben. Nyx gebar Moros (das Schicksal), Hypnos (den Schlaf), Oneiroi (die Träume), Geras (das Alter), Oizys (den Schmerz), Nemesis (die Rache), Eris (den Streit), Apate (den Betrug), Philotes (die sexuelle Lust), Momos (die Schuld), Thanatos (den friedlichen Tod), Ker (den gewaltsamen Tod) und schließlich die Hesperiden (die Töchter des Abends, die üblicherweise als Nymphen dargestellt wurden). Zur gleichen Zeit gebar Nyx Schwester Gaia ihren Sohn Uranus, der zum Herrscher des gesamten Kosmos wurde. Aus dieser göttlichen Vereinigung gingen schließlich die alten Götter Griechenlands hervor, die berühmten und wilden Titanen.

# Kapitel 2: Die Titanen

Man kann mit Sicherheit sagen, dass von allen göttlichen Wesen aus der griechischen Mythologie Gaia und Uranus die Überflieger waren, wenn wir von der Anzahl der Kinder, die sie zeugten, sprechen. Sie zeugten nicht nur Hunderte von Kindern, sondern brachten auch verschiedene Arten von Monstern und Titanen zur Welt. Uranus war fest entschlossen, nicht nur so viele Kinder wie möglich zu bekommen, sondern auch perfekte Kinder mit beträchtlichen Gaben und Schönheit zu zeugen. Seine erstgeborenen Kinder waren in dieser Hinsicht leider kein Erfolg. Es waren die drei Hekatoncheiren. Diese verfluchten Ungeheuer mit ihren hundert Händen und fünfzig Köpfen, die auf einem Körper saßen, waren die am wenigsten begünstigten unter den Kindern des Uranus und der Gaia.

Ihr zweiter Versuch, Kinder zu zeugen, führte zu der Geburt der drei einäugigen Zyklopen. Diese Kinder entsprachen eher dem, was sich ihr Vater erhofft hatte, da sie mit unvergleichlicher Körperkraft geboren wurden und eine Begabung für die Metallverarbeitung hatten. Später sollten die Zyklopen die ersten Waffen der Götter bilden.

Dennoch hasste Uranus seine monströsen Kinder. Er hasste sie sogar so sehr, dass er sie in die tiefsten und dunkelsten Gruben des Tartarus warf. Diese Kinder erblickten nie das Licht der Welt; stattdessen wurden sie in die Dunkelheit geworfen, sobald sie ihrer Mutter Gaia entrissen werden konnten. Das brach ihr das Herz. Natürlich zögerte sie bei dem Gedanken, noch mehr Kinder für Uranus gebären zu müssen, aber der Herr des Himmels ließ ihr kaum eine Wahl in dieser Angelegenheit. Er wollte weitermachen, bis er seine perfekten Kinder hatte. Glücklicherweise brachten Gaias nächste Schwangerschaften zwölf ideale Kinder hervor, die allgemein als die Titanen bekannt sind.

Diese zwölf Wesen werden in den historischen Quellen als die Uraniden bezeichnet. Es handelte sich um sechs männliche und sechs weibliche Wesen. Vier der Brüder - Koios, Krios, Hyperion und Iapetus - hielten den Himmel hoch und hielten ihren Vater Uranus knapp über der Erde. Der erstgeborene Sohn war jedoch Oceanus, der Schutzgott des Süßwassers. Er war verantwortlich für die Überwachung der Flüsse, Seen, Grundwasserleitungen, Quellen und sogar der Wolken am Himmel. Der Zweitgeborene, Koios, war der Titan des Verstandes und des Fragens. Koios war auch für die Einhaltung der nördlichen Achse verantwortlich, um die sich der Himmel drehte - eine Rolle, die er gemeinsam mit drei seiner Brüder wahrnahm.

Der nächste Bruder, Krios, der Titan und Herr der Sternbilder und des Jahreskalenders, hielt die Nordachse des Himmels in der Hand. Der nächste Bruder, Hyperion, der Herr des Lichts, zeugte die Lichter, die aus dem Kosmos kommen - zu diesen gehörten die Morgenröte (Eos), die Sonne (Helios) und der Mond (Selene). Der letzte Bruder, Iapetus, der Titan der Sterblichkeit, zeugte die Götter, die die Menschheit erschufen.

Nach den fünf Brüdern wurden die fünf Schwestern geboren. Die weiblichen Titanen teilten mit ihren Brüdern das Bett und schufen Generationen von Titanen und Göttern. Theia war die Titanin der Weitsicht und die Mutter von Hyperions drei göttlichen Kindern. Rhea war die Göttin der weiblichen Fruchtbarkeit und sollte bald die Königin der Titanen werden. Themis, die Titanin des Schicksalsgesetzes, an das sich alle Menschen halten müssen, wurde später durch eine Vereinigung mit ihrem Neffen schwanger und gebar die Jahreszeiten und die Schicksalsgöttinnen, die alten Schwestern der Zeit. Als Nächstes kam Mnemosyne, die Göttin der Erinnerung. Auch sie brachte ein Musenpaar zur Welt, und zwar mit demselben Neffen, der auch ihre Schwester Themis schwängerte. Die zweitjüngste Tochter, Phoebe, die Titanin der Prophezeiung, war die Frau des "

„Intellekts" (ihres Bruders Koios) und die Schutzgöttin des legendären Orakels von Delphi. Die jüngste Tochter Tethys war die Frau ihres Bruders Oceanus und zeugte für ihn die Quelle aller Süßwasserquellen, die unter seine Herrschaft fielen.

Diese Titanen schufen die Welt, in der sich die Menschheit entwickeln sollte. Sie bildeten das Fundament des Wissens, der Kultur und der Tradition. Es gab jedoch noch einen weiteren Titanen, der geboren werden sollte. Kronos, der jüngste, war der Titan der Zeit. Und er brachte alle zerstörerischen Eigenschaften der Zeit mit sich, wie zum Beispiel Alterung, Erosion und Verfall. Er war bei weitem der rücksichtsloseste und hasserfüllteste der Titanen. Er verachtete seinen verfluchten Vater für die Misshandlung seiner Brüder, der Zyklopen und der Hekatoncheiren.

Offensichtlich war auch Gaia nicht sehr begeistert von ihrem Mann. Sie verachtete seine grausame und gierige Art, denn er hatte sie gezwungen, ihm Kinder zu gebären, die er später entweder ablehnte oder missbrauchte. Mit der Zeit wurde ihr Hass tiefer. Er nahm eine weltliche Form an und bildete die ersten Metalle der Erde, die zur Herstellung einer göttertötenden Waffe verwendet werden sollten - der Sichel, die Uranus für alle Zeiten zerstören sollte. Gaia wandte sich an ihre Kinder und bat sie alle, sich ein Herz zu fassen und die Klinge, die aus ihrem Hass erwachsen war, zu ergreifen und Uranus zu töten. Ihre Kinder schwiegen, denn sie hatten Angst vor dem Zorn ihres Vaters, sollten sie sich gegen ihn erheben. Kronos, der Jüngste, war der Einzige, der dem Wunsch seiner Mutter Folge leistete. Zusammen mit seinen Brüdern, die den Himmel hochhielten, heckte er einen Plan aus, um schreckliche Rache zu üben und ihren Vater zu ermorden.

In dieser Nacht kehrte Uranus zu Gaia zurück und brachte die Dunkelheit der Nacht mit sich. Er legte sich über seine Frau, um sie erneut in seiner lüsternen Gier zu erobern. Uranus war lüstern und bereitete sich darauf vor, in Gaia einzudringen, doch bevor er dies tun konnte, ergriffen die vier Säulen der Erde - Koios, Krios, Hyperion und Iapetus - ihren Vater und hielten ihn fest. Kronos sprang aus dem Schatten hervor, schnitt die Genitalien seines Vaters von der Wurzel bis zum Schaft ab und warf sie ins Meer. Die daraus entstandene Kombination aus Meer und Sperma brachte eine der berühmtesten Olympierinnen der Geschichte hervor: die Göttin der Liebe, die schöne Aphrodite.

Mit seinem letzten Atemzug sprach Uranus seine letzten grausamen Worte zu seinem Sohn Kronos, eine schreckliche Prophezeiung, die dazu führte, dass Kronos alles restliche Mitgefühl für seinen Vater verlor. Er sagte seinem Sohn, dass eines Tages eines seiner eigenen Kinder versuchen würde, ihn zu stürzen, und dass sie ihm das antun würden, was er seinem Vater angetan hatte.

Die Verstümmelung des Uranus durch Saturn (Kronos) *von Giorgio Vasari (1556).*⁴⁵

# Kapitel 3: Der Krieg der Titanen

Nach dem Untergang des Uranus ergriff Kronos die Krone des „König des Kosmos" und nahm sich seine Schwester Rhea zur Königin. Obwohl es den Titanen gelungen war, ihren bösen Vater zu beseitigen, konnten sie nichts tun, um die prophetische Vorahnung ihres Bruders zu zerstören. Uranus hatte gesiegt. Die Furcht des Kronos, eines Tages von seinen eigenen Kindern getötet zu werden, machte ihn zu einem zehnmal größeren Monster als es sein Vater je gewesen war. Nach der Geburt eines jeden seiner Kinder verschlang Kronos sie vollständig. Diese Kinder waren die Götter, die sich auf dem Olymp niederließen und die Herrschaft über Himmel und Erde übernahmen: Hestia, Hera, Demeter, Poseidon, Hades und Zeus.

Das letzte Kind, Zeus, wurde nicht verschluckt, sondern von seiner Mutter Rhea versteckt, die ihrem Mann statt dem Kind einen in eine Decke gehüllten Felsen gab, welchen er anstelle von Zeus verzehrte. Die übrigen Kinder blieben am Leben und wuchsen im Bauch ihres Vaters weiter. Zeus wuchs im Verborgenen in der Nähe des Berges Ida auf, der sich auf der Insel Kreta befand. Er lebte in einer Höhle, die Tag und Nacht von den Kureten bewacht wurde, und wurde mit der Milch von Amalthea, einer Ziege, gestillt. Als Zeus später an die Macht kam, ehrte er Amalthea, indem er ihr Abbild in die Sterne setzte. Er formte seinen Schild aus ihrem Fell und schuf das Füllhorn aus ihrem Horn. Die Kureten, die ihn bewachten waren, ebenfalls Kinder Gaias, aber sie waren keine Titanen. Sie galten als die ersten Bewohner Kretas. Sie führten die ersten Kriegstänze auf und schlugen ihre Speere und Schilde zusammen, um die Schreie des kleinen Zeus zu übertönen, damit sein Aufenthaltsort nicht entdeckt werden konnte.

Als Zeus zu einem Mann herangewachsen war, wollte er sich gegen Kronos erheben, aber er brauchte dabei die Hilfe seiner Geschwister. Kronos und die Titanen waren zu stark, als dass Zeus sie allein hätte besiegen können. Also wandte sich Rhea an ihre Mutter Gaia und bat sie, die Geheimnisse der Erde zu enthüllen und ihr ein Gebräu zu bringen, das Kronos dazu zwingen konnte, seine inzwischen erwachsenen Kinder zu erbrechen. Metis, die Schwester von Rhea, präsentierte das Getränk Kronos, damit er keinen Verdacht schöpfte - dieser trank das Gebräu, ohne zu zögern. Alle seine Kinder, die er einst verschluckt hatte, kamen ihm den Rachen wieder hoch. Zusammen mit ihrem Bruder Zeus zogen sie sich in den Schutz des Olymps zurück und begannen einen schrecklichen zehnjährigen Krieg gegen Kronos und die Titanen. In diesem Krieg kämpften die alten Götter gegen die neuen. Einige Titanen waren gezwungen, sich für eine Seite zu entscheiden, und Zeus setzte all seinen Verstand und seine Kraft ein, um die wertvollsten unter ihnen zu rekrutieren. Von den zahlreichen Titanen stellten sich jedoch nur zwei gegen Kronos: Themis, die Göttin des göttlichen Gesetzes und der Weisheit (Tochter von Gaia und Uranus), und ihr Sohn Prometheus, der der Menschheit später die Gabe des Wissens schenken sollte.

Nach zehn Jahren des Krieges schien kein Sieger in Sicht zu sein, und beide Seiten begannen, den Mut und den Kampfeswillen zu verlieren. Doch schließlich kam der Wendepunkt, und zwar mit dem Kriegseintritt der unwahrscheinlichsten Verbündeten: den Monstern, die Uranus in den Tiefen des Tartarus eingesperrt hatte. Kronos, der einst geschworen hatte, seine Brüder aus der Unterwelt zu befreien, hatte sein Versprechen gebrochen und sie in der Dunkelheit verrotten lassen. Zeus befreite seine Onkel, die Zyklopen und Hekatoncheiren, aus der Gefangenschaft. Zur Belohnung fertigten die Zyklopen Zeus und seinen Brüdern Waffen von gewaltiger Macht an. Sie wurden aus den Naturkräften gegossen, die in Gaia und in den Himmeln wüteten. Diese Waffen sind noch heute weltberühmt - diese waren keine Geringeren als Zeus Donnerkeil, Poseidons Dreizack und Hades Bident.

Nachdem sich das Blatt nun zugunsten der Olympier gewendet hatte, kam es zum letzten Tag des zehnjährigen Krieges, der als Titanomachie bekannt ist. Dieser letzte Tag der Schlacht, der in Hesiods Theogonie (Hesiod war ein griechischer Dichter) beschrieben wird, war durch die Macht der Hekatoncheiren geprägt. Mit ihren hundert Händen schleuderten sie einen Regen aus gigantischen Felsbrocken auf die Titanen und zwangen sie so, hinter den Bergen in Deckung zu gehen. Zeus versetzte seinem Vater Kronos den entscheidenden Schlag, und da dieser keine Verbündeten und keine Kraft mehr hatte, konnte er sich seinem Sohn nicht widersetzen. Und so wurde der König des Universums und schreckliche Vater der Zeit besiegt, und zusammen mit seinen Brüdern und Schwestern in die Unterwelt gestürzt. Ihr dunkles Gefängnis wird von seinen ehemaligen Bewohnern, den hundertköpfigen Hekatoncheiren, bewacht. Themis und Prometheus blieben jedoch am Leben, da sie den Göttern im Krieg geholfen hatten. Prometheus' Bruder Atlas, der sich auf die Seite von Kronos gestellt hatte, wurde zur Strafe für seine Verbrechen damit beauftragt, den Himmel auf seinen Schultern zu tragen.

Nachdem ihre Feinde besiegt und gefangen genommen worden waren, machten sich die Olympier daran, zu entscheiden, wer über welche Bereiche der Erde herrschen sollte. Die drei Brüder - Zeus, Poseidon und Hades - zogen die Lose für die größten Reiche. Zeus wurde zum König der Götter, dem Herr des Himmels und dem Gott des Donners und des Blitzes. Poseidon herrschte über die unermesslichen Tiefen des Meeres; er erschütterte die Berge und schuf neue Länder. Hades zog den Kürzeren und wurde zum Herrscher der Unterwelt ernannt, aus der er von diesem Moment an nur selten wieder hervorkam.

# Kapitel 4: Die Götter

## Zeus

Zeus war der König der Götter, der Herrscher des Himmels und der Erde, der Beherrscher des Wetters und der Herr über Blitz und Donner. Zusätzlich zu diesen vielen Titeln war Zeus auch der Gott der Vernunft und der Gerechtigkeit. Auf den Darstellungen der griechischen Wandmalerei und Keramik wird er aufgrund seines gut entwickelten Bartes und seiner kräftigen Statur als Mann im fortgeschrittenen Alter dargestellt. Zweifellos war der Gott selbst ein attraktiver und unglaublich mächtiger Mann, aber seine größte Stärke war sein geschickter Verstand. Dank seiner Gerissenheit und Geschicklichkeit gelang es ihm, seine zahlreichen Feinde zu besiegen und den Thron des Olymps für sich zu gewinnen.

Trotz seines ausgeprägten Sinns für Gerechtigkeit und trotz seiner Weisheit handelte Zeus als Gott recht unüberlegt. Er neigte zu übereilten Entscheidungen, was wahrscheinlich dazu beitrug, dass er mehr Kinder hatte als die meisten anderen Olympier. Obwohl Zeus technisch gesehen mehrere Ehefrauen hatte, hatte er auch Beischlaf mit einer Reihe von Nymphen und sterblichen Frauen und zeugte dabei Hunderte von Kindern. Die meisten dieser Kinder wurden zu bemerkenswerten Helden und Figuren der griechischen Mythologie. Zum Beispiel gehören Helena von Troja und Perseus, der die Gorgone Medusa tötete, sowie mehrere andere bedeutende Götter und Göttinnen, zu seinen Sprösslingen.

Als Zeus zum ersten Mal an die Macht kam, nahm er sich Metis zur Frau. Er heiratete also dieselbe Metis, die einst seine Geschwister aus dem Bauch ihres Vaters Kronos befreit hatte. Metis war die Tochter von Ozeanus und Tethys, und sie war die Göttin des guten Rates. Es ist leicht zu verstehen, dass Zeus sich anfangs zu Metis hingezogen fühlte. Sie wurde seine engste Vertraute und Mentorin. Nun, bis zu dem Zeitpunkt, als er sie im Ganzen verschlang, aber dazu später mehr.

Zeus hatte noch viele andere Frauen, sowohl sterbliche als auch unsterbliche, aber seine Hauptkönigin war, zumindest in der Tradition der griechischen Mythologie, seine Schwester Hera. Zeus konnte sich wie viele andere Götter in eine andere Gestalt verwandeln und näherte sich seinen Sexualpartnern und Eroberungen meist in der Gestalt eines Tieres. Auf diese Weise gewann er die Zuneigung von Hera.

Die alten Griechen fühlten sich durch ihre Interaktionen und ihren Umgang mit der natürlichen Welt mit den Göttern verbunden. Zeus wurde durch Symbole wie den Stier und den Adler oder durch verschiedene Pflanzenarten, wie beispielsweise der Eiche, in der natürlichen Welt widergespiegelt.

Von allen Eigenschaften, die ein König besitzen sollte, ist die Weisheit die vielleicht Wichtigste. Zweifellos sind die Könige, die sich am längsten an der Macht halten und am meisten geliebt werden, in der Regel weise. Das sind die Könige, die den Rat und die Hilfe anderer suchen. Zeus nahm seine Rolle als König sehr ernst, und er wurde ständig von einer Vielzahl kleinerer Götter, Göttinnen und Geister begleitet, die als seine Berater und Leibwächter fungierten. An jedem Fuß seines Throns saß ein Schutzgeist: Kratos (die Stärke), Zelos (die Rivalität), Nike (die Göttin des Sieges) und Bia (die Kraft). Hermes, einer der Söhne des Zeus, fungierte als sein Herold, und die offiziellen Vorladungen und Botschaften des Königs konnten nur von Iris, der schillernden Göttin des Regenbogens, übermittelt werden. Nachdem Zeus Metis verzehrt hatte, war die Stelle der Hand des Königs unbesetzt. Themis, die Titanin, die Zeus während des jahrzehntelangen Krieges mit Kronos und den anderen Titanen zur Seite gestanden hatte, wurde mit der Ordnung und dem Frieden des Kosmos beauftragt und begleitete den König bei all seinen Unternehmungen. Sie hielt Zeus auch dann noch die Treue, als er ihren Sohn Prometheus in die Unterwelt verbannte, wo er sich einer ewigen Folter unterziehen musste. Zeus verurteilte ihn dazu, dass ein Geier (in manchen Versionen der Geschichte ist es ein Adler) seine sich magisch regenerierende Leber bis zum Ende der Zeit immer wieder auffrisst.

# Poseidon

Poseidon, der Gott der Meere, der Herr der Erdbeben und der Schöpfer neuer Länder und Inseln, hatte ein Temperament, das so rücksichtslos und zerstörerisch war wie das Meer selbst. Mit seinem großen Dreizack bewegte er das Wasser, trug Schiffe sicher über das Meer oder ließ Wellen an Land schlagen, die ganze Dörfer und Städte wegspülten.

Poseidon war aber nicht nur zerstörerisch veranlagt. Er besaß auch eine schöpferische Seite und brachte die ersten Pferde und Hippocampi hervor. Die Hippocampi waren Pferde mit Fischschwänzen, mit denen er seinen goldenen Wagen vom Meer zum Olymp zog. Seine körperliche Erscheinung unterscheidet sich nicht sehr von der seiner Brüder. Er wird oft als älterer Mann mit Bart dargestellt, und um sein Haupt trägt er gewöhnlich einen Kranz aus Sellerie anstatt der Oliven, die das Haupt des Zeus schmücken. Eines seiner natürlichen Symbole ist der Selleriestängel, ein weiteres ist die Pinie.

Wie sein Bruder war auch Poseidon von der Schönheit der Sterblichen, der Göttinnen und der Nymphen angetan. Allerdings war er weit weniger galant als sein Bruder. Um das einmal auf den Punkt zu bringen: Poseidon war ein gewohnheitsmäßiger Vergewaltiger. Es gibt mehrere bemerkenswerte Geschichten, in denen er junge Frauen vergewaltigte, wobei die beiden bekanntesten Opfer seine Frau und Königin der Meere, die „ebenholzäugige" Nymphe Amphitrite, und seine eigene Schwester Demeter waren, die er gegen ihren Willen entführte, als sie beide die Gestalt zweier Pferde angenommen hatten. Vergewaltigung wurde in der Antike nicht als Verbrechen angesehen, dies steht im starken Kontrast zu unserem modernen Verständnis. In anderen antiken Quellen, einschließlich der juristischen Korpora, galt Vergewaltigung nicht als Gewaltakt, sondern als Fall unkontrollierbarer Leidenschaft. Dennoch schien Poseidon mehr als andere Götter und Göttinnen ein Problem mit dem Thema „Leidenschaft" gehabt zu haben. Die Vergewaltigungen waren für ihn vielleicht eine Möglichkeit, sein wildes, gewalttätiges und unüberlegtes Wesen zu zeigen, denn die Menschen konnten sein Verhalten mit dem des Meeres vergleichen, einem Wesen, das sehr wenig Rücksicht auf seine Opfer nimmt, da es seine tosenden Wasser nicht kontrollieren kann.

Poseidon hatte viele Affären mit magischen Wesen, darunter war auch seine eigene Großmutter, das Urwesen Gaia. So brachte er einige der berühmtesten Kinder der griechischen Mythologie hervor. Das geflügelte

Pferd Pegasus entstammt dem abgetrennten Kopf Poseidons einstiger Eroberung Medusa. Triton, sein Sohn mit Amphitrite, beherrschte und bändigte die Wellen des Ägäischen Meeres. Die Darstellungen von Triton sehen aus wie eine Szene aus einer Old-Spice-Werbung. Stellen Sie sich einen Meermannes mit Waschbrettbauch und einem widerspenstigen Bart vor. Laut einiger Erzählungen soll sein Gesicht aber auch dem eines griechischen Jünglings geähnelt haben, der vielleicht um die zwanzig oder fünfundzwanzig Jahre alt war. Bärte waren im Gegensatz dazu in der griechischen Kultur ein Zeichen für ein reifes Alter. Tritons Symbol war das einer Muschel. Poseidons Tochter Rhode, eine Meeresnymphe und Schutzgöttin der griechischen Insel Rhodos, wurde die Frau von Helios, der Sonne.

## Hades

Der Herr der Unterwelt war so düster wie sein Reich. Hades hegte einen brennenden Groll gegen seine Geschwister wegen seines Loses, als Gott der Toten von den Menschen verachtet und abgelehnt zu werden. (Er war dabei allerdings nicht der Gott des Todes; diese Rolle fiel Thanatos zu.) Obwohl Hades nicht zu den üblichen Anstandsregeln wie Manieren oder Lächeln neigte, war er der reichste der Götter, denn alle Schätze, die im Inneren der Erde lagen, waren sein Eigentum. Dies ist einer der Gründe dafür, dass sein bekanntestes Symbol das Füllhorn ist, das Horn des Überflusses. Am Ende ihres Lebens wurden die Toten von dem geflügelten Gott Hermes in die Unterwelt geführt. Am Ufer des Flusses Styx warteten sie mit zwei Goldmünzen auf den Bootsmann Charon, der sie in den dunklen Herrschaftsbereich des Hades übersetzte. Die Unterwelt hatte verschiedene Abteilungen, denen die Menschen je nach ihren Taten zu Lebzeiten zugewiesen wurden. Die Unterwelt war zwar ein Reich der Strafe und des Schmerzes, aber auch ein Ort der letzten Ruhe für die Seelen, die Frieden verdienten.

Der Hades war außerdem auch der Wächter über die ordnungsgemäßen Bestattungsriten, und jede Seele, die nicht gemäß den Gesetzen des Hades ein ordnungsgemäßes, geweihtes Begräbnis erhielt, durfte die Tore der Unterwelt nicht betreten. Aus diesem Grund ließ Hades die Tore Tag und Nacht von seinem treuesten Jünger, dem dreiköpfigen Hund Kerberos, bewachen. Jegliche Art von dunkler Magie oder Ritualen fiel in die Zuständigkeit des Totengottes, dazu gehörte auch der sagenumwobene Versuch, die Toten zum Leben zu erwecken. Wenn ein antiker Grieche wirklich wollte, dass sein Fluch an jemandem haften blieb, beschwor er Flüche, die die Kräfte und Fähigkeiten des Hades anriefen.

Wie seine Brüder hat Hades das Aussehen eines älteren Mannes mit einem dunklen Bart und einer eher mittelgroßen Statur. Im Gegensatz zu seinen Brüdern, die sich zu jedem und jeder weiblichen Person hingezogen fühlten, war Hades jedoch sehr viel wählerischer bei seinen Geliebten und ging oft tiefe Bindungen mit ihnen ein. Seine Hauptkönigin war Persephone, die Göttin der Frühlingsvegetation und Tochter seiner Schwester Demeter. Obwohl diese Verbindung Persephones Mutter zutiefst verstörte, lernte ihre Tochter mit der Zeit, sich mit ihrer misslichen Lage abzufinden, und sie muss zumindest einen Hauch von Gefühlen für ihren Onkel entwickelt haben.

Als er mit seinen Geliebten wegging und sie allein in der Unterwelt zurückließ, übte Persephone schreckliche Rache an seinen Frauen und stürzte ihren Mann oft in tiefe Trauer. Eine dieser Frauen, Minthe, wurde unter dem Fuß der Göttin zertreten (in einigen Versionen heißt es aber auch, Demeter sei für ihre Ermordung verantwortlich gewesen). Hades war so verzweifelt, dass der Gott den Körper von Minthe in eine Minzpflanze verwandelte und den Berg, auf dem sie starb, ihr zu Ehren benannte. Bis heute gilt der Ort als heiliges Gebiet, das der Gott der Unterwelt oft besucht. Die andere Konkubine des Hades war Leuce, die Tochter des Titanen Oceanus. Sie wurde von Hades entführt und später ebenfalls von seiner Frau ermordet. In späteren Versionen verbringt sie ihre Tage jedoch in der Unterwelt. Unabhängig davon, welchem Mythos man glaubt, hat Hades sie in eine weiße Pappel verwandelt und trägt einen Lorbeerkranz aus Pappelblättern als Krone in Erinnerung an seine Geliebte um sein Haupt.

Der Gott der Toten war in der Tat ein hoffnungsloser Romantiker, und er zeigte seine Gunst gegenüber Helden, die sich im Namen der Liebe auf die Reise machten. Der Sänger Orpheus reiste in die Unterwelt, um seine kürzlich verstorbene und heißgeliebte Frau Eurydike zurückzuholen. Hades und Persephone waren von seiner Bitte so bewegt, dass sie zustimmten, und versprachen, seine Frau freizulassen. Allerdings musste seine Frau ihm folgen, und er dürfe auf dem Weg aus der Unterwelt nicht zurückblicken, sonst müsse seine Geliebte in das Land der Toten zurückkehren. Orpheus tat, was ihm aufgetragen wurde, und schaute nicht zurück, um nach seiner Frau zu sehen, obwohl die Versuchung groß war. In dem Moment, in dem er in die obere Welt eintrat, beschloss er, dem Hades nicht mehr blind zu trauen (manche sagen, er wollte sich vergewissern, dass seine Frau wirklich hinter ihm war, andere sagen, er war so begierig, dass er nicht länger warten konnte). Er schaute zurück, um zu sehen, ob die Seele seiner Frau ihm tatsächlich nach draußen gefolgt war. Er drehte sich um und sah, dass seine Frau hinter ihm war, und er war von unaussprechlicher Freude erfüllt. Als ein Lächeln über seine Lippen kam, schloss die Erde ihre Pforten, verschlang Eurydike und brachte sie zurück in die Dunkelheit.

## Hermes

Was die Götter angeht, ist Hermes bei weitem der zugänglichste und sympathischste. Dieser silberzüngige Prinz war der Gott des Handels, der Leichtathletik, des fairen Wettbewerbs, des medizinischen Wissens und des Diebstahls. Obwohl diese letzte Eigenschaft klassischerweise als negativ klassifiziert wird, könnte man Hermes als den ursprünglichen Gentleman-Dieb bezeichnen, da er seine fein abgestimmten sozialen Fähigkeiten nutzte, um seine Opfer zu bestehlen. Stellen Sie sich seine Taten eher als Taschendiebstahl als aggressiven Raubüberfall vor. Hermes ist in der griechischen Kunst auch selten ohne seinen Caduceus zu sehen, besser bekannt als Hermesstab oder der Gegenstand, den man in den Vereinigten Staaten an der Seite von Krankenwagen sieht. Manchmal wird der Gott so ähnlich wie sein Vater dargestellt, das heißt er trägt einen langen, dichten Bart in den Abbildungen. In anderen Versionen wird er als junger, verweichlichter und schöner Mann dargestellt. Es wird oft angenommen, dass er von allen Olympiern das jüngste körperliche Erscheinungsbild hatte.

Obwohl Hermes bei weitem der boshafteste und teuflischste aller Götter war, gehörte er zweifellos zu den persönlichen Lieblingen seines Vaters. Das sagt viel aus, wenn man bedenkt, dass Zeus Hunderte von Kindern hatte. Hermes zeigte bereits im Säuglingsalter Anzeichen von überlegener Intelligenz. Nur wenige Stunden nach seiner Geburt gelang es ihm, sich von seiner Mutter Maia wegzuschleichen, während sie sich ausruhte, und er stahl das Vieh seines Bruders Apollo, wobei er seine Fußspuren im Staub verwischte. Apollo suchte überall nach seiner Herde. Der kleine Hermes deckte seine grausame Tat auf, gab aber das Vieh erst dann zurück, als er dazu gezwungen wurde.

Als Kind war Hermes auch ein begabter Handwerker und schuf die erste Leier aus dem Panzer einer Schildkröte. Er schenkte sie Apollo, um den Sonnengott wegen des Diebstahls seines Viehs zu besänftigen. Apollo war so erfreut, dass er die Herde bereitwillig an Hermes abtrat und ihn mit weiteren Geschenken überhäufte. Zeus war von dem jungen Gelehrten so beeindruckt, dass er ihm einen ständigen Thron auf dem Olymp gab und Hermes zu seinem persönlichen Boten und Diener der Toten machte, da er sie in die Unterwelt begleiten sollte. Mit seinen geflügelten Sandalen reiste er schneller als der Wind. Er ist dem modernen Comic-Helden „Flash" in dieser Hinsicht nicht unähnlich. Hermes wird oft mit jeder Art von Hütetätigkeit in Verbindung gebracht; ob es sich dabei um eine Herde von Tieren oder eine Herde von Seelen handelt, Hermes ist der Gott, den man zur Hilfe ruft, wenn man eine Menge bewegen will.

Das romantische Leben des Gottes der Boten war nicht anders als das der anderen Götter des Olymps. Hermes verkehrte mit Sterblichen und Unsterblichen gleichermaßen. Doch im Gegensatz zu seinem Vater, der seine Verwandlung nutzte, um Frauen zu täuschen und/oder zu verführen, oder zu seinem vergewaltigenden Onkel Poseidon, benutzte Hermes viele schöne Worte, um seine Geliebten zu verführen. Seine Fähigkeiten als geschmeidiger Redner verschafften ihm die Gesellschaft einiger der schönsten Göttinnen und sterblichen Frauen seiner Zeit, darunter auch die Göttin der Liebe höchstpersönlich, die schöne Aphrodite. Die beiden haben sogar einen gemeinsamen Sohn, den Liebesgott der Intersexualität und Androgynität, Hermaphroditus.

Hermes wird oft als Gott der männlichen Sexualität angesehen, sowohl der Homosexualität als auch der Heterosexualität, was seine Verbindung mit der lebenden Verkörperung der weiblichen Sexualität logisch erscheinen lässt. Manche sagen sogar, Hermes habe sich einst den Helden Perseus zum Geliebten genommen. Einige seiner anderen bemerkenswerten männlichen Liebhaber waren der König von Theben und ein Junge namens Krokus, den Hermes mit einem Diskuswurf tödlich verwundete. Er war so betrübt über seine Tat, dass er den Jungen in eine schöne Krokusblüte verwandelte.

# Apollo

Apollo war der Herrscher über die Sonne. Mit seinem großen goldenen Wagen brachte er jeden Morgen die Wärme des Helios herbei. Er war auch der Gott der Medizin, der Prophezeiung, der Heilung und des Bogenschießens. Er und seine Zwillingsschwester Artemis waren beide geschickte Bogenschützen. Sie konnten mit der Geschicklichkeit der meisten erwachsenen sterblichen Männer jagen, obwohl sie noch Kinder waren. Apollo war außerdem auch der Schutzgott der Jugend, und als solcher wird er nie mit einem Vollbart wie einige seiner Vorväter dargestellt.

Apollos Vater war Zeus, und seine Mutter war die unsterbliche Titanin der zweiten Generation, Leto, die Schutzgöttin der Mutterschaft, der Bescheidenheit und der weiblichen Sittsamkeit. Die Geschichte von Apollos Geburt sowie die der Geburt seiner Schwester Artemis ähnelt anderen Geschichten, die sich um die vielen Liebhaber des Zeus und ihre Nachkommen ranken. Leto wurde von Hera, der rechtmäßigen Gattin des Zeus, die eine Frau von beispielloser Eifersucht und Gefühllosigkeit war, bis ans Ende der Welt gejagt. Einmal wagte sie es sogar, Zeus Donnerkeil zu stehlen, weil sie so wütend war. Der Donnergott zeigte keine Gnade mit seiner Frau und hängte sie mit Ambossen an den Knöcheln vom Himmel, bis sie ihre Tat bereute und den Blitz zurückgab. Nachdem sie von Hera um die ganze Welt gejagt worden war, fand Leto schließlich einen Ort, an dem sie ihre Zwillinge auf den schwimmenden Inseln von Delos zur Welt bringen konnte. Nach der Geburt der Zwillinge gab Hera ihre Verfolgungsjagd auf, und Zeus schenkte seinen beiden Kindern Throne auf dem Olymp.

Wie die anderen Götter und Göttinnen des Olymps hatte auch der Sonnengott in seinem unsterblichen Leben viele Liebhaber, und genau wie Hermes hatte er Beziehungen zu Männern und Frauen. Die meisten Liebesmythen, die sich um Apollo ranken, handeln jedoch von Frauen und insbesondere von Nymphen. Einer der berühmtesten Erzählungen über das Liebesleben des Apollo war seine Verfolgung der Najaden-Nymphe Daphne. Ein Markenzeichen der Nymphen war ihre Fähigkeit, den verschiedenen Göttern, Ungeheuern und Kreaturen, die ihnen nach dem Leben trachteten, zu entkommen. Daphne ließ den Sonnengott ordentlich sprinten und rannte durch ganz Griechenland. Schließlich rief Daphne in ihrer Frustration Gaia an, um sie aus Apollos Fängen zu befreien. Daraufhin verwandelte Gaia die Nymphe in einen Lorbeerbaum. Aber selbst in ihrer Baumgestalt sehnte sich der Sonnengott noch nach ihr. Er machte den Lorbeerkranz zu einem seiner wichtigsten Totems und stellte Lorbeerzweige um den Tempel des Orakels von Delphi auf.

Apollo hatte wahrscheinlich von allen Göttern die meisten Beziehungen zu Nymphen, und er brachte einige sehr ätherische und irdische göttliche Kinder hervor. Eines der bemerkenswertesten ist der Gott des Olivenöls, der Bienenzucht und der ätesischen Winde, Aristaeus.

Apollo war auch der Schlächter der mächtigen Python von Delphi. Über den Ursprung des großen Tieres und seine Gestalt gibt es unterschiedliche Meinungen, aber sicher ist, dass die Python älter war als alle Olympier. Sie war ein Überbleibsel aus den Tagen des Chaos und der großen Flut. Manche Mythen besagen, dass die Python eines der Ungeheuer war, die von Hera geschickt wurden, um Apollos Mutter Leto zu vernichten. Aus Rachsucht schoss Apollo der Schlange mit einem seiner goldenen Pfeile direkt ins Auge. Andere sagen, dass die Schlange von Gaia eingesetzt wurde, um das Orakel von Delphi zu bewachen, ein Wesen mit immenser prophetischer Kraft. Das Orakel war sogar so mächtig, dass es die Aufmerksamkeit und die Gunst des Sonnengottes auf sich zog. Die große Schlange wurde mit einem Schuss von Apollos Bogen besiegt, und der Gott übernahm die Schirmherrschaft über Delphi.

## Ares

Ares war ein Sohn, den selbst eine Mutter nur schwer lieben konnte. Er hatte einen unbestreitbaren Blutdurst, aber seine brutalen Eskapaden passten gut zu ihm, da er der Gott des Krieges war. Von allen Göttern des Olymps war er nicht gerade der beliebteste. Die Sterblichen fürchteten Ares weit mehr, als dass sie ihn respektierten. Es gab mehrere Gottheiten, die das Kriegshandwerk verkörperten, aber an Ares' Einstellung zum Abschlachten seiner Gegner war nichts Philosophisches oder Entschuldigendes zu finden. Er liebte es, zum bloßen Vergnügen zu töten und die Körper der Männer, die er bekämpfte, zu schänden und zu besudeln. Trotz seines kriegerischen Verhaltens wurde Ares in der Mythologie stets als unbestreitbarer Feigling charakterisiert. Und da er der Sohn von Zeus und Hera war, hatte er im Gegensatz zu vielen anderen Göttern und Göttinnen einen garantierten Sitz auf dem Olymp.

In antiken Darstellungen wird er gewöhnlich als reifer Mann oder als schlanker Jüngling in voller Rüstung dargestellt. Die scheinbar einzige sympathische Eigenschaft des Gottes war, dass der Kriegsgott in der griechischen Mythologie nie als Vergewaltiger erwähnt wurde, obwohl Vergewaltigung und Krieg immer zusammenzugehören scheinen. Er bevorzugte einen ähnlichen Stil wie sein Vater Zeus, denn er verfügte über ein ganzes Arsenal an Tricks, um Sterbliche und Unsterbliche gleichermaßen zu verführen. Eine seiner bekanntesten Geliebten war die Liebesgöttin Aphrodite, die rechtmäßige Gattin des Hephaistos. Hephaistos war der Gott der Schmiede und der Metallurgie. Er fing das Liebespaar in einem goldenen Netz ein, das er speziell für diesen Anlass angefertigt hatte. Dann lud er den Rest der Olympier dazu ein, über das ehebrecherische Paar zu lachen.

Die Göttin der Liebe und der Gott des Krieges bekamen vier göttliche Kinder aus ihrer Verbindung: Anteros, Deimos, Phobos und Harmonia. Alle ihre Kinder repräsentierten verschiedene mögliche Schicksalswendungen oder menschliche Tendenzen, wenn es um das Thema Beziehungen geht. Anteros war der Gott, der unerwiderten und der erwiderten Liebe. Deimos war der Gott der Angst, während Phobos der Gott der Panik war. Harmonia war die Göttin der Harmonie und die Mutter von Semele, die später die Mutter von Dionysos, dem Gott des Weines und der Fröhlichkeit, werden sollte.

Neben seinen kriegerischen Eigenschaften war Ares auch der Gott der zivilen Ordnung und hatte einen ausgeprägten Sinn für Recht und Unrecht. Er war sehr beschützend gegenüber seinen Lieben, insbesondere seinen Kindern gegenüber. Als seine Tochter aus der Beziehung mit Aglauros (der Tochter des Königs von Athen) von Halirrhothius, dem Sohn des Poseidons, vergewaltigt wurde, ertappte Ares den Vergewaltiger auf frischer Tat und schnitt ihm auf der Stelle die Kehle durch. Poseidon war empört und brachte Ares vor das Gericht der Götter, um ihn als Mörder anzuklagen, aber die Götter entschieden einstimmig, dass Ares von allen Verbrechen freigesprochen werden sollte.

Nach allem, was man hört, scheint Ares der Gott zu sein, der sich am meisten für das Wohl seiner Kinder einsetzt. Aus heutiger Sicht könnte man ihn als einen sehr „präsenten Vater" bezeichnen. Fast alle seine Kinder bekamen Aufmerksamkeit, vor allem wenn sie sich auf dem Schlachtfeld bewährten. Dabei spielte es keine Rolle, ob es sich um einen Jungen oder ein Mädchen handelte; Ares behandelte alle seine Kinder gleich. Einige seiner berühmtesten furchtlosen Nachkommen sind die Amazonen, ein Volk der Kriegerinnen. Dieses Volk der Amazonen hatte auch einen Einfluss auf unsere moderne Filmkultur – die Kriegerinnenkultur der Wonder Woman Filme basiert auf den Töchtern des Ares aus der griechischen Mythologie. Ares hatte natürlich seine Lieblingstöchter, aber er liebte alle Amazonen, überschüttete sie mit Waffen und Artillerie und unterstützte ihre Kriegsanstrengungen ständig. Seine beiden Lieblingstöchter waren die Amazonenköniginnen Hippolyta und Penthesilea. Ihr Vater gab seinen beiden Töchtern Kriegsgürtel, Schilde und Speere, um sie zu ehren. Man könnte ihn durchaus für seine Anstrengungen zum „Vater des Jahres" krönen.

# Eros

In modernen Darstellungen wird Eros meist als Baby dargestellt und verkörpert, aber in der griechischen Kunst der Antike ist er üblicherweise deutlich erwachsener. Er hatte allerdings trotzdem seine charakteristischen Flügel sowie Pfeil und Bogen, aber der Eros der Mythologie galt als schöner Jüngling, bartlos, aber definitiv an der Schwelle zur Männlichkeit, wahrscheinlich ungefähr siebzehn Jahre alt.

Manche sagen, der männliche Liebesgott sei ein Nachkomme von Aphrodite und Ares, während andere Mythen seine Entstehungsgeschichte am Anfang der Zeit ansiedeln. In dieser Version wird Eros als eines der ursprünglichen Urwesen betrachtet, was ihn zu einem Geschwisterkind von Pontus, Gaia und Erebus machen würde. Man sagt, dass die Liebe die Welt in Schwung bringt, was darauf hindeuten könnte, dass Eros seit Anbeginn der Zeit anwesend war. Da die Götter und Göttinnen sowie die Titanen vom ersten Tag an in romantische Beziehungen miteinander verwickelt waren, kann man mit Sicherheit sagen, dass Eros wahrscheinlich viel älter als alle Olympier ist.

Er ist einer der schalkhafteren Götter. Eros brachte Sterbliche und Unsterbliche bevorzugt dazu, sich zu verlieben, indem er sie mit seinen magischen Liebespfeilen beschoss. Er tat dies hauptsächlich zum Spaß. In der Tat war er einer der unberechenbarsten und unkontrollierbarsten Götter. Selbst der mächtige Zeus konnte den kleinen Liebesboten nicht kontrollieren.

Angesichts der Tatsache, dass Eros eine der ältesten Liebesmächte der Welt ist, nahm er sich selbst überraschend wenige Liebhaber/innen. Die Liebesgeschichte von Eros und Psyche ist heute eine der populärsten der Welt. Der Geschichte nach war Psyche eine wunderschöne Prinzessin aus der Welt der Sterblichen, die Tochter eines ungenannten griechischen Königs. Sie war so schön, dass sich die Männer Griechenlands von den Tempeln der Liebesgöttin abwandten, um die schöne Prinzessin zu verehren. Es mussten neue Worte erfunden werden, um die exquisiten Feinheiten ihrer Schönheit zu beschreiben.

Aphrodite, die seit jeher zu einem hohen Maß an Eifersucht neigte, war darüber nicht erfreut. Sie versuchte, ihr Problem mit Psyche zu lösen, indem sie sie mit dem hässlichsten Mann der Welt verheiratete. Um Sterbliche auf magische Weise dazu zu bringen, sich zu verlieben, brauchte man natürlich die Hilfe von Eros und dessen magischen Liebespfeilen. Also flog Eros los, um seine Pflicht für Aphrodite zu erfüllen. Als er jedoch auf die Prinzessin traf, war er von ihrer Schönheit überwältigt und konnte seine Aufgabe nicht erfüllen. Stattdessen entführte er Psyche in einen geheimen Palast, der weit vor den Augen der Aphrodite versteckt war.

Psyche wird vom Kuss des Eros wiederbelebt *von Antonio Canova, 1787-1793.*⁴⁶

Er besuchte sie dort Nacht für Nacht, und kurz vor dem Morgengrauen lagen sie in süßer Glückseligkeit zusammen. Er verließ sie immer, bevor das erste Licht des Tages seine Identität enthüllen konnte. Er behielt dieses Geheimnis vor ihr und bat sie, seine Gestalt niemals zu sehen und ihm ihr absolutes Vertrauen zu schenken, ihm zu glauben, dass er ihre wahre Liebe sei. Psyche und Eros waren sehr verliebt, und sie gehörte ganz ihm, indem sie sich ihm Nacht für Nacht hingab und ihm dabei blind vertraute.

Doch ihr Glück war nicht von Dauer. Psyches Schwester war eifersüchtig auf das Glück ihrer Schwester. Sie wollte das Glück der Liebenden zerstören und erzählte Psyche, dass ihr heimlicher Geliebter ein schreckliches Ungeheuer sei, das kein sterbliches Auge je erblicken dürfe.

Zunächst schenkte Psyche den giftigen Worten ihrer Schwester keine Beachtung, doch mit der Zeit wurden ihre Zweifel immer stärker. Schließlich wurde es ihr zu viel, und eines Nachts nahm sie eine Öllampe und blickte zu ihrer heimlichen Liebe auf. Zu ihrer großen Überraschung lag dort kein Monster, sondern der schönste und begehrteste aller Götter. Gerade als sie sich zurückziehen wollte, fiel ein Tropfen Öl aus ihrer Lampe auf seine Schulter. Eros wachte erschrocken auf und floh vor Psyche. Das arme Mädchen war verzweifelt. Ihr mangelndes Vertrauen hatte dazu geführt, dass auch Eros Liebe und Vertrauen verschwanden. Dennoch konnte sie ihre Hingabe zu ihm nicht aufgeben und suchte in ganz Griechenland nach einer Spur ihres Geliebten.

Unglücklicherweise stieß Psyche auf den Tempelpalast der Aphrodite, deren Hass und Eifersucht auf Psyche noch immer hell in ihr brannte, er war jetzt sogar stärker geworden, weil sie das Herz ihres Lieblingsvasallen gebrochen hatte. Sie zwang das arme Mädchen, eine Reihe von erniedrigenden und demütigenden Aufgaben zu erfüllen. Eros, der noch immer in Psyche verliebt war, versteckte sich vor ihr und half ihr bei jeder Aufgabe, damit sie siegreich war und die Gunst der Liebesgöttin gewann. Mit der Zeit fand Aphrodite Gefallen an dem Mädchen und brachte sie wieder mit Eros zusammen, der sie zu seiner unsterblichen Frau machte. Sie wurde zur Göttin der Seele. Er schenkte ihr ein Paar Schmetterlingsflügel, damit sie immer bei ihm im Himmel sein konnte, und sie hatten ein gemeinsames Kind namens Hedone, die Göttin der Sinneslust.

## Hephaistos

Hephaistos Geburt und erste Lebensjahre verliefen nicht gerade rosig und fröhlich. Als er seiner Mutter Hera, der Göttin der Mutterschaft und der Geburt, geboren wurde, warf sie einen Blick auf seine kränkliche Gestalt und stürzte ihn von der großen Höhe des Olymps herab. Sein Oberkörper war vollkommen gesund, aber seine Beine schienen sich nicht richtig entwickelt zu haben, und auf dem Olymp war kein Platz für Unvollkommenheit, zumindest nicht in Heras Augen.

Hephaistos starb jedoch nicht, als er auf die Erde fiel. Er wurde von der Meeresgöttin Thetis und ihren Schwestern gerettet und in ihre Unterwassergrotte gebracht, wo sie ihn heimlich aufzogen, ohne dass seine verhasste Mutter, die ihn für tot hielt, davon wusste. Im Laufe der Jahre wuchs Hephaistos Kraft. Während sein Unterkörper immer behindert blieb, baute er seinen Oberkörper auf. Seine Stärke machte ihn zum besten Handwerker und Metallarbeiter der Welt. Er fertigte wunderschöne Halsketten und Broschen für Thetis und ihre Schwestern an, und sie liebten ihn sehr.

Eines Tages, als Thetis sich am Strand sonnte, schaute Hera von ihrem Platz am Himmel herab und sah den schönen Schmuck, der den Nacken der Thetis schmückte. Sie verlangte, dass die Göttin ihr mitteilte, wo sie solch erlesene Stücke erworben hatte. Thetis enthüllte, dass es ihr eigener, lange vergessener Sohn gewesen war, der den Schmuck gefertigt hatte. Hera war sofort von Reue erfüllt und bat Hephaistos, auf den Olymp zurückzukehren. Sie bot ihm an, ihm die eindrucksvollste und bestausgestattete Werkstatt der Welt zu bauen und ihm die schöne Aphrodite zur Frau zu geben. Hephaistos nahm ihr Angebot an und kehrte als Wunderkind zum Olymp zurück. Seine Arbeit wurde der Stolz und die Schönheit des Olymps. Er schuf Waffen, Rüstungen und Totems für alle Götter und ihre Kinder. Er schuf sogar zwei goldene Frauen, die ihm beim Gehen halfen.

Hephaistos wird außerdem zugeschrieben, dass er die erste Frau, Pandora (ja, die Pandora, die all das Böse auf die Welt losließ), als Strafe für die Menschheit erschaffen haben soll. Bei der Erschaffung der Menschheit war Zeus dagegen, den Menschen die Kontrolle über das Feuer zu überlassen. Prometheus, der Schöpfer der Menschheit, wollte mehr für seine Schöpfung, also stahl er das Geheimnis des Feuers und gab es der Menschheit. Zeus war wütend auf Prometheus. Er erließ einen Befehl, den Titanen an die Seite eines Berges in der Unterwelt zu ketten, wo sich ein Geier für alle Zeiten an seiner unsterblichen und damit regenerierenden Leber laben sollte. Wer, glauben Sie, stellte die Ketten her, die stark genug waren, um einen Titanen zu bezwingen? Wenn Sie Hephaistos geraten haben, liegen Sie mit Ihrer Vermutung richtig.

Zeus setzte noch eine Demütigung drauf, indem er die Entwicklung der Menschheit mit der Erschaffung der ersten Frau zurückwarf. Der Legende nach formte Hephaistos sie aus dem Lehm eines Flussufers. Die Entstehungsgeschichte der Pandora ist den meisten Schöpfungsmythen, die sich um die Menschheit ranken, nicht unähnlich, unabhängig davon, ob diese Mythen in Nordamerika oder Jerusalem entstanden sind. Er gab ihr bezaubernde Gesichtszüge, die denen der unsterblichen Göttinnen ähnelten, und verlieh ihr eine Stimme und einen Verstand, der den Geist des Mannes zu bannen suchte. Mit anderen Worten: Frauen wurden als die „Achillesferse" der Männer geschaffen.

# Dionysus

Die Geschichte des in der griechischen Mythologie ansässigen Gottes des Feierns und der allgemeinen Fröhlichkeit begann mit einem hohen Maß an Tod und Liebeskummer. Dionysos Mutter, Semele, wurde getötet, während sie mit ihm schwanger war. Hera sah die Liebe ihres Mannes zu der Prinzessin von Theben und brachte Zeus dazu, einen Blitz zu beschwören, der Semele in die Brust traf und sie auf der Stelle tötete. Zeus musste schnell handeln, wenn er sein ungeborenes Kind retten wollte. Also entfernte er den noch wachsenden Fötus aus Semeles Schoß, nähte Dionysos in seinen eigenen Oberschenkel ein und trug ihn bis zur Geburt aus. Dies war weder das erste noch das letzte Mal, dass Zeus ein Kind aus seinem eigenen Körper gebar. Auch Dionysos' Schwester Athene wurde aus dem Schädel ihres Vaters geboren.

Heras Feindseligkeit gegenüber den vielen Ehefrauen und Geliebten ihres Gatten Zeus konnte nur noch von der rohen Verachtung übertroffen werden, mit der sie seine Nachkommenschaft behandelte. Sie machte weiterhin Jagd auf Dionysos, der jahrelang erfolgreich von dem Satyr Silenus und seiner Nymphenschar auf dem Berg Nysa versteckt wurde. Während seiner Zeit bei Silenus entdeckte Dionysos zum ersten Mal die Geheimnisse des Weinanbaus und lehrte die Sterblichen, wie man das Getränk herstellt.

Schließlich zog Dionysos zu seiner Tante, um besser vor Hera geschützt zu sein. Semeles Schwester Ino und ihr Mann Athamas nahmen Dionysos in ihrem Haus auf. Doch die Freude über die Erziehung ihres Neffen war nicht von Dauer. Hera fand das Kind schließlich bei seinen Adoptiveltern und trieb Athamas in den Wahnsinn, so dass er seinen Sohn ermordete und Ino und ihr anderes Kind dazu brachte, von einer Klippe in den Tod zu springen (in einigen Versionen heißt es aber auch, dass Ino diejenige war, die verrückt wurde und Unheil über die Familie brachte).

Dionysos wurde durch die Handlungen der Hera in den Wind geschleudert. Dieses Erlebnis trieb ihn in den Wahnsinn, und damit begann seine lange Geschichte als Gott des Weines, der Feste, und des Wahnsinns. Dionysos sollte während seiner Amtszeit im Olymp dem Geist der Sterblichen einen beträchtlichen Anteil an Schaden zufügen.

Bevor er seinen Status im Olymp erlangte, wurde er nicht nur von den Unsterblichen, sondern auch von den Menschen gejagt. Sie hatten keinen Respekt vor dem Gott des Weins und versuchten mehr als einmal, ihn und seine Göttlichkeit anzugreifen. Einer der Haupttäter war der König von Theben, der ein Attentat auf Dionysus versuchte. Dionysos rächte sich, indem er alle Töchter des Königs in den Wahnsinn trieb und sie dazu brachte, ihren Vater in Stücke zu reißen.

Schließlich wurde Dionysos von seinem Vater wieder auf dem Olymp willkommen geheißen, nachdem er sich durch seinen rücksichtslosen und doch sorglosen Lebensstil als würdig erwiesen hatte. Dionysos schmückte sich mit Fellen und trug einen Kranz aus Weinreben um sein Haupt. Der Gott des Weins wurde ständig von seinem Kult der Satyrn und Mänaden begleitet, die in ihrer Verrücktheit und ihrem Verlangen nach Wein, Sex, Jagd und gelegentlich auch Menschenfleisch unübertroffen waren.

Dionysos selbst hatte einen ziemlich unersättlichen sexuellen Appetit und wurde auf so ziemlich alles scharf, was sich bewegte. Oft machte er Jungfrauen und Nymphen betrunken und verging sich dann an ihnen. Aus einer dieser Vergewaltigungen gingen Zwillinge hervor, von denen das erste Kind aus lauter Wut von seiner Mutter verspeist wurde. Dionysos wurde schließlich sesshaft und heiratete die Prinzessin Ariadne, die von Theseus auf einer verlassenen Insel ausgesetzt worden war und später vom Gott des Weines gerettet wurde.

Dionysos hatte auch einige männliche Liebhaber; in diesen Liebschaften zeigte sich die zärtlichere Seite des Gottes. Er wurde als schöner Jüngling beschrieben und hatte viele ebenso schöne Geliebte. Da war zum Beispiel der junge Satyr Ampelos, der bei dem Versuch, einen wilden Stier zu besteigen, getötet wurde. Er wurde vom trauernden Gott des Weines als Sternbild in den Himmel erhoben. Aus Ampelos wurde das Sternbild Vindemitor, der Traubenpflücker.

# Kapitel 5: Die Göttinnen

## Hera

Wenn Eifersucht, Gier und Impulsivität eine menschliche Gestalt hätten, wäre es zweifellos die der Göttin Hera. Sie war die Schutzgöttin der Ehe, des Himmels und der Frauen. Sie war die Königin der Olympier und eine königliche Nervensäge - insbesondere eine Nervensäge für ihren Mann. Wie Sie wahrscheinlich schon gemerkt haben, konnte Hera die zahlreichen Affären ihres Bruders und Gatten Zeus nicht ertragen.

Obwohl Hera als Beschützerin der Frauen gedacht war, hatte sie keine Skrupel, Frauen, die sie verachtete, zu verletzen. Das waren in der Regel diejenigen, die der untreuen Natur des Zeus zum Opfer fielen. Die Liste ihrer Opfer ist endlos. Oft verwandelte Zeus seine Geliebten in wilde Tiere, um sie vor dem Zorn seiner Königin zu retten, aber Hera war genauso gerissen wie ihr Mann und jagte diese Frauen sowohl in menschlicher als auch in tierischer Gestalt. In alphabetischer Reihenfolge jagte sie unter anderem Aegina, Elara, Iynx, Semele und Othreis.

Interessant ist, dass sie trotz ihrer immensen Eifersucht nie selbst eine Affäre hatte. Unglaublicherweise blieb sie Zeus während ihrer gesamten Ehe treu. In den ersten Jahren ihres Werbens waren die beiden eines der glücklichsten Paare der Welt. Ihre Hochzeit war eine so fröhliche Angelegenheit, dass sie zweihundert Jahre lang andauerte.

Die Göttin war sehr strafend und verteilte oft als Erste der Olympier Strafen an Sterbliche und Unsterbliche gleichermaßen. Als Aphrodite es mit ihren sexuellen Eskapaden zu weit trieb, unter anderem durch eine

Vereinigung mit Dionysos, Adonis und Zeus, verfluchte Hera ihre Schwangerschaft (die Identität des Vaters dieses Kindes bleibt unbekannt, da es viele verschiedene Versionen des Mythos gibt). Sie legte ihre Hände auf Aphrodites geschwollenen Bauch und verfluchte ihr Kind dazu, mit einer bauchigen Form und einem übergroßen Penis geboren zu werden. Zunächst war Aphrodite von ihrem Kind abgestoßen, aber am Ende ging alles gut aus. Das Kind, Priapus, nutzte seine gigantischen Anhängsel zu seinem Vorteil und wurde zum Gott der Gemüsegärten, wobei sein riesiges Glied mit der Fruchtbarkeit und dem großen Wachstum seiner Pflanzen in Verbindung gebracht wurde. Letztendlich hatte Heras Handeln also ein positives Ergebnis, auch wenn ihre Absicht bösartig war.

Hera hatte einige Lieblingshelden, allen voran Herakles, der einst als Feind der Göttin begann, aber durch seine Heldentaten bald ihre Freundschaft und Bewunderung gewann. Sie trug aktiv dazu bei, dass die Suche von Jason und den Argonauten nach dem Goldenen Vlies erfolgreich war. In vielerlei Hinsicht lag Heras moralischer Kompass für Gerechtigkeit genau richtig. Leider zeigte sich diese Seite der Hera sehr viel seltener als ihre Rachsucht. Hera hatte einen Eifer für das Streben nach Gerechtigkeit, der ihrer Schönheit entsprach. Diese Göttin wich vor nichts und niemandem zurück.

Der griechische König der Lapithen, Ixion, wagte es einst, die Göttin zu verletzen, indem er versuchte, sie zu vergewaltigen. Sie entkam dem Griff von König Ixion und wandte sich an ihren Herrn und Ehemann Zeus. Zeus wollte den Mann nicht verurteilen, ohne konkrete Beweise für seine Verbrechen zu haben. Also versuchte Zeus, Ixion in eine Falle zu locken, und schuf eine Wolke am Himmel, die die Gestalt von Hera annahm. Ixion stürzte sich auf die Wolke und prahlte damit, dass er es mit der Göttin getrieben hatte, was, egal ob wahr oder nicht, keine gute Idee war. Zeus konnte sein Prahlen zweifellos hören. Zeus nahm ihn daraufhin fest und fesselte ihn an ein sich ständig drehendes Rad am Himmel.

## Demeter

Demeter war die Göttin der Landwirtschaft, insbesondere des Getreides. Sie wird oft als ältere Frau dargestellt, die Weizenbündel trägt und eine goldene Krone auf dem Kopf hat. Sie versorgte die Erde mit ihrem Reichtum, und aus diesem Grund verfügte sie über eine enorme Macht und Einfluss unter den Olympiern. Wenn ihr Zorn entbrannte, zögerte sie nicht lange und war dazu bereit, eine Hungersnot zu verursachen. Ihr wichtigstes Mittel zur Bestrafung war es, die Sterblichen in großen Hunger zu versetzen. Dies war ihre Strafe für Erysichthon, der es wagte, Demeters Zorn zu erregen, indem er den heiligen Hain der Göttin abholzte.

Wie eine wahre Mutter erwies Demeter der gesamten Menschheit große Gunst und Fürsorge. Sie nahm viele Halbgötter unter ihre Fittiche, die sie für würdig befand. Einer dieser Helden war Triptolemos. Er war ein eleusinischer Fürst, der die Göttin Demeter sehr freundlich aufnahm, als ihre Tochter Persephone verschwand und sie daraufhin neun Tage lang die Erde durchstreifte, ohne Nektar oder Ambrosia zu sich zu nehmen. Triptolemos bot Demeter tröstende Worte, die sie dazu ermutigten, die Suche nach ihrem geliebten Kind fortzusetzen. Als Belohnung für sein Herz und seine Gastfreundschaft lehrte Demeter ihn, wie man Getreide anbaut, und machte ihn zu einem Boten für die Menschen, damit er die Geheimnisse der Erde an alle Haushalte weitergeben konnte. Dies war eine große Ehre und forderte großes Verantwortungsbewusstsein; nicht einmal den Titanen und anderen Göttern war ein solches Vertrauen zuteilgeworden. Sie schenkte Triptolemos sogar einen Wagen mit goldenen Flügeln, damit er ihre Geschenke mit Leichtigkeit durch die Welt tragen konnte.

Demeter hatte zu ihren Lebzeiten eine ganze Reihe von Liebhabern, aber bei weitem nicht so viele wie ihre Brüder oder die anderen Göttinnen. Sie hatte eine romantische Vorliebe für die Sterblichen, mehr wegen ihrer Persönlichkeit als wegen ihres legendären guten Aussehens oder ihrer mageren Taten. Der einzige unsterbliche, einvernehmliche Liebhaber, den sie sich nahm, war ihr Bruder Zeus. Aus dieser Vereinigung wurde die Königin der Unterwelt geboren, die Göttin Persephone.

Obwohl Hera die eigentliche Ehefrau von Zeus war, hegte er stets eine tiefe Liebe zu seiner Schwester Demeter und war dafür bekannt, dass er ihre Liebhaber mit extremer Eifersucht und Vorurteilen niederschlug. So erging es auch dem armen Iasion, einem Prinzen von der Insel Kreta. Er schlief mit der Göttin auf einem gepflügten Feld und wurde fast auf der Stelle vom Blitz des Zeus getötet. Doch Zeus war nicht schnell genug, und Iasion schwängerte Demeter mit Zwillingssöhnen, Plutus und Philomelos.

Demeter hatte wirklich etwas an sich, denn fast alle ihre Brüder waren entweder daran interessiert, mit ihr zu schlafen oder ihre Nachkommen zu heiraten. Poseidon, der seiner Natur treu blieb, vergewaltigte seine eigene Schwester. Die Legende besagt, dass Poseidon Demeter mit „unerbittlicher Leidenschaft" verfolgte, während sie auf der Suche nach Persephone war. Dieser Moment war einer der tiefsten und verletzlichsten in der Geschichte der Göttin. Um sich aus Poseidons Griff zu befreien, verwandelte sich Demeter in eine Stute und begann auf einem offenen Feld zu grasen. Poseidon ließ sich nicht so leicht täuschen, kam als Hengst hinter ihr hervor und nahm sie mit Gewalt. Aus dieser Verbindung ging das unsterbliche Pferd Arion hervor. Er wurde das Reittier vieler prominenter Helden, darunter Oncius und Herakles.

## Hestia

Hestia war das erstgeborene Kind von Kronos und Rhea; daher war sie die Erste, die von ihrem Vater verschlungen und die Letzte, die wieder erbrochen wurde. Zweifellos schien Hestia von allen ihren Geschwistern die von Natur aus begabteste und selbstsicherste zu sein. Die anderen ursprünglichen Olympier und auch die späteren Generationen konnten alle oft unsicher, eifersüchtig und voneinander und den Sterblichen abhängig sein, um sich ihrer Göttlichkeit zu versichern. Hestia verhielt sich nie so, und von Anfang an schien sie eine Weisheit und ein Selbstbewusstsein zu besitzen, das unter den Göttern und sogar den Titanen ungewöhnlich waren. Ihre körperliche Erscheinung wird als die einer älteren Frau beschrieben. In der Regel ist sie verschleiert und hält einen Kessel.

Es gab mehrere jungfräuliche Göttinnen unter den Olympiern, aber die Erste von ihnen war Hestia, die Göttin des Herdes und des Hauses. Sie spendete nachts in jedem Haus in Griechenland das Licht. Die Wärme, die von ihr ausgeht, ist nicht nur ein physisches Licht, sondern auch ein emotionales Licht. Hestias Feuer wurde genutzt, um die Mahlzeiten der Welt zuzubereiten und so die Menschheit zusammenzubringen. Essen und Trinken gehörten zu den wichtigsten kameradschaftlichen Aktivitäten in Griechenland, und es war daher nur natürlich, dass die Göttin des Herdes in den verschiedenen Kulturen Griechenlands sehr hoch verehrt wurde.

Die Verbindung zwischen Hestia und dem Feuer ist das Konzept der Transformation. Symbole und Substanzen wurden verzehrt und dann im Feuer verwandelt. Dies bedeutete, dass einige der Opfer, die den Göttern durch das Feuer dargebracht wurden, zu Ehren von Hestia dargebracht wurden. Ohne sie wäre die Verehrung im antiken Griechenland sinnlos gewesen, unabhängig davon, ob die Verehrung den anderen Göttern und

Göttinnen, oder ihr galt. „Unter den sterblichen Menschen war sie die Oberste der Göttinnen".

Obwohl es nur wenige Mythen über das Leben der Göttin gibt, werden Hestia zahlreiche Hymnen gewidmet. Sie wurde als eine der am meisten respektierten und geehrten Olympier gepriesen, und ihr Keuschheitsgelübde wurde vom König der Götter selbst geschützt und durchgesetzt. Sogar Poseidon entschied sich bei seiner Verfolgung von Hestia für einen würdevolleren Ansatz. Anstatt seinen Vergewaltigungstendenzen freien Lauf zu lassen, hielt er bei Zeus um ihre Hand an. Er wurde natürlich abgewiesen, und Hestia wurde die Wache über den göttlichen Herd im Olymp übertragen.

Es gab noch einen weiteren Vorfall in der romantischen Geschichte der Göttin, bei dem ihre Keuschheit beinahe gebrochen worden wäre. Die schöne Titanin und Mutter der Olympier, Rhea, war Gastgeberin eines Banketts für alle berühmten und göttlichen Unsterblichen der Welt. Götter, Nymphen, Satyrn und Geister nahmen gleichermaßen an ihrem Fest teil, bei dem es nicht an Wein mangelte. Die schöne Hestia legte ihr Haupt für eine kurze Zeit auf den Boden, um sich auszuruhen. In ihrer Unschuld ahnte sie nicht, dass sie von einem der Gäste dabei beobachtet wurde. Priapus (er war der Gott der Gemüsegärten mit dem riesigen Glied) sah die Gestalt einer Frau auf dem Boden ruhen. Ob er wusste, dass es sich um die Göttin handelte, oder ob er glaubte, sie sei eine beliebige Waldnymphe, ist umstritten. Jedenfalls näherte er sich ihr voller Begierde und versuchte, sich ihr aufzudrängen. Gerade als er sich auf sie stürzen wollte, ließ ein Esel, der an einem Baum in der Nähe angebunden war, ein gewaltiges Brüllen ertönen, das die Göttin wachrüttelte. Beim Anblick von Priapus riesigem Glied schrie sie auf und alarmierte damit die Partygäste. Priapus floh, bevor die anderen Gäste eintrafen und ihr zur Hilfe eilten, aber sein Name war von diesem Tag an mit großer Schande behaftet. Das lag wahrscheinlich daran, dass Hestia von den Göttern und den Sterblichen gleichermaßen hoch verehrt wurde.

## Athene

Athene kann man sich am besten als die Frau vorstellen, die auf alle Situationen vorbereitet ist. Sie war die Schutzgöttin der Weisheit, der Kunst und des Handwerks, der Kampfstrategie, der Weberei und der Töpferei, und sie war die Schutzgöttin der Helden. Ihre Verbindung zum Krieg unterscheidet sich grundlegend von der ihres Bruders Ares. Für Athene war der Krieg eine Zeit, in der die Männer zeigen konnten, dass sie mit ihrem Verstand und nicht mit Muskelkraft den Sieg davontragen konnten. Die Göttin konnte sich im Kampf behaupten und lieferte sich sogar einst einen Kampf mit dem Kriegsgott Ares, aus dem sie siegreich hervorging. Aus diesem Grund waren die Helden, die sie unter ihre Fittiche nahm, in der Regel die klügsten, intelligentesten und neugierigsten unter den Männern. Man denke dabei an Odysseus, der wohl ihr Lieblingsmann unter den Sterblichen war.

Athene war auch die anerkannteste Olympierin, wenn es darum ging, den Menschen eine Vielzahl von Fähigkeiten beizubringen. Sie setzte sich sogar gegen ihren Onkel Poseidon durch und übernahm die Schirmherrschaft über Athen, die innovativste und fortschrittlichste griechische Stadt. Der Legende nach traten die Götter in einen Wettstreit um Gaben für die Bewohner der Stadt ein, um zu sehen, wer dem Volk von Athen das beliebteste Geschenk machen konnte. Poseidon schenkte den Menschen ein ganzes Meer, in dem sie fischen und auf den Wellen reiten konnten, um neue Inseln zu finden. Athene beschloss, einen Olivenbaum für die Menschen zu pflanzen. Die Götter und Menschen urteilten, dass Athene die Siegerin war, und seither wächst der Baum des Lebens, der Olivenbaum, auf der Akropolis. Manche sagen, dass die Perser, als sie Athen eroberten, den Baum der Athene zerstörten. Am Tag darauf war der Baum wieder nachgewachsen und hatte seine Höhe dabei verdoppelt.

In der griechischen Mythologie gibt es nur wenige Momente, in denen Athene nicht erfolgreich ist. Seit ihrer Geburt war sie zum Handeln bereit, und gerade die Umstände ihrer Geburt machten sie zu einer der berühmtesten und beliebtesten aller Götter und Göttinnen des Olymps.

Athenes Mutter war die unsterbliche Titanin Metis, die göttliche Schutzpatronin der königlichen Weisheit und des Rates. Sie war die erste offizielle Ehefrau von Zeus, und als solche war sie für Zeus seine vertrauenswürdigste Vertraute und würdige rechte Hand in allen Angelegenheiten. Sie war klug - vielleicht sogar zu klug. Zeus war der Sohn seines Vaters und fürchtete wie einst sein Vater, dass Metis oder ihre Nachkommen bei den Göttern und den Menschen beliebter sein könnten und deshalb eines Tages seinen Thron an sich reißen würden. Auf den Rat von Gaia hin verschlang Zeus seine Frau, damit ihre Fähigkeit, mit Leichtigkeit zwischen Gut und Böse zu unterscheiden, in sein eigenes Bewusstsein eindringen konnte.

Der große Zeus wusste jedoch nicht, dass Metis schwanger war. Am Ende von Athenes Tragezeit bekam Zeus schreckliche Kopfschmerzen. Der Schmerz übertraf bei weitem alles, was der Gott je zuvor erlebt hatte. Er hatte so starke Schmerzen, dass er Hephaistos zu sich rief und ihn darum bat, seinen Kopf mit seiner mächtigen Axt aufzuschneiden, damit das, was darin war, entweichen und ihm Linderung verschaffen konnte. Hephaistos zögerte, aber er tat, was Zeus ihm befahl. Er schwang seine Axt und ließ die Klinge auf Zeus Schädel niederprasseln. Athene sprang aus dem Haupt ihres Vaters heraus, voll bewaffnet mit Speer, Schild und Helm. Für Athene gab es keine ersten Schritte und keine Kindheit; sie wurde erwachsen geboren. Sie hatte sofort einen ausgeprägten Sinn für Autonomie, den unerbittlichen Geist ihres Vaters und die Ansichten ihrer Mutter über Recht und Unrecht.

Die Töpferei zeigt, wie Athene aus dem Haupt des Zeus geboren wird, ca. 570 - 560 v. Chr.[47]

Athene war viel zu sehr damit beschäftigt, sich selbst und die Menschheit zu verbessern, um irgendeine Art von sexuellem Verlangen nach den Menschen zu entwickeln. Sie betrachtete sie als ihre Schüler, nicht als ihre Spielzeuge, aber sie suchte auch nicht die Aufmerksamkeit eines Unsterblichen. Natürlich war sie eine schöne, stattliche Göttin, aber sie fand die ganze Idee des Koitus abstoßend. Einer der bekanntesten Mythen über ihre Abneigung gegen Sex ist die Verwandlung der Medusa. Medusa, die Gorgone aus der Perseus-Geschichte, war einst eine schöne Jungfrau (in einigen Versionen wird sie auch als Nymphe bezeichnet). Sie stammte von der Insel Kisthene, die sich irgendwo im Roten Meer befand. Sie war so schön, dass sie den Gott Poseidon in Versuchung führte, und so ist es nicht verwunderlich, dass der Gott der tosenden Meere kam, um sie zu erobern.

Die Geschichte besagt, dass Medusa versuchte, sich im Schrein der jungfräulichen Göttin Athene zu verstecken, was ihr jedoch nicht gelang. Poseidon folgte ihr dorthin und nahm sie auf dem harten Marmorboden. Die Göttin versuchte, ihre Augen mit ihrem Schild zu bedecken, aber es gelang ihr nicht, sich der Gegenwart der beiden zu entziehen. Obwohl man meinen könnte, die Göttin würde Mitleid und Herzschmerz für das Mädchen empfinden, war ihre erste Reaktion nichts als Abscheu. Athene wusste, was zu tun war, um das Problem, das durch Medusas Schönheit entstand, zu lösen. Sie verwandelte sie in ein grässlich geschupptes Ungeheuer mit Schlangen statt Haaren und einem Blick, der jedes Lebewesen aus Fleisch und Blut in Stein verwandeln konnte. Die Schlangen wurden zu einem von Athenes Hauptsymbolen und zieren ihre Rüstung.

# Aphrodite

Aphrodite war die Göttin der Liebe und der Schönheit, die berühmte Venus von Milo (auch als Aphrodite von Melos bekannt), eine Inspiration für Millionen von Frauen im Laufe der Geschichte und zweifellos eine der schändlichsten aller Göttinnen. Die Schönheit der Aphrodite war unmenschlich (im wahrsten Sinne des Wortes, denn sie wurde aus dem Schaum des Meeres geboren, in welches das Sperma des Uranus gefallen war). In den meisten Darstellungen der klassischen griechischen Kunst und Keramik wird sie ohne Kleidung gezeigt, was sie zum ultimativen Symbol für Körperlichkeit in der griechischen und römischen Kultur macht. Die Griechen bewunderten die Schönheit der menschlichen Gestalt bei jeder Gelegenheit, was einer der Hauptgründe dafür war, dass die antiken griechischen Olympischen Spiele komplett nackt ausgetragen wurden.

Natürlich war die Göttin der Liebe und der Schönheit unübertroffen in Charme und Aussehen, oder? Weit gefehlt! Aphrodite galt zwar als die schönste unter allen Göttinnen und Sterblichen, aber ihre Persönlichkeit war es nicht; oft war sie das Gegenteil von Sexualität, Selbstgenügsamkeit und Vertrauen. Niemand mag einen eifersüchtigen Partner. Und wie Hera hatte auch Aphrodite genug Eifersucht und Unsicherheit, um mehrere unsterbliche Leben lang zu überdauern. Sie bestrafte gnadenlos jeden, der ihre Schönheit oder ihre Fähigkeiten als Ehestifterin in Frage stellte. Aus diesem Grund hegte sie eine große Abneigung gegen die jungfräulichen Göttinnen - Athene, Artemis und Hestia. Sie war zutiefst verletzt, dass diese Frauen ihre Stellung im Olymp als Zeitverschwendung empfanden.

Obwohl Aphrodite eine sehr eitle Göttin war, hatte sie eine Schwäche für Männer und Frauen, die verzweifelt nach Liebe suchten. Jeder Mensch verdient Gesellschaft, aber für manche ist es schwieriger, sie zu finden. Einer der positiveren Mythen, die sich um Aphrodite ranken, war ihre Gunst und Schirmherrschaft über den König von Kypros (Zypern), Pygmalion. Der König hatte seinen Thron als zölibatärer Mann bestiegen, und so sehr er und sein Hof sich auch bemühten, sie konnten offenbar keine Ehe für ihn arrangieren. Der König war eine sanfte Seele, die jede Frau gerne ihr Eigen hätte nennen wollen, aber leider blieb er trotzdem ledig und befand sich in einem Zustand ständiger Einsamkeit. Das war so, bis die Göttin der Liebe sich seiner erbarmte. Sie hatte die Gebete Pygmalions erhört und versuchte, bei der ersten Gelegenheit eine Partnerin für ihn zu finden.

Sie hätte ihren Sohn Eros schicken können, um eine der vielen Damen des Königreichs zu verhexen, damit sie sich in den König verliebte, aber sie hielt es nicht für nötig, zu einem solchen Mittel zu greifen. Der König sollte ihr seine eigene Vorlage für seine ideale Geliebte in Form einer Elfenbeinstatue liefern. Dieser einsame König war sehr künstlerisch veranlagt und hatte viele Monde lang an einer Statue von unvergleichlicher Schönheit gearbeitet, die voller Kurven war. Er schlief jede Nacht mit dieser Statue und streichelte sie, als wäre sie eine echte Frau. Das mag ein wenig abwegig und seltsam klingen, aber man sollte nicht so schnell urteilen. Man muss an dieser Stelle all die modernen Methoden bedenken, mit denen sich die Menschen heutzutage erregen lassen.

Bald kam das Fest der Aphrodite, bei dem viele Stiere zu Ehren der Göttin geopfert wurden. Ihr Geist war bei jedem einzelnen dieser Festmahle anwesend. Als der König vortrat, um sein Opfer darzubringen, betete er zu der Liebesgöttin und bat sie, ihm eine Frau zu schicken, die seiner geliebten Marmorfrau glich. Aphrodite erhörte die bedeutungsvollen und aufrichtigen Gebete des Königs und war nur zu gerne bereit, ihm zu helfen.

Anstatt eine Frau aus Fleisch und Blut zu schicken, tat die Göttin noch etwas Besseres. Pygmalion kehrte in dieser Nacht in sein Bett zurück, um noch einmal mit der Marmorfrau zu schlafen. Als er seinen Kopf auf ihrem nackten Busen ablegte, bemerkte er, dass sich ihre Brust zu heben und zu senken schien. Der König tat den Gedanken schnell ab, denn er wusste, dass so etwas unmöglich war. Doch das Atmen ging weiter, und als er ihre Hand ergreifen wollte, spürte er die Wärme und Weichheit der menschlichen Haut. Er hob den Kopf, und seine Augen trafen auf die eines Mädchens, jung und schüchtern. Der König lag die ganze Nacht bei seiner idealen Liebe und dankte der Göttin dafür, dass sie ihm endlich vollkommene Liebe und die höchste Glückseligkeit gebracht hatte.

## Artemis

Die letzte der jungfräulichen Göttinnen war Artemis. Sie galt als ewig jung, schön und keusch. Sie war die Jägerin der Nacht, die Herrin des Mondes, die Zwillingsschwester von Apollo und die Schutzgöttin der jungen Mädchen. Artemis genoss den Respekt des ganzen Olymps und der Welt der Sterblichen. Zweifellos war sie eine der Lieblingstöchter ihres Vaters; alles, was Artemis verlangte, erhielt sie auch. Auf ihre Bitte hin schenkte Zeus ihr und ihrem Bruder zwei goldene Bögen und Pfeile, damit sie gemeinsam jagen konnten. Er erfüllte seiner jungen Tochter auch viele andere göttliche Wünsche, so machte er sie beispielsweise zur Göttin der Morgenröte und des erntevernichtenden Frosts und machte die stürmischen Berge zu ihrem Jagdgebiet.

Vom ersten Tag an zeigte sich ihre frühreife Natur, als sie kurz nach ihrer eigenen Geburt ihrer Mutter Leto bei der Entbindung von Apollo assistierte. Dies machte sie zur Göttin der Geburt. Sie arbeitete eng mit Hera zusammen, die die Schutzgöttin der Frauen und der Kinderarbeit war. Während sie die Beschützerin der kleinen Kinder war, hatte Artemis auch die Aufgabe, den plötzlichen Tod und die Krankheit von jungen weiblichen Säuglingen zu verhindern. Ihr Zwillingsbruder Apollo hatte die gleiche Aufgabe, allerdings für alle männlichen Säuglinge Griechenlands.

Im Gegensatz zu den anderen jungfräulichen Göttinnen, die in der Regel als reife Frauen dargestellt wurden, schien Artemis nie älter zu werden als das, was Vladimir Nabokov (der Autor von Lolita) als „Nymphette" bezeichnet hätte. Man sah sie als junges Mädchen an der Schwelle zur Weiblichkeit, aber immer noch jung genug, um als sexuelle Unschuld zu gelten. Man sieht sie selten ohne ihre Mondsichelkrone, und typischerweise wird sie von einem Faun oder einem Bock flankiert. Außerdem ist sie immer mit ihrem Bogen und Köcher zu sehen. Artemis ist die Personifizierung der natürlichen Welt. Sie war sowohl fürsorglich als auch grausam, wild und doch gemessen, und sie war immer schnell bereit, für andere zu sorgen, wenn sie das Gefühl hatte, dass diese es verdienten.

Wie ihre Schwester Athene hatte auch Artemis wenig Angst vor Konfrontation und Kampf. So erschlugen sie und ihr Bruder Apollo die riesige Python, der von Hera geschickt worden war, um ihre Mutter Leto zu quälen. Bei der Verteidigung ihrer Jungfräulichkeit war sie in ihrer Rücksichtslosigkeit unübertroffen. Aktaeon, ein junger Prinz aus Theben, sah die Göttin einmal beim Baden und wagte es, einen Blick auf ihre nackte Gestalt zu werfen. Die Göttin fühlte sich so verletzt und missachtet, dass sie den jungen Prinzen in einen Hirsch verwandelte und seine eigenen Hunde auf ihn hetzte. Diese rissen ihm unerbittlich die Gliedmaßen aus. Ähnliche Strafen verhängte sie über jeden Mann, der es wagte, ihre Keuschheit zu verletzen, und sei es nur mit den Augen.

Artemis verkehrte nur selten mit den anderen Göttern und Göttinnen des Olymps, ihr Bruder war dabei eine Ausnahme. Die meiste Zeit lang zog sie es vor, sich mit wilden Tieren und einem erlesenen Gefolge von Dienerinnen zu umgeben, die sie mit der Inbrunst einer Bärenmutter beschützte. Sie liebte ihre Kinder, und die Kinder liebten sie. Wenn eine von ihnen in Ungnade fiel und den sexuellen Verlockungen erlag, war Artemis schnell dazu bereit, sie zu bestrafen, auch wenn diese Strafen weitaus barmherziger waren als die anderen Bestrafungen der Unsterblichen. Es wird erzählt, dass eine ihrer Jungfrauen, Callisto, den Reizen des Zeus erlag und mit seinem Kind schwanger wurde. Als Artemis erfuhr, dass ihr eigener Vater eine ihrer Jungfrauen entjungfert hatte, raste sie vor Wut. In ihrer Wut verwandelte sie Callisto in einen großen Bären und schickte sie in die Wildnis, um ihr Kind dort zur Welt zu bringen. Später, als die Göttin ihren Bogen nahm, um auf die Jagd zu gehen, traf sie auf den Bären. Sie erkannte nicht, dass es sich bei dem Bären um Callisto handelte, und feuerte ihre Waffe ab. Callisto war auf der Stelle tot. Als Artemis die Wahrheit erfuhr, und merkte, was sie getan hatte, wurde sie von unerträglichen Gewissensbissen geplagt. So warf sie die Gestalt von Callisto in ihrer Bärengestalt in die Sterne hinauf und machte aus ihr das Sternbild der Ursa Major.

# Persephone

Es heißt, Persephone sei eine so strahlende Schönheit gewesen, dass alle Götter des Olymps bei Demeter um ihre Hand anhielten, darunter waren Poseidon, Ares und Apollo. Ihre Mutter nahm keines dieser Angebote an, denn ihre Liebe zu Persephone war zu groß, um sich jemals von ihrem süßen Kind zu trennen. Auch bei ihren anderen keuschen Geschwistern, aber vor allem bei Athene, war Persephone sehr beliebt. Die beiden Halbschwestern wuchsen zusammen auf der gleichen Insel auf und pflückten stundenlang gemeinsam Blumen.

Der bekannteste Mythos um Persephone ist ihre Entführung und Vergewaltigung durch ihren Ehemann/Onkel Hades. Auch er verliebte sich auf den ersten Blick in die schöne Persephone. Der Gott der Unterwelt war eine stets düstere Gestalt, und als Zeus seine Zuneigung zu dem Mädchen erkannte, schenkte er Hades Persephone als seine Braut, um seine Einsamkeit zu lindern. Vielleicht fühlte er sich auch deswegen schuldig, weil sein Bruder im Exil in den dunklen Tiefen der Erde lebte. Zeus wusste jedoch, dass Demeter sich nicht freiwillig von ihrer Tochter trennen würde, und so wies er Hades an, Persephone dann zu entführen, wenn sie und Demeter es am wenigsten erwarteten.

Die Vergewaltigung der Persephone von Gian Lorenzo Bernini, 1621-1622.[48]

Eines Tages, als Persephone in der Nähe ihrer Mutter auf einem Feld Blumen pflückte, kam Hades aus einer dunklen Erdspalte aus der Unterwelt heraufgeritten. Er schnappte sie sich in seinem Wagen und schleppte sie in sein dunkles Reich. Demeter war wütend und durchsuchte die ganze Erde nach ihrer verschwundenen Tochter. Neun Tage lang wanderte die Göttin auf der Erde umher und musste dabei alle möglichen Misshandlungen durch die anderen Götter erdulden. Während dieser ganzen Zeit aß und trank sie weder Nektar noch Ambrosia. Als sie erfuhr, dass Persephone von ihrem Bruder entführt worden war, wandte sie sich an Zeus auf dem Olymp und forderte die Freilassung ihrer Tochter. Zeus weigerte sich, und so verursachte Demeter eine Hungersnot und geißelte alle Tiere, Wälder und Felder.

Schließlich wurde eine Abmachung getroffen, um die Menschheit zu retten, damit sie nicht vollständig verhungerte. Zeus befahl Hades, Persephone an Demeter zurückzugeben, aber ihre Tochter durfte nicht für immer zurückkehren. In den ersten Tagen ihrer Gefangenschaft wollte Persephone aus Protest nichts essen oder trinken. Schließlich wurde sie dazu überredet, ein paar Kerne eines Granatapfels, der Frucht der Toten, zu essen. Wenn eine Seele einmal die Nahrung der Toten gegessen hatte, konnte sie die Unterwelt nicht mehr verlassen.

Die Götter konnten sich in diesem Fall auf halbem Wege einigen. Persephone durfte eine Jahreszeit lang aus der Unterwelt auftauchen, um bei ihrer Mutter zu sein. Nach Ablauf dieser Zeit musste sie jedoch in die Unterwelt zurückkehren. Die Jahreszeit, in der Persephone in das Land der Lebenden zurückkehrte, war die Zeit, in der das erste Licht und die Vegetation des Frühlings die Kälte des Winters und des Schnees durchbrachen. Während sie in unter der Erdoberfläche war, verdunkelte sich die Welt aufgrund der Traurigkeit und des Kummers ihrer Mutter.

# Kapitel 6: Die Gigantomachie

Gehen wir nun einen Schritt zurück. Die Olympier hatten die Herrschaft ihres Vaters Kronos umgeworfen und seine Geschwister unter quälenden Strafen gefangen gehalten, die bis zum Ende der Zeit vollzogen werden sollten. Obwohl Gaia die Absetzung ihres Sohnes vom Thron der Welt gefordert hatte, war sie nicht zufrieden mit den Strafen, die ihren übrigen Kindern auferlegt wurden. Vielmehr verhöhnte sie die Gier der Olympier. Diese neue Generation war kaum anders oder besser als es ihr Sohn oder ihr Mann vor ihnen gewesen waren. Diese Götter waren nicht würdig, über Himmel und Erde zu herrschen. Ihr Handeln beleidigte Gaia zutiefst, und sie rief in ihrer Frustration aus: „Haben sie vergessen, die Erde, ihre Mutter, zu verehren?"

Aus ihrer Verbitterung heraus gebar sie eine neue Rasse von Kindern aus den tiefsten Tiefen des Tartarus, eine Rasse von Riesen, groß, grüblerisch, gesetzlos und tödlich. Viele Quellen beschreiben die Riesen als in glänzende Rüstungen gekleidet, mit Bärten und Haaren, die bis zum Boden reichten. Ihre Unterkörper waren mit Schuppen bedeckt, und sie werden manchmal als die schuppigen Söhne Gaias beschrieben. Sie waren zwischen neun und zwölf Ellen groß, zumindest laut dem griechischen Epos von Nonnus von Panopolis aus dem 5. Jahrhundert v. Chr. Die Höhe einer Elle entspricht etwa fünfundvierzig Zentimetern oder anderthalb Fuß, so dass jeder Riese dreizehn Fuß oder mehr groß gewesen sein muss. Diese Riesen waren im tiefen Schoß ihrer Mutter herangewachsen und wurden von Uranus selbst gezeugt. Als Kronos seinen Vater kastriert und seine Genitalien ins Meer geworfen hatte, gab es mehrere andere göttliche Nachkommen, die aus diesem Geschehnis hervorgingen. Natürlich führte es zur Geburt der Aphrodite, die aus den Hoden ihres Vaters entstand, die Furien (Göttinnen der Rache), und die Riesen (manchmal auch Giganten genannt). Diese spezielle Generation von Riesen waren als die thrakischen Riesen bekannt, - sie waren nach ihrem Geburtsort benannt worden.

Gaia stachelte die Riesen zum Krieg an, indem sie verkündete, dass die Giganten sie und die Titanen rächen müssten, indem sie den Olymp stürzten. Sie sollten Poseidon stürzen und ihn in Ketten auf den Grund des Meeres legen und Apollo seine goldenen Locken ausreißen. Typhon, die große unreine Schlange, sollte den Donnerkeil des Zeus in ihre Gewalt bringen, und die bestialischen Riesen könnten die Göttinnen für sich beanspruchen und sich über die Vergewaltigung von Athene, Artemis und Aphrodite lustig machen. Die Riesen wurden durch die giftigen Worte ihrer Mutter so sehr angestachelt, dass sie sich bereits als Sieger wähnten. Sie begannen, Steine und brennende Eichen gegen die Tore des Himmels zu schleudern, quälten die Menschen und versuchten, die Olympier zu einem Krieg zu provozieren. Sie ahnten dabei nicht, dass ihnen eine der größten Schlachten ihrer Zeit bevorstehen würde.

Zeus sandte eine seiner vertrauenswürdigsten Botinnen, Iris, aus, und sie berief einen Rat der Unsterblichen aus allen Teilen der Welt ein, um die Götter in ihrem Kampf zu unterstützen. Sogar Hades und seine Königin Persephone kamen aus ihrer dunklen Behausung, um die Existenz des Olymps zu verteidigen. Als sich alle Unsterblichen versammelt hatten, hielt Zeus eine Kriegsrede an sie alle. Der folgende Auszug ist übersetzt aus Hesiods *Theogonie*.

„Unsterbliches Heer, dessen Wohnsitz der Himmel ist und immer sein muss, ihr, denen kein Unglück etwas anhaben kann, merkt ihr, wie die Erde sich mit ihren neuen Kindern gegen unser Reich verschwört und unverdrossen eine neue Brut geboren hat? Darum lasst uns für alle Söhne, die sie geboren hat, ihrer Mutter so viele Tote zurückgeben; lasst ihre Trauer durch die Zeitalter währen, während sie an so vielen Gräbern weint, wie sie jetzt Kinder hat."

Es wird angenommen, dass der Krieg in den Ebenen von Phlegra stattfand, aber einige glauben, dass er in Thrakien stattfand, dem ursprünglichen Geburtsort der Riesen. Es gibt auch eine historische und kulturelle Verbindung zu diesem Ort. Die thrakischen Stämme, die nördlich von Griechenland lebten, galten im Vergleich zur hoch entwickelten griechischen Zivilisation als barbarisch. So wird die

Gesetzlosigkeit dieser Stämme metaphorisch mit einer Rasse rachsüchtiger und eifersüchtiger Abscheulichkeiten - den Giganten - in Verbindung gebracht.

Als der Krieg ausbrach, wurde die Natur drastisch aus dem Gleichgewicht gebracht. Jedes Mal, wenn die Götter provoziert wurden, reagierte die Natur gleich - die ganze Welt stand Kopf. Flüsse änderten ihre Richtung, Berge stürzten ein, und riesige Fluten überschwemmten das Land. Darüber hinaus bewaffneten sich die Riesen mit den Elementen ihrer Mutter Gaia, um die großen Waffen der Götter zu besiegen. Es gab nur sehr wenige Gegenstände, die mit der Kunstfertigkeit der von den Zyklopen geschmiedeten Waffen der Götter mithalten konnten, aber die Riesen stürzten sich trotzdem auf ihre Gegner, zum Kampf gerüstet. Sie schleuderten große Berge und ganze Inseln auf die Götter. Es war ein Leichtes für sie, eine Insel aus dem Meer zu reißen und sie in den Himmel zu schleudern. Die ganze Erde lag in Schutt und Asche, aber der Kampf ging weiter, und jeder Gott und jede Göttin trug schließlich zu einem überwältigenden und blutigen Sieg bei. Die in der Gigantomachie am häufigsten erwähnten Olympier sind jedoch Zeus, Athene, Ares und Hera. Besondere Aufmerksamkeit wird auch den sterblichen Verbündeten der Götter in diesem Krieg gewidmet, insbesondere dem Helden Herakles.

Die gesamte Atmosphäre des Schlachtfelds war getrübt, da sie mit dem Staub alter Berge und mit Asche gefüllt war. Es herrschte so viel Durcheinander, dass es schwer war, die beiden Armeen zu unterscheiden. Doch Ares stürmte als Erster ins Gefecht, sein Schild und sein Brustpanzer schimmerten rot, sein Helm saß hoch auf seiner Stirn. Mit einem mächtigen Schwertschwung schlug er dem Riesen Pelorus in die Leistengegend und zerriss ihn von vorne bis hinten. Dann ritt er über die zerstückelte Gestalt des Riesen, bis die Räder seines Schlachtwagens mit Blut und zerfetztem Fleisch überdeckt über die Erde glitten.

Auch Athene zögerte nicht, sich dem Kampf anzuschließen. Wie es ihrer Natur entsprach, konnte sie ihre Feinde mit wenig Energie und viel Geschick besiegen. Während dieses Kampfes trug Athene den Kopf der Gorgone Medusa auf ihrem eigenen Brustpanzer. Sie wusste, dass dies ausreichen würde, um alles aufzuhalten, was sich ihr in den Weg stellte. Unbeirrt stand sie da, Speer und Schild ruhig an ihrer Seite, während sie ihre Brust nach vorne stieß. Der Riese Pallas war der Erste, der zu Stein erstarrte. Angst erfasste ihn, und er rief aus: „Was ist das für ein eisiges Gefühl, das meine Glieder ergreift?" Mit einem Stöhnen sank er auf die

Knie, die sich bald darauf in Stein verwandelten. Aus Frustration über den Verlust von zwei seiner Brüder warf einer der Riesen den steinernen Leichnam seines Bruders auf Athene. Sie wich mit der gleichen Leichtigkeit zur Seite wie zuvor, und Pallas zerbrach durch den Aufprall auf dem Berg hinter ihr in tausend Stücke.

Es gibt noch eine andere Version von Pallas Tod, die ebenso fesselnd ist, wie die erste. In blinder Wut stürzte er sich auf die Göttin zu, wobei er darauf achtete, seine Augen zur Seite zu wenden, um seinen Blick von dem versteinernden Blick der Gorgone abzuwenden. Athene ließ sich nicht beirren. Mit einem Schwung ihres Schildes lenkte sie den Schlag des Riesen ab, während sie gleichzeitig ihr Schwert von unten erhob. Mit einem großen Hieb hackte sie dem Riesen den rechten Arm ab. Bei diesem tödlichen Schlag ließ dieser seinen Blick gleiten und blieb mit den Augen an Athenes Brustpanzer hängen. Damit war der Riese für immer erledigt.

Athene ließ sich in ihrer Verteidigung des Olymps nicht aufhalten. Ihre größte Heldentat geschah, als es ihr gelang, den Riesen Enceladus unter dem Ätna zu begraben. Bis zum heutigen Tag verbleibt Enceladus dort und erzeugt die vulkanische Lava, die in seinem Inneren brodelt.

Die übrigen Olympier entledigten sich der verbliebenen Giganten. Artemis, die ihre Ehre verteidigen wollte, die durch die Lästerungen der Riesen verletzt worden war, zog mit Pfeil und Bogen bewaffnet in den Kampf. Sie erschlug den Riesen Aigaion. Ihr Bruder und Herakles, einer der größten Helden unter den Menschen, erschlugen den Riesen Ephialtes. Apollon ließ einen Pfeil in das linke Auge des Riesen fliegen, während Herakles das rechte Auge traf. Hephaistos besiegte den Riesen Mimas, indem er ihm heißes, flüssiges Eisen ins Gesicht schleuderte.

Poseidon verfolgte Polybotes über die Meere und konnte ihn schließlich auf der Insel Nisyros aufstöbern. Poseidon brach ein Stück der Insel ab und warf es auf Polybotes. Das Stück der Insel berührte den Rumpf des Riesen, zermalmte seine Organe und tötete ihn auf der Stelle. Hermes, der mit dem Unsichtbarkeitshelm des Hades bewaffnet war, besiegte den Riesen Hippolytos auf seine eigene listige Art. Er schwang sein mächtiges Schwert und spaltete Hippolytus mit wenigen Hieben in zwei Hälften. Dionysos, der nur mit seinem Thyrsus bewaffnet war (ein mit Ranken umwickelter Stab mit einem Fenchelzapfen an der Spitze, der typischerweise in hellenistischen Kultritualen verwendet wurde), tötete den Riesen Eurytos.

Ein Bild auf einem Becher aus dem späten 5. Jahrhundert v. Chr., das Poseidon beim Angriff auf Polybotes zeigt, mit Gaia im Hintergrund.[49]

Herakles gelang es auch, den einzigen Unsterblichen aus dem Volk der Riesen zu vernichten: Alkyoneus. Solange er innerhalb der Grenzen seiner angestammten Heimat, der Ebene von Pallene, blieb, konnte dieser weder verwundet noch getötet werden. Er galt zusammen mit seinem Bruder Porphyrion als König der Riesen. Athene fand ein Schlupfloch, um Alkyoneus Unsterblichkeit zu umgehen. Nachdem Herakles zahllose Pfeile in den Rumpf des Riesen geschossen hatte, riet Athene ihm, Alkyoneus über die Grenze der Ebene zu schleppen, damit er dort qualvoll verenden konnte. Herakles tötete außerdem auch den Riesen Leon und häutete ihn, um sich aus seinem steinharten Äußeren einen schützenden Mantel zu fertigen. Athene tat dasselbe mit der Haut ihres Opfers Pallas.

Die Schicksalsmächte schafften es, einige der bestialischen Riesen zu erledigen und Agrios und Thoon zu beseitigen, indem sie sie mit bronzenen Streitkolben zu Tode prügelten. Sogar die Rasse der unsterblichen Pferde, die von den Unsterblichen des Windes und des Ozeans geboren wurden, halfen im Kampf gegen die Giganten mit. Einige stellten sich natürlich auf die Seite der Usurpatoren. Dazu gehörten Xanthus und Balius, die später die Pferde des tragischen Helden Achilles wurden.

Diese Unsterblichen und die von sterblichen Frauen Geborenen, die für Zeus im Krieg der Götter kämpften, erhielten den Titel wahrer Olympier, sofern er ihnen nicht schon vorher verliehen worden war. Natürlich war Zeus der beeindruckendste Unsterbliche in der Gigantomachie, denn er setzte dem mächtigsten der Riesen, Porphyrion, ein Ende. Als Porphyrion sich anschickte, Zeus Frau und Königin Hera zu vergewaltigen, schleuderte der Himmelsgott einen Blitz nach dem anderen direkt auf den Riesen, der von diesen Schlägen erschlagen wurde.

Während der Gigantomachie gab es viel Verrat gegen den König der Götter. Zeus hatte nur wenige Verbündete, aber zahlreiche Feinde, sogar solche, die er für seine Freunde hielt. Dazu gehörte Olympos, ein Riese der Vernunft, der Zeus einst aufgezogen hatte und ihn die Ordnung des Gesetzes und die Geheimnisse der Erde lehrte. Olympos verriet Zeus, indem er die Giganten bei ihrem Aufstand gegen die Götter unterstützte. Dies war für Zeus verheerend, und in seinem Zorn erschlug er Olympos. Er war später so betrübt über den Tod seines Ziehvaters, dass er Olympos ein großes Grabmal baute und dessen Ruhestätte nach sich selbst benannte, damit die Menschen es für das Grab des Zeus hielten, so dass es immer besucht und verehrt wurde. Der einzige Riese, der den Krieg überlebte, war Aristaeus. Er wurde von Gaia auf die Insel Sizilien entführt und in einen Mistkäfer verwandelt, damit er vor den Göttern verborgen blieb.

# Kapitel 7: Typhon

Typhon war ein Vulkandämon. Seine bevorzugten Waffen waren große, schwelende Vulkangesteine, die er auf den Olymp schleuderte, und aus seinem Maul strömten die endlosen Feuer, die im Zentrum der Erde lagerten. Über die Herkunft des größten Unglücks der Götter und Vaters aller Ungeheuer wird viel diskutiert. Manche sagen, er sei das verfluchte Kind der Hera, geboren aus ihrer Wut auf Zeus, weil er Athene geboren hatte.

Hera nahm das neueste „Vergehen" ihres Mannes nicht einfach so hin, wie es sich für eine brave Ehefrau gehört. Sie bat Gaia und die große Unterwelt, ihr ein Kind zu schenken, das nicht von Zeus gezeugt wurde. Sie bat Mutter Gaia, ihrem Kind die Kraft zu geben, den König der Götter zu besiegen und als ewige Plage die Menschen zu quälen. Gaia war von ihrem Flehen gerührt und erfüllte ihre Bitte. Königin Hera teilte das Bett ihres Mannes ein ganzes Jahr lang nicht, ohne dass es ihm etwas auszumachen schien (er hatte genügend andere Möglichkeiten, sich diesbezüglich zu vergnügen). Am Ende des Jahres gebar sie unter großen Mühen das Monster aller Monster, und von da an herrschte Angst in der ganzen Welt, selbst auf den Höhen des Olymps.

In anderen Quellen heißt es, dass der Typhon aus den Tiefen des Tartarus geboren wurde und dass er Gaias letzter Versuch war, die Olympier zu stürzen. Typhon nahm die Gestalt einer Ansammlung der mächtigsten und furchterregendsten Tiere der Natur an. Seine untere Hälfte war die einer Schlange, mit mehreren langen schuppigen Körpern. Diese mündeten in den Torso eines Menschen, aber hier endete

Typhons Verbindung zur Menschheit oder irgendeiner Art von Menschlichkeit. Aus seinem Rücken sprossen zwei große Flügel, die mit einem schnellen Schlag die Wolken wegpusteten und die Bäume vom Land fegten. Sein Haar und sein Bart hingen schwer in großen, stinkenden, rauchigen Matten. Seine Augen glühten rot wie das Feuer der Unterwelt, und seine Ohren waren an der Spitze spitz zulaufend, ebenso gezackt und gefährlich wie seine knirschenden Zähne.

Die Stärke von Typhon in der Welt der griechischen Mythologie war unvergleichlich. Selbst Zeus hatte seine Ängste und Zweifel an seinen Fähigkeiten, wenn es darum ging, Typhon zu besiegen. Sein Kopf ragte über die großen Wolken hinaus, und seine Schlangenschwänze umklammerten und verformten die Erde. Seine Stimme brüllte und knurrte tief in seinem Inneren, wie ein Löwe oder ein Stier, der sich auf den Angriff vorbereitet. Es hieß, sein Kriegsschrei klang wie der Schrei all dieser Tiere zusammen, mit einem leisen Chor von Zischlauten im Hintergrund.

Typhon ist als Vater aller Ungeheuer bekannt. Mit der großen Schlangenjungfrau Echidna zeugte er einige der von Menschen und Göttern am meisten gefürchteten und respektierten Ungeheuer. Diese Kinder spielen in anderen Geschichten eine wichtige Rolle, oft in der Standardrolle des „Gegners des griechischen Helden" oder, besser noch, der „Kreatur, die man erschlagen muss, um sich vor einem Haufen weinerlicher Unsterblicher zu beweisen". Oftmals haben diese Monster den Kampf nicht angezettelt. Die Kinder von Typhon und Echidna brachten jedoch auch einige Monsterbabys zur Welt, die für großes Aufsehen sorgten. Schurkerei war in der griechischen Mythologie also definitiv eine Familienangelegenheit.

Das erste Kind, das Echidna gebar, war Orthros, der Hund des Riesen Geryon. Orthros war ein zweiköpfiger Hund mit einem Schlangenschwanz. Orthros hatte die Aufgabe, das rote Vieh von Geryon auf der Insel Erytheia zu bewachen. Er lebte wild und widmete sich ganz seiner Aufgabe. Er wurde von dem Helden Herakles erschlagen, der als eine seiner zwölf Aufgaben eines der wertvollen Rinder stehlen sollte, die der Hund bewachte. Dabei wurde auch der Herr von Orthros getötet. Nicht alle Kinder des Typhon verfolgten Tag und Nacht das Böse; einige waren nur durchschnittliche Monster, die sich ausschließlich der Aufgabe widmeten, mit der sie beauftragt worden waren.

Aus Typhons Verbindung mit Echidna ging auch der berühmteste Angestellte des Hades und Wächter der Tore der Unterwelt hervor: Kerberos. Dieses Ungeheuer aß rohes Fleisch und hatte drei grausame Köpfe, die sich in alle Richtungen drehten und wild schnappten. Er hinderte die Seelen der Toten daran, ihrem Schicksal in den dunklen Tiefen der Erde zu entkommen. Mit Teamwork konnte er jedoch besiegt werden. Genau wie bei Orthros, war es Herakles, der als eine seiner zwölf Aufgaben mit der Gefangennahme des Kerberos beauftragt wurde. Er war dabei nur mit Hilfe der Königin der Unterwelt, Persephone, und der hellsichtigen Athene erfolgreich. Es war ein Insider-Job mit der Logistik des klügsten Strategen des Olymps, vielleicht sogar der Welt.

Ihr drittes Kind, die Hydra, wurde von der großen Schlange geboren, aber an der Brust der Königin Hera gestillt. Die Milch der Göttin nährte ein monströses und äußerst furchterregendes Ungeheuer, das in den Sümpfen von Lerna sein Unwesen trieb. Die Hydra, die von Stephanus von Byzanz am besten als „drakonische Schlange" beschrieben wurde, verfügte über eine besondere Regenerationsfähigkeit ihres Körpers, die es sehr schwer machte, das Ungeheuer zu verwunden und zu töten. Das Ungeheuer hatte neun Köpfe, acht sterbliche und einen unsterblichen, der in der Mitte ruhte. Jedes Mal, wenn es einen Kopf verlor, wuchs an dessen Stelle ein neuer nach. Diese Fähigkeit des Monsters hatte (Sie haben es wahrscheinlich schon erraten), kein Geringerer als Herakles entdeckt.

Typhon war außerdem auch der Vater der Chimäre, einem feuerspeienden Ungeheuer mit drei verschiedenen Tierköpfen. Der mittlere Kopf war ein Löwe, der rechte war ein Drache oder eine Schlange und der linke eine Ziege. Alle diese Köpfe waren mit dem Körper eines Löwen verbunden und endeten mit dem klassischen Schwanz des Ungeheuers aus der griechischen Mythologie, der die Form einer Schlange hatte. Außerdem hatte die Chimäre ein Ziegeneuter unter ihrem Hinterteil. Die Chimäre wurde zur Mutter anderer berühmter Ungeheuer, wie etwa der Sphinx und des nemeischen Löwen.

Das Auftauchen von Typhon aus dem Unterboden der Erde war ein deutliches Zeichen für einen Angriff. Zeus und die anderen Götter wussten, dass diese neueste Bestie irgendwann vor den Toren des Olymps auftauchen würde. Die Olympier flohen nach Ägypten und verwandelten sich in Tiere, um sich vor Typhon zu verstecken. Er war so grausam und blutrünstig, dass die Götter um ihre unsterblichen Seelen fürchteten. Nun, alle außer Zeus, der zuerst handeln wollte, bevor

Typhon in seiner Wut zuschlug. Zeus wusste, dass er nicht dazu in der Lage sein würde, das Ungeheuer aufzuhalten, wenn es erst seine rasende Wucht entfaltet hatte.

Zeus rief Hephaistos um Hilfe an und befahl dem Schmied der Götter, für ihn Donnerkeile von großer Kraft und Energie zu schmieden. Hephaistos widmete sich dieser Aufgabe Tag und Nacht. Zeus begann daraufhin seinen Kampf mit dem großen Typhon, indem er ihn wiederholt mit Blitzen traf, die seinen Geist schwächten und dem König der Götter Zeit verschafften, um zu entscheiden, wie er das Ungeheuer am besten endgültig besiegen konnte. Dann schleuderte Zeus den stärksten Blitz tief ins Meer, spaltete die Erde auf und ließ das heiße Feuer aus ihrem Kern die Erdschichten wegschmelzen, bis der klaffende Schlund des Tartarus zum Vorschein kam. Mit einem letzten Schlag gelang es Zeus, Typhon in die Grube zu stoßen, den Riss im Meeresboden zu versiegeln und den Vater der Ungeheuer für alle Ewigkeit in die Dunkelheit zu sperren.

Der Überlieferung nach hat Typhon noch immer einen gewissen Einfluss auf die Winde der Erde und insbesondere auf die Meere. Von seinem Gefängnis unter der Erdkruste aus ist er in der Lage, katastrophale Ereignisse herbeizuführen, wie z. B. Landschwellungen und bösartige Wellen, die Seeleute und Fischer in den Tod schicken.

Griechische Keramik mit einer Darstellung von Zeus, der einen seiner Blitze auf Typhon schleudert.[50]

# Kapitel 8: Die Schöpfung des Menschen, der Neuen Generation und der Frauen als Fluch der Menschheit

Als die Zeit für die Erschaffung der Menschheit gekommen war, wurde diese Aufgabe dem Titanen übertragen, der mit den Olympiern gekämpft hatte, um Kronos zu besiegen: Prometheus. Es gab zwar noch andere Titanen, die Zeus im Kampf um den Thron der Welt zur Seite standen, doch Prometheus war der vertrauenswürdigste unter den Mitgliedern seiner Generation. Zeus gab ihm einen Stellvertreter an die Seite, seinen Bruder Epimetheus, um die Aufgabe zu erfüllen, alle sterblichen Wesen zu erschaffen, Menschen und Tiere gleichermaßen. Epimetheus war der Titan der nachträglichen Überlegungen und Ausreden. Er war der Sohn von Iapetus und Klymene und der Ehemann der ersten Frau, die jemals erschaffen wurde. Ihre Geschichte ist der Entstehungsgeschichte der biblischen Eva sehr ähnlich. Diese Frau war keine andere als Pandora. In beiden Geschichten wurden die Frauen dafür verantwortlich gemacht, dass die negativen Aspekte der Schöpfung auf die Menschheit übergingen.

Epimetheus und Prometheus waren mit ihren eigenen Schöpfungen keineswegs perfekt. Vielmehr verärgerten sie Zeus sehr mit ihrer Entscheidung, was die Erschaffung der Sterblichen angeht. Sowohl die

Tiere als auch die Menschen wurden auf der gleichen Grundlage geschaffen: ein wenig Lehm und etwas Wasser zur Formung. Dies ist anderen Schöpfungsmythen sehr ähnlich. Er ähnelt der biblischen Erzählung und auch einigen indigenen Legenden. Als es um die Individualisierung von Mensch und Tier ging, war Epimetheus nicht ganz klar im Kopf und verlieh den Tieren und Bestien alle räuberischen körperlichen Eigenschaften. Er verlieh ihnen lange Klauen, um sich zu verteidigen und Fleisch zu zerfleischen. Er gab ihnen auch ein dickes Fell und Schuppen, um sie vor den Elementen zu schützen. Er schärfte ihren Geruchs- und Geschmackssinn, und er ließ ihre Augen im Dunkeln leuchten. Diese beängstigenden kleinen Lichter in der Nacht sollten später die Träume der Menschen plagen.

Im Grunde genommen wurden die Menschen zitternd und nackt im Wind der Welt zurückgelassen. Das konnte, durfte einfach nicht so sein. Prometheus war bereit, bis zum Äußersten zu gehen, um die Würde und die insgesamt glückliche Existenz der Menschheit zu erhalten. So stahl er Hephaistos zum Wohle der Menschen das Wissen und die Fertigkeiten der mechanischen Künste sowie ein Stück der göttlichen Flamme aus dessen Werkstatt. Auch von der Göttin Athene nahm er das Wissen um Handwerk und Verstand. Prometheus schenkte diese Gaben den Menschen, damit sie ihre Häuser heizen, ihr Essen kochen und ihre Metalle verarbeiten konnten. Sie konnten nun Waffen herstellen und sich vor den Tieren schützen, die Epimetheus so eifrig gepanzert hatte.

Als Zeus hörte, was Prometheus getan hatte, wurde er wütend. Es ging ihm nicht darum, dass Prometheus nicht nur einem, sondern zwei Olympiern geistige und körperliche Eigenschaften gestohlen hatte, sondern darum, was er mit diesen Gaben nach dem Diebstahl tat. Zeus hatte eine sehr wechselhafte Beziehung zur Menschheit. In der Tat gab es vor Prometheus Entwurf der Menschheit andere Arten, die vor den Menschen kamen. Diese Wesen wurden von den Titanen erschaffen, hauptsächlich durch die Hand von Kronos und seinen Brüdern. Dies war die erste Generation der Menschheit, die als die goldene Generation bekannt ist. Diesen Wesen fehlte es an nichts und sie galten als perfekt.

Aber vielleicht waren sie ein wenig zu perfekt. Der griechische Theologe Hesiod hielt diese Wesen für unsterblich. Er glaubte sogar, dass Kronos ihre Körperzusammensetzung so gestaltete, dass sie rückwärts altern konnten. Am Ende ihrer Tage kannten diese Wesen weder Schmerz noch Streit. Sie kehrten einfach in ihre ursprüngliche geistige Form zurück und durchstreiften die Erde als Dämonen. Als die

Herrschaft der Titanen und des Kronos zusammenbrach, kam auch das Ende der Linie der goldenen Generation, weil sie die olympische Ordnung nicht verehren wollten. Um ehrlich zu sein, betrachteten sie sich wahrscheinlich als gleichberechtigte Erben von Kronos, da sie seine wertvollsten Schöpfungen gewesen waren. Wahrscheinlich hielten sie sich für besser als seine eigentlichen Kinder. Und warum sollten sie auch nicht so denken? Immerhin waren sie perfekte Wesen.

Vor der Generation, die von Prometheus und Epimetheus, geschaffen wurde, gab es mehrere Generationen von Menschen. Die nächste Generation nach den goldenen Wesen wurde treffend die silberne Generation der Menschheit genannt. Diese Wesen waren die Schöpfungen von Zeus, und um sicherzustellen, dass die Geschichte sich an seine Unsicherheit als Vater erinnern würde, sorgte Zeus dafür, dass diese Generation den Olympiern körperlich und intellektuell unterlegen war. Diese Menschen waren nicht nur hässlich und dumm, sondern auch gelangweilt. Die einzige Aufgabe, die Zeus ihnen zuwies, war die Anbetung der Götter und das Anpflanzen von Getreide. Am Ende weigerte sich die silberne Generation, den Göttern die Huldigung zu erweisen, die sie ihrer eigenen Meinung nach verdienten, und Zeus tötete schließlich die gesamte Rasse und schickte sie in den Hades, um zu gesegneten Geistern der Unterwelt zu werden. Aber wie gesegnet waren sie durch dieses Schicksal wirklich?

Die Generation, die auf die Silberne folgte, war natürlich die Bronzene. Die dritte Generation, die bronzene Generation, war sogar noch glanzloser als die silberne. Zeus schuf diese Menschen aus Eschen. Sie waren kriegerisch, ausschließlich Fleischfresser und sehr fähige Schmiede, die ihre Häuser und Waffen ausschließlich aus Bronze bauten. Ihr Hauptmerkmal war, dass sie zu schnellen und emotionalen Entscheidungen neigten. Mit der Zeit begann dies Zeus zu verärgern. Er hasste seine Schöpfung dafür, genau das zu sein, wofür er sie geschaffen hatte: als einfache und unterwürfige Wesen, die sich nicht weiterentwickeln konnten. Diese Generation war für die Götter zufriedenstellend, bis sie es nicht mehr waren, da sie schließlich Kriege und Unruhen verursachten, weil sie zu dumm waren, um zu erkennen, dass sie damit das meiste Leid über sich selbst brachten. Zeus ließ daher eine große Sintflut herbeiführen und die Welt überschwemmen, um das Land von diesen hirnlosen Menschen zu befreien.

Die einzigen beiden Überlebenden der großen Flut waren der nordgriechische König von Thessalien, Deukalion, und seine Frau

Pyrrha. Deukalion war der Sohn des Titanen Prometheus, und seinem Vater gelang es, ihn vor den Plänen des Zeus zu warnen, er wusste, dass die Welt überflutet werden sollte. In klassischer und geradezu biblischer Manier baute Deukalion eine Arche, um sich und seine Frau vor den Fluten zu retten. Sie wurden auf den Gipfel des Berges Parnass gespült. Dort zeugten sie das hellenische Menschengeschlecht, indem sie auf dem Weg nach oben Steine hinter sich warfen, wie es ihnen der Gott Hermes aufgetragen hatte.

Danach kam die letzte Generation der Menschen, die von den Titanen statt von den Göttern erschaffen wurde. Die Wahrheit ist, dass die Olympier (vor allem Zeus) keine guten Menschen geschaffen haben. Die beste Version der Menschheit, die vor der letzten Generation entstand, war zweifellos die goldene Generation, da sie keine nennenswerte Bedrohung oder Herausforderung für die Titanen darstellte. Erst als die Titanen erneut in die Erschaffung der Menschheit involviert waren, konnte eine neue Generation von „erfolgreichen" Menschen geschaffen werden.

In der Antike wurden Metalle symbolisch mit göttlichen Vorstellungen verbunden. Der „Goldstandard" ist ein passender Ausdruck, auch wenn er vielleicht ein wenig klischeehaft klingt. Die Metalle, die zur Beschreibung der verschiedenen Generationen der Menschheit verwendet wurden, wurden im Laufe der Zeit immer weniger mit Glanz, Wert und Opulenz in Verbindung gebracht. Sie wurden auch mehr mit der Erde verwurzelt (es handelte sich um gewöhnliche Metalle), aber sie waren anpassungs- und bewahrungsfähiger und konnten auf eine Vielzahl von innovativen Wegen genutzt werden. Die letzte Generation der Menschheit, die aus Lehm und Wasser gemacht wurden, war die bodenständigste Version der Rasse. Diese Menschen unterschieden sich von den Göttern, was sie vor deren göttlichen und rachsüchtigen Unsicherheiten bewahrte.

Dennoch hasste Zeus sie von ganzem Herzen. Zusammenarbeit gehörte nicht zu seinen Stärken, und seine ganze Weisheit schien seinen Körper an dem Tag verlassen zu haben, als seine Tochter Athene geboren wurde. Als er entdeckte, dass Prometheus es gewagt hatte, die Menschen auf das intellektuelle und kreative Niveau der Götter zu heben, zwang er Hephaistos dazu, eine „Achillesferse" für die menschliche Rasse zu schaffen. Er schuf eine Frau, die alle Übel der Welt auf die Menschheit abwälzen sollte.

Pandora, die erste Frau, war mit den Gaben aller Götter ausgestattet. Sie war schön, listig, weise und neugierig. Dieses perfekte Exemplar der Weiblichkeit wurde von Zeus an Epimetheus verschenkt, der, wie es sich gehört, Pandora ahnungslos zur Frau nahm, ohne sich die Mühe zu machen, Zeus wahre Absichten zu überdenken. Prometheus witterte einen Hauch von Zeus Betrug und wies seinen Bruder an, kein Hochzeitsgeschenk vom König der Götter anzunehmen. Am Tag von Pandoras Hochzeit überreichte Zeus ihr einen großen Krug und wies das Paar an, niemals zu versuchen, das Gefäß zu öffnen, denn darin wohnte eine große Macht, die selbst durch den kleinsten Spalt entweichen konnte.

Prometheus flehte seinen Bruder und seine Schwägerin an, das Geschenk zurückzugeben, aber sie weigerten sich, da sie den großen Zeus nicht beleidigen wollten. Mit der Zeit wurde die Neugier zu groß, und Pandora konnte der Versuchung des verschlossenen Gefäßes nicht mehr widerstehen, ohne zu wissen, was sich in dessen Inneren befand. Sie hob den Deckel nur leicht an, um hineinzublicken, und im selben Augenblick ergossen sich tausend Schrecken, die die Menschheit nie gekannt hatte, wie Mühsal, Krankheit, alle möglichen Plagen, Eifersucht, Lust und Gier. Dies entsprach dem anfänglichen Plan des Zeus. Er wollte, dass die Menschheit einen Rückschlag erlitt.

Wir werden immer unsere eigenen größten Meister und Feinde bleiben. Der Mensch ist zwar zu großer Liebe und Kreativität fähig, aber er hat auch eine natürliche Neigung zur Selbstsabotage.

# Kapitel 9: Herakles, der Größte Held von Allen

Bei den Römern war er als Herkules bekannt, bei den Griechen als Herakles. Er war der am höchsten verehrte und beliebteste Halbgott unter den Olympiern und der Menschheit. Diese Ehre war jedoch mit einem hohen Preis verbunden, denn Herakles hat zweifellos mehr Leid ertragen als jeder andere griechische Sterbliche. Selbst unter den Unsterblichen und Halbgöttern der griechischen Mythologie nimmt sein Kampf einen höheren Rang ein.

Die Geschichte seines chaotischen Lebens begann an dem Tag, an dem er geboren wurde. Er wurde in eine Welt voller Familienkonflikte und Eifersucht hineingestoßen. Herakles war der Sohn von Zeus und Alkmene, der Frau von Amphitryon und der Enkelin von Perseus. Ja, derselbe Perseus, der die Gorgone Medusa besiegte; auch er war ein von Zeus gezeugter Halbgott. In Wirklichkeit schlich sich Zeus also als deren Ehemann verkleidet in das Bett seiner Ur-Ur-Enkelin und schwängerte sie mit Herakles. Als der Junge geboren wurde, bemerkte seine Mutter, dass er ein unglaubliches Maß an Kraft und körperlicher Ausdauer besaß. Dies war der einzige Grund dafür, dass er seine Kindheit überleben konnte.

Hera war, wie es sich gehört, nicht sehr erfreut über ihren inzestuösen, betrügerischen Ehemann, und ehrlich gesagt, hatte sie viele Gründe, sich rächen zu wollen. Eine der traurigsten Tatsachen in Heras Geschichte als Ehefrau ist, dass sie ihren Mann nie für seinen Betrug bestrafen konnte, außer indem sie seine vielen Mätressen und deren Kinder folterte. Sie liebte ihren Mann und wollte ihn nicht verletzen. Als Herakles geboren wurde, schickte Hera zwei große Schlangen, um den Säugling in seiner Wiege zu erwürgen. Herakles Stärke rettete ihn bei dieser Gelegenheit zum ersten Mal. Er packte die Schlangen an ihren Kehlen und drückte zu, bis sie sich nicht mehr bewegten.

Weil Hera dem Säugling das Leben nicht nehmen konnte, wollte sie ihm sein rechtmäßiges Schicksal nehmen. Vor Herakles Geburt hatte Zeus geweissagt, dass dieser Sohn das mykenische Königreich erben und einer der größten Herrscher werden würde, die das Reich je gesehen hatte. Hera schaffte es, ein anderes Kind zum König von Mykene zu machen, den schwachen und unreifen Eurystheus, das Kind von Alkmene und Amphitryon. Hera überlistete Zeus in dieser Angelegenheit, und so wurde Herakles seines rechtmäßigen Platzes auf dem Thron beraubt.

Nachdem Herakles den ersten Mordanschlag Heras überlebt hatte, wurde die Göttin vor Frustration wahnsinnig und beschloss als letzten Ausweg, eine ihrer üblichen Strafen anzuwenden. Sie ließ den Helden seinen Verstand und sein Zeitgefühl verlieren und trieb ihn schließlich in den Wahnsinn. Sie verhängte diese Strafe erst Jahre später, als Herakles das Mannesalter erreicht hatte und es ihm gelungen war, einen Funken Glück in sein Leben zu bringen.

Nachdem Herakles die Minyer besiegt und die Stadt Theben vor der Zerstörung bewahrt hatte, erhielt er die Tochter des Königs Kreon, Megara, zur Frau. Die beiden waren sehr verliebt und hatten drei gemeinsame Kinder. Obwohl Herakles einen Ort der Ruhe gefunden hatte, wurde ihm dieser in einem kurzen Moment des Wahnsinns entrissen. Obwohl er jahrelang mit seinen Anfällen zurechtkam, noch nachdem Hera seinen Geist infiziert hatte, ließ seine geistige Zähigkeit nach. Eines Tages tötete er in einem Anfall seine Frau und seine Kinder. Als Herakles wieder zur Besinnung kam, waren seine Trauer und sein Schmerz über den Verlust seiner Lebensgefährtin und seiner geliebten Kinder unbeschreiblich groß. Nach einiger Zeit beschloss er, etwas zu unternehmen. Er suchte Apollo auf, den Gott der Wahrheit und der Heilung, und bat seinen Halbbruder, ihn entweder von seinem Kummer zu heilen oder ihn zu erschlagen.

Apollo, der wusste, was seine böse Stiefmutter Hera getan hatte, entschied sich für eine andere Vorgehensweise, um Herakles bei seiner

Schuld zu helfen. Er sagte Herakles, dass das, was geschehen war, nicht seine Schuld war, und dass es eine Möglichkeit für Herakles gab, zu heilen. Anschließend könne er für seine Taten büßen, sofern er der Herausforderung gewachsen war. Am Ende dieser Reise sollte Herakles die Unsterblichkeit erlangen und nicht mehr unter dem Verlust seiner Frau und seiner Kinder leiden. Diese Taten wurden als die zwölf Taten oder Aufgaben des Herakles bekannt. Es handelte sich um Taten von unglaublicher körperlicher und geistiger Stärke, die den Platz dieses Helden in der mythologischen Geschichte definieren und festigen sollten.

Apollo befahl Herakles, zu seinem Cousin Eurystheus zu gehen, der sowohl sein Rivale als auch der aktuelle König von Mykene war. Er solle den König bitten, dem Halbgott alle Aufgaben zu übertragen, die ihm einfielen. Herakles musste sie dann erfüllen, um seine Ehre wiederzuerlangen. Apollo wusste, dass er Herakles damit viel abverlangte, denn er würde nicht nur durch die Hölle gehen, um Buße zu tun, sondern auch unter der Willkür eines Königs leiden, den Herakles für einen minderwertigen Menschen hielt. Jeder, der schon einmal unter einer unfähigen Führungskraft gearbeitet hat, kann bestätigen, dass dies eine echte Herausforderung gewesen sein muss.

Dieses römische Relief aus dem 3. Jahrhundert n. Chr. stellt die zwölf Taten des Herakles dar. Von links nach rechts sieht man den nemeischen Löwen, die lernäische Hydra, den erymanthischen Eber, die kyrische Hindin, die stymphalischen Vögel, den Gürtel der Hippolyta, den Augias-Stall, den kretischen Stier und die Stuten des Diomedes.[51]

Eurystheus stellte Herakles zwölf unmögliche Aufgaben, zusätzlich zu neun kleineren Aufgaben (die in vielen Mythen oft nicht erwähnt werden). Diese Aufgaben waren mit einem hohen Risiko und keiner wirklichen Aussicht auf Erfolg verbunden. Angesichts der Tatsache, dass wir es mit dem stärksten Halbgott unter den Halbgöttern zu tun haben, waren die Chancen ziemlich ausgeglichen. Die erste der Aufgaben bestand darin, den nemeischen Löwen zu besiegen. Vielleicht erinnern Sie sich noch an ihn. Er war der Sohn des großen Schreckens Typhon.

Der nemeische Löwe bewohnte eine Höhle im Gebirgstal von Nemea im Königreich Argolis. Das Fell des Löwen war den Waffen des Herakles gegenüber unempfindlich. Um dieses große Tier zu besiegen, musste Herakles in einem Wettstreit der Kräfte und des Willens gegen den Löwen antreten. In klassischer griechischer Manier rang Herakles ganz nackt mit dem Löwen (dies entspricht der wahren Tradition des antiken olympischen Ringens, das ganz nackt im Dreck ausgetragen wurde, wobei jeder Ringer zunächst von Kopf bis Fuß mit Öl eingerieben wurde). Stellen Sie sich vor, was das für ein Schauspiel gewesen sein muss! Es gelang ihm schließlich, den Löwen an der Kehle zu packen und zu erdrosseln. Danach häutete Herakles den nemeischen Löwen und trug sein Fell als undurchdringlichen Schutzmantel. Außerdem verlangte er, dass die Figur seines Gegners in die Sterne erhoben werden sollte. So ehrte Zeus den großen Löwen, indem er ihn in das Sternbild des Löwen verwandelte. Dies ist eines der Markenzeichen dieses Helden und das Fell des großen Löwen half ihm bei seinen weiteren Aufgaben.

Als Nächstes reiste Herakles zu den weit entfernten Sümpfen von Lerna, das neben dem Königreich Argos lag. Dort hauste die berüchtigte Hydra von Lerna mit ihren neun Köpfen, von denen der mittlere unsterblich war. Diese Bestie war von Hera persönlich gesäugt worden, und so war es, als würde die Göttin ihren Meister gegen den verhassten Helden einsetzen. Hera war schließlich kein Fan von Herakles. Dies war zweifellos der gefährlichste Gegner, dem Herakles bisher gegenübergestanden hatte, und deshalb brauchte er die Hilfe seines guten Freundes Iolaos, um die Bestie zu besiegen. Aus diesem Grund erklärte Eurystheus die Arbeit für unrechtmäßig beendet, was bedeutete, dass sie nicht als erfolgreiche Aufgabe gewertet werden würde. Herakles musste eine weitere Aufgabe erfüllen und erfolgreich abschließen.

Herakles gelang es, die Hydra mit Hilfe von Athene und Iolaos zu besiegen. Die Hydra zog mit ihrer eigenen Verstärkung in Form einer riesigen Krabbe in den Kampf. Die Göttin erklärte Herakles, wie er die Hydra besiegen konnte. Sie sagte ihm, dass er jedes Mal, wenn er einen Kopf abschlug, die Wunde ausbrennen müsse, um sicherzustellen, dass kein neuer Kopf nachwachsen konnte. Also holte Herakles einen Eichenzweig von einem nahen Baum und zündete ihn an. Mit Pfeil und Bogen schoss er der Hydra in den Rumpf, um sie so lange zu betäuben, bis er ihr einen Kopf nach dem anderen abschlagen konnte und genug Zeit hatte, die Wunde auszubrennen. Nachdem er den Vorgang mit jedem der Köpfe wiederholt hatte, blieb nur noch der unsterbliche mittlere Kopf übrig, den er nun besiegen musste. Diesen zertrümmerte er schließlich mit einem riesigen Felsbrocken und beendete damit die Schreckensherrschaft der Hydra.

Nachdem diese zermürbende Arbeit abgeschlossen war und der König von Mykene seine Zustimmung verweigert hatte, machte sich Herakles an seine nächste Aufgabe, die fast ein ganzes Jahr in Anspruch nehmen sollte. Eurystheus hatte ihn damit beauftragt, die Keryneische Hindin zu fangen, die allgemein als der Goldene Hirsch von Arkadien bekannt ist. Dieses Tier war einer der fünf heiligen goldenen Hirsche, die der Göttin Artemis von der Nymphe Taygete, einer der wichtigsten und bedeutendsten Figuren der griechischen Naturwelt, geschenkt worden waren. Sie war die Tochter von Atlas und Pleione und lebte in der Bergregion von Lakonien. Zusammen mit Zeus zeugte sie die Vorfahren des Königs von Sparta. Die Tiere, die sie der Göttin schenkte, waren für Artemis von großer Bedeutung, und alle fünf zogen ihren Wagen.

Herakles gelang es schließlich, das Tier zu fangen, indem er es mit einem Pfeil in der Flanke verwundete. Einmal versuchte der Hirsch, seinem Jäger zu entkommen, und in dem folgenden Kampf riss Herakles versehentlich eines seiner goldenen Geweihe ab. Dieses wurde sicher aufbewahrt, und Herakles versuchte, das Tier auf seinen Schultern zurück nach Mykene zu schleppen. Auf dem Weg zum Königreich wurde der Held von Artemis und ihrem Bruder Apollo aufgehalten. Artemis war wütend darüber, dass ihr heiliges Tier auf diese Weise behandelt worden war, und wollte sich an Herakles rächen. Nach stundenlangem Hin und Her gelang es Herakles, den Zorn der Göttin zu besänftigen, indem er ihr das Ziel seiner zwölf Taten erklärte. Die Göttin erlaubte ihm, das Tier zurück nach Mykene zu schleppen, sofern er den Hirsch nach der Übergabe an den König freilassen würde. Die schwierige Aufgabe bei dieser speziellen Aufgabe bestand nicht nur darin, das Tier zu fangen, sondern auch den Zorn einer Göttin zu überleben, die solche Verstöße normalerweise nicht zuließ. Sie hätte es wahrscheinlich vorgezogen, Herakles umgehend in ein wildes Tier zu verwandeln, das von ihren Jagdhunden zerrissen worden wäre.

Nachdem er seine Kräfte wiedererlangt hatte, machte sich Herakles an seine nächste unmögliche Aufgabe. Diesmal reiste er in die verschneite Bergregion von Erymanthien, wo der Erymanthische Eber zu Hause war. Gelegentlich kam das große Tier von den Bergen herab, um die Dörfer der Sterblichen im Ackerland von Psophis zu jagen und zu terrorisieren. So reiste Herakles den ganzen Weg den schneebedeckten Berg hinauf zu einer Höhle, in der das Wildschwein ruhte. Das Wildschwein nahm die Witterung unseres Helden auf und griff ihn an, als er am Eingang der Höhle stand. Herakles sprang schnell aus dem Weg, und die Verfolgung begann. Er verfolgte das Wildschwein gut zwei Stunden lang und konnte es schließlich fangen. Es gelang ihm anschließend, das Wildschwein lebend bis zur Kammer des Eurystheus zu bringen.

Beim Anblick des Schreckens, den der große Erymanthische Eber darstellte, stürzte sich Eurystheus, getreu seiner feigen Natur, kopfüber in einen riesigen Pithoskrug, der unter der Erde vergraben war. Herakles nutzte die Gelegenheit, um seinen Vetter zu necken, und tat so, als würde er das lebende Wildschwein zusammen mit dem König in den Krug schubsen, was Eurystheus dazu veranlasste, sich noch tiefer in das Gefäß zu ducken. Das brachte den Rest der Leute im Thronsaal zum Lachen. Als der König schließlich aus seinem Versteck hervorkam, gab er Herakles die nächste Aufgabe und sorgte dafür, dass der Held für sein provokatives Verhalten bestraft wurde.

Herakles wurde damit beauftragt, die Ställe von König Augeas zu reinigen, der über die Epeier von Elis im Westen des Peloponnes herrschte. Das war nicht gerade eine der edelsten Aufgaben, und die Arbeit musste an einem Tag erledigt werden, was praktisch unmöglich war, wenn man bedenkt, dass der Boden des Stalls mit Ochsenkot aus der ganzen letzten Woche übersät war. Wie es sich gehört, leistete Herakles die gleiche Arbeit wie bei den anderem Aufgaben - allerdings für den richtigen Preis. Einige sagen, dass er mit Gold bezahlt werden sollte, während andere Quellen darauf hinweisen, dass Herakles ein Viertel der Ochsen versprochen worden war. Der König war sich sicher, dass er Herakles niemals würde belohnen müssen, da er die Aufgabe unmöglich an einem Tag bewältigen konnte. Der König versprach, dem Helden einen angemessenen Lohn für seine Hilfe zu zahlen, und die beiden Männer besiegelten ihre Abmachung mit Handschlag.

Durch seine große Kraft gelang es Herakles, riesige Felsbrocken in den Fluss Alpheus zu stoßen und den Strom auf die Ebene und in die Scheune umzuleiten. Die Kraft des Wassers spülte den Dung von allen zwanzig Ochsen weg und fegte den Schmutz und die Unreinheiten aus den Ställen. König Augias konnte nicht glauben, wie leicht der Held die Aufgabe hatte erledigen können, und weigerte sich, Herakles den ihm zustehenden Lohn zu zahlen. Der Held war dadurch so erzürnt, dass er dem gesamten Königreich Elis den Untergang schwor. Nach Beendigung seiner Aufgaben wollte er zurückkehren und schreckliche Rache an Land und Leuten üben. Sein Feldzug verzögerte sich nach Beendigung dieser Aufgabe um einige Zeit, da es ihm an Ressourcen und einer Armee mangelte und der Held plötzlich erkrankte. Als Herakles jedoch wieder zu Kräften kam, unterwarf er Elis, wie er es versprochen hatte, und schlug dem König mit bloßen Händen den Schädel ein.

Doch bevor dies geschah, musste Herakles seine Aufgaben zum Wohle seiner Seele fortsetzen. Die sechste Aufgabe bestand darin, die Welt von den stymphalischen Vögeln zu befreien, die am See Stymphalia in Arkadien lebten. Diese menschenfressenden Vögel wurden ursprünglich von Jason und den Argonauten entdeckt, die deren Vorliebe für das Fleisch von allem und jedem am eigenen Leib zu spüren bekamen. Daraufhin entwickelten diese Vögel eine Vorliebe für Menschenfleisch und wurden zum Schrecken von ganz Arkadien. Neben ihrem unstillbaren Appetit konnten die Vögel auch rasiermesserscharfe Federn aus ihren Flügeln schießen, die wie Pfeile durch die Luft schnitten. Die Abstammung der Vögel ist umstritten, aber die antiken Gelehrten waren sich einig, dass diese Vögel eine Zeit lang vom Kriegsgott Ares aufgezogen worden waren. Wahrscheinlich setzte der Gott die riesigen Raubvögel in der einen oder anderen seiner zahlreichen Schlachten ein, obwohl sie in den Schriften nie direkt genannt werden.

Herakles ließ sich von den sicherlich furchterregenden Vögeln nicht beirren. Er lockte sie aus ihren Verstecken in den dichten Büschen und Ranken am Ostufer des Sees hervor, indem er große Steine mit lautem Getöse gegeneinander warf. Als die Vögel einzeln auf ihn zuflogen, um ihn anzugreifen, schoss er sie mit seinen Pfeilen aus dem Himmel. Nun mag man sich fragen, wieso es noch nie jemandem gelungen ist, die Vögel auf diese Weise zu töten. Der Kraft von Herakles Pfeilen und der Schwung seines Schwertes waren mächtiger als die meisten Menschen. Wenn er einen Pfeil mit seinem Bogen abschoss, war die Kraft fast so stark wie die eines Blitzes des Zeus. Herakles Stärke machte ihn den Göttern ähnlicher als den Menschen.

In der siebten Aufgabe des Herakles kommt eines der vielleicht berühmtesten Fabeltiere der griechischen Legenden vor: der kretische Stier. Dieser Stier zeugte den Minotauros in einer Vereinigung mit der Königin von Kreta, die die Schönheit des Tieres gesehen hatte und von unvorstellbarer Lust überwältigt wurde. Sex mit Tieren war im antiken Griechenland nicht üblich, so dass dieser Akt für den Durchschnittsgriechen sehr beunruhigend gewesen sein muss.

Der kretische Stier sollte als Geschenk des Gottes Poseidon an die Menschheit aus dem Meer geboren werden und anschließend ihm zu Ehren geopfert werden. Als der König von Kreta jedoch die Schönheit des Tieres sah, konnte er es nicht opfern. Stattdessen trieb er den Stier auf die Weide und schenkte dem Meeresgott einen anderen als Opfer. Das war natürlich keine gute Idee, und Poseidon verfluchte den König mit den Worten, dass der Stier sein Verderben sein werde. Er trieb die Kreatur so weit in den Wahnsinn, dass sie die Königin verfolgte (die ihrerseits durch die Sehnsucht nach dem Stier in den Wahnsinn getrieben worden war, dies war höchstwahrscheinlich Teil von Poseidons Racheakt) und das Volk unaufhörlich terrorisierte.

Herakles musste das Tier nun einfangen und den ganzen Weg zurück nach Mykene bringen, um es dort dem König präsentieren zu können. Dies gelang ihm auch und er ließ das Tier frei, damit es auf seine Heimatinsel zurückkehren konnte. Warum er den Stier und das Wildschwein freiließ, nachdem er viele der anderen Tiere und Kreaturen, denen seine Aufgaben gewidmet waren, getötet hatte, lässt sich nicht sagen. Es scheint jedoch, als ob der kretische Stier ein eigenständiger Gott war; er stand sicherlich auf der gleichen göttlichen Ebene wie Herakles, da er das Kind eines der drei großen Götter - der Brüder Zeus, Poseidon und Hades - war. Vielleicht respektierte Herakles den Stier viel zu sehr, um seinem Leben ein Ende zu setzen. Erst der Held Theseus beendete die Tage des kretischen Stiers, und sein Abbild wurde als astrologisches Symbol des Taurus in die Sternbilder aufgenommen.

Die achte Aufgabe des Herakles war die verheerendste für seine Seele. Nachdem er den kretischen Stier befreit hatte, erteilte Eurystheus Herakles eine noch gefährlichere Aufgabe, die seinen Status als Halbgott auf die Probe stellen sollte. Herakles hatte es während seiner Taten mit vielen bösen Kreaturen zu tun, sogar mit Kreaturen, die sich nach Menschenfleisch sehnten, aber das war ihre Art als natürliche Raubtiere. Bei seiner achten Arbeit sollte Herakles auf etwas weitaus Unheilvolleres treffen: einen Menschen, der das Fleisch anderer Menschen an seine Tiere verfütterte.

Der König von Thrakien, der schreckliche Sohn von Ares und Kyrene, war Diomedes. Er fütterte seine Pferde mit Menschenfleisch, was die armen Tiere von ihren natürlichen sanften Neigungen abbrachte und sie in Bestien verwandelte, die nicht mehr als Pferde zu erkennen und unnatürlich aggressiv waren. Mit einigen sehr mutigen Freiwilligen machte sich Herakles mitten in der Nacht auf den Weg, um die Wächter der königlichen Ställe zu töten, die Pferde einzufangen und sie auf ein Schiff zu bringen, das an der Küste wartete. Nachdem er die Tiere erfolgreich gefangen genommen hatte, entließ Herakles die Freiwilligen, um nach Hause zu segeln, und überließ die Pferde der Obhut seines Knappen und langjährigen Freundes Abderus, einem Sohn des Hermes.

Während Herakles Diomedes verfolgte, wurde Abderus von den Stuten angegriffen und gefressen. Diomedes hatte seine Arbeit gut gemacht; die Pferde waren selbst für einen Halbgott und erfahrenen Krieger wie Abderus unkontrollierbar. Nachdem Diomedes gefangen genommen worden war, kehrte Herakles zum Schiff zurück, wo er die Überreste seines einst besten Freundes entdeckte. Im Zorn fand er den König und verfütterte ihn lebendig an seine Pferde. Das schien den unstillbaren Appetit der Pferde auf Menschenfleisch zu stillen. Herakles schleppte die Pferde zurück nach Mykene und präsentierte sie dem König, der Herakles Bemühungen abermals verhöhnte. Unser Held war zu erschüttert über den Verlust von Abderus, um auf diese Beleidigung zu reagieren.

Zu diesem Zeitpunkt war Herakles des Kämpfens überdrüssig geworden. Zum neunten Mal suchte er nach allen möglichen Wegen, um sein Ziel friedlich zu erreichen. Als Nächstes bat Eurystheus ihn, ihm den Gürtel der Hippolyta zu bringen. Sie war die Königin der Amazonen und eine der größten Kriegerinnen Griechenlands. Sie hatte mit Sicherheit die gefürchtetste Kavallerie. Die Kriegerinnen der Amazonen waren dafür bekannt, dass sie auf Pferden in die Schlacht ritten und ihre Gegner förmlich niedermähten. Herakles hatte es hier nicht mit gewöhnlichen Kriegern zu tun, und wenn möglich, wollte er einen Kampf vermeiden.

Als er mit seiner Truppe von Kriegern an der Küste der Amazoneninsel ankam (für den Fall der Fälle), kam Hippolyta mit ihrem Gefolge von Kämpfern an den Strand. Sie erkundigte sich, warum einer der legendärsten Helden Griechenlands den weiten Weg zu ihr gerudert sei. Herakles informierte sie über sein Anliegen. Er kannte die Tragweite dessen, was er von Königin Hippolyta verlangte. Der Gürtel war ihr von Ares geschenkt worden, und als solcher war er unersetzlich.

Überraschenderweise war Hippolyta mehr als bereit, ihm den Gürtel zu übergeben, sodass Herakles seine Aufgaben erfüllen konnte. Es ist nicht bekannt, warum die Königin sich so selbstlos großzügig zeigte, aber vielleicht hatte sie von den Mühen des Helden gehört und hatte Mitleid mit ihm, weil er eine solche Tortur durchmachen musste. Hera ahnte jedoch Böses von Herakles und seinen Begleitern und beschloss, sicherheitshalber einen Kampf zu beginnen. Sie ging von Amazone zu Amazone und flüsterte ihnen ins Gewissen, dass Herakles da sei, um die Königin zu entführen. Die Amazonen, die alle denselben kollektiven Gedanken hatten, rüsteten sich zum Kampf, bestiegen ihre Pferde und stürmten zum Strand hinunter. Als Herakles das gesamte Heer auf sich zukommen sah, befahl er seinen Männern, die Kriegerinnen der Königin zu töten. Er stieß sein Schwert in die Brust der Königin und riss ihr den Gürtel vom Leib. Er machte sich schnell aus dem Staub, bevor das Heer das Ufer erreichte, und machte sich mit einem Gürtel davon, den er auf friedliche Weise zu erwerben versucht hatte, was ihm jedoch aufgrund der Unsicherheit einer anderen Göttin nicht gelungen war. Er brachte den blutbefleckten Gürtel zurück zu Eurystheus und legte ihn dem König zu Füßen. Eurystheus gab Herakles daraufhin seine nächste Aufgabe.

Auf der Insel Erytheia im äußersten Westen der Erde, irgendwo in der Nähe von Iberien, lebte ein Riese namens Geryon. Er war ein friedlicher Riese, obwohl er sehr einschüchternd aussah. Er war bekannt für seine drei Torsi und vier Flügelpaare. Er war der Sohn zweier großer Naturgewalten, Callirhoe und Chrysaor. Seine Mutter Callirhoe war eine Regennymphe aus seiner Heimat Erytheia, und sein Vater Chrysaor war ein Riese, der Sohn von Medusa und der Zwillingsbruder von Pegasus. Geryon war definitiv einer der stärksten Gegner, gegen die unser Held antreten musste.

Herakles Auftrag war es, seinem König Eurystheus, die kostbare Rinderherde des friedlichen Riesen, die roten Kälber des Geryon, zu bringen. Das Licht des herrlichen Sonnenuntergangs, der über den westlichen Gewässern lag, hatte die gesamte Herde rot gefärbt. Es ist kein Zufall, dass das Motiv des „roten Kalbs" in einer der bekanntesten Geschichten der griechischen Mythologie auftaucht, denn es findet sich in vielen antiken Quellen. Die Griechen kamen tatsächlich viel herum und waren mehr als bereit dazu, ihre Geschichten mit anderen Gesellschaften zu teilen und die Geschichten anderer Völker in ihre eigenen aufzunehmen. Viele der einflussreichsten literarischen Werke der Geschichte stammen aus dem Mittelmeerraum.

Herakles machte sich auf den Weg und borgte sich sein Transportmittel von Helios. Die Sonne war so freundlich, Herakles ein Trinkgefäß aus massivem Gold zu leihen, das groß genug war, um darin über das Meer zur Insel Erytheia zu rudern. Natürlich ist die Physik dieses Transportmittels bestenfalls zweifelhaft, aber man muss sich an dieser Stelle einfach vorstellen, dass Herakles sehr viel rudern musste. Auf jeden Fall segelte er in einem riesigen Becher über die Meere.

Um zu dem Vieh zu gelangen, musste Herakles sich an den beiden Sicherheitskräften vorbeikämpfen, die Geryon zur Bewachung seiner geliebten Herde aufgestellt hatte. Herakles erste Aufgabe sollte darin bestehen, den Hirten, den furchterregenden Riesen Eurytion, zu besiegen und dann irgendwie den furchterregenden zweiköpfigen Hund Orthros zu überwältigen. Und danach musste er, sofern er noch lebte, gegen den dreiköpfigen Geryon höchstpersönlich antreten. Man muss sich dabei vorstellen, dass Herakles lieber hundert nemeische Löwen gejagt hätte, als zu versuchen, Geryon ein Stück Vieh zu stehlen. Aber Buße ist Buße, und Herakles musste diese Strafe erdulden, um sein Leid über den Mord an seiner Familie zu lindern. Natürlich muss man sich fragen, wann Herakles endlich genug gelitten hatte.

Herakles gelang es, den Viehhirten und danach den tapferen Orthros zu erschlagen. Schließlich sah er sich dem schrecklichen Geryon gegenüber, der stoisch dastand und bereit war, das zu schützen, was ihm gehörte. Im Sinne des Gesetzes war Herakles gekommen, um zu töten und zu stehlen, obwohl er eigentlich als Protagonist dieser Geschichte angesehen werden soll. Aus der Perspektive seiner Gegner betrachtet, ist er jedoch deren Antagonist. Am Ende des Kampfes stieß Herakles sein Schwert in den Rücken von Geryon, trieb das Vieh an Bord seines Schiffes und segelte zurück zum Peloponnes.

Bis jetzt hatte Herakles zehn von zwölf der ihm gestellten Aufgaben erfolgreich gelöst. Es gab aber noch zwei weitere. Eurystheus beauftragte Herakles damit, die goldenen Äpfel von Heras Baum zu holen und sie nach Mykene zu bringen, damit im Garten des Königs ein Baum gepflanzt werden konnte. Der Baum und seine Früchte wurden von den Hesperiden, den Töchtern der Nyx, bewacht. Sie waren die Göttinnen des goldenen Lichts der Abenddämmerung. Sie hießen Aegle, Erytheia, Hesperidia und Arethusa.

Diese Göttinnen bewachten nicht nur die kostbaren Schätze der Königin Hera, sondern auch die aller Unsterblichen. Als Perseus sich auf den Weg machte, um die Gorgone Medusa zu töten, machte er auch bei den Hesperiden Halt, um Waffen zu erhalten, die stark genug waren, um eine Gorgone zu töten. Obwohl die Hesperiden mit dem Schutz dieser Gegenstände betraut waren, galten sie nicht immer als die perfekte

Sicherheitstruppe. Man nimmt an, dass ihre Abstammung ihnen eine solche Machtposition verschafft hatte.

Gemeinsam wachten diese vier Frauen über Heras Baum. Er war ein kostbares Geschenk, das Gaia ihr am Tag ihrer Hochzeit mit Zeus gemacht hatte. Die Hesperiden wurden bei ihrer Wache auch von einer hundertköpfigen Schlange unterstützt, die den Namen Ladon trug. Herakles hatte schon furchterregendere Ungeheuer als einen hundertköpfigen Drachen besiegt, und so war diese Aufgabe für unseren Helden wahrscheinlich ein Kinderspiel. Er hielt den Drachen mit Leichtigkeit auf und nahm dann die Äpfel mit Gewalt an sich, um sie wieder einmal den ganzen Weg zurück nach Mykene zu schleppen, wo sie in den Händen eines undankbaren Königs fallen sollten.

Atlas, der Titan, der dazu verdammt ist, den Himmel zu bewachen, spielt in der populäreren Version dieses Mythos eine interessante Rolle. Auf dem Weg zum Sammeln der Äpfel traf Herakles auf Atlas. Da es seine Töchter waren, die über die Äpfel wachten, dachte er, Atlas würde es leichter haben, von ihnen zu stehlen. Jemand musste die Welt jedoch aufrechterhalten, und Herakles nahm die Last zeitweise auf seine Schultern, damit seine eigentliche Aufgabe von Atlas erfüllt werden konnte. Atlas holte die Äpfel wie gewünscht und bot dann freundlicherweise an, sie dem König persönlich zu bringen.

Doch Herakles ließ sich von dem Mitgefühl des Titanen nicht beeindrucken. Er ahnte, dass Atlas, wenn er mit den Äpfeln einmal weggegangen war, nie mehr zurückkehren würde. Anstatt seine Hand auszuspielen, willigte Herakles ein, fragte aber, ob Atlas die Welt für einen Moment an sich nehmen könne, damit er sie sich bequemer auf die Schulter setzen könne. Atlas setzte die Äpfel ab und schulterte seine Last noch einmal. Herakles zögerte nicht lange, er schnappte sich die Äpfel und lief davon.

In einer Abwandlung des Mythos stellte Athene dieses Unrecht wieder her, bevor die kostbaren Früchte aufgeschnitten und ihre Kerne herausgeholt werden konnten. Sie stahl die Äpfel aus den persönlichen Gemächern des Königs und brachte sie zu den Hesperiden zurück. Die meisten Versionen enden jedoch mit der erfolgreichen Übergabe der Äpfel durch Herakles.

Die letzte Aufgabe, die König Eurystheus unserem Helden stellte, bestand darin, den dreiköpfigen Wachhund der Unterwelt und den Stolz des großen Hades zu finden: Kerberos. Diese Aufgabe war wahrscheinlich eine der tückischsten, wenn man bedenkt, dass es vielen Helden gelungen war, in die Unterwelt einzudringen, aber nur wenigen gelang es, sie anschließend unversehrt oder überhaupt wieder zu verlassen. Herakles gelang es, den Hund mit Hilfe von Hermes, Athene und Persephone zu fangen. Die schiere Anzahl der Unsterblichen, die für die erfolgreiche Durchführung dieses Plans erforderlich waren, zeigt, in welch einem Schlamassel Herakles gelandet wäre, wenn er die Aufgabe allein hätte bewältigen müssen. Hermes lieh Herakles seine geflügelten Schuhe, damit er bei seinem Versuch schneller vorankam. Athene verriet ihm, wie er die Bestie am besten bekämpfen konnte, nämlich indem er das Gewicht des Hundes gegen ihn einsetzte. Schließlich half Persephone Herakles dabei, mit seiner Beute wieder an die Oberfläche zu gelangen.

Damit waren Herakles Aufgaben beendet und seine Schuld für den Mord an seiner Frau und seinen drei Kindern getilgt. Am Ende waren die Götter von Herakles körperlicher und geistiger Ausdauer beeindruckt und verliehen ihm einen Sitz auf dem Olymp und seine Unsterblichkeit.

# Kapitel 10: Jason und die Argonauten

Die griechischen Mythen, in denen die berühmtesten Helden, seien es Halbgötter oder Menschen, eine Rolle spielen, beginnen immer mit einer Art dramatischer Vorgeschichte, einer Erzählung, die das kommende Drama der Heldenreise vorbereiten soll. Genau wie in der richtigen Welt beginnen unsere Geschichten nicht mit uns selbst, sondern mit den Geschichten, die uns vorausgegangen sind und sich zu einer kollektiven Erzählung von miteinander verbundenen Leben zusammenfügen lassen. Der legendäre Mythos von Jason und den Argonauten wurde in verschiedenen Verfilmungen aufgegriffen und weiterentwickelt. Die Menschen erzählen die Moral dieser erstaunlichen Geschichte immer noch neu und stützen sich bei neuen Geschichten auf Namen und Konzepte, die im ursprünglichen Mythos verwendet wurden, Tausende von Jahren nachdem die Geschichte erstmals erzählt wurde.

Die Geschichte von Jason und den Argonauten beginnt mit einem goldenen Vlies, das einem geflügelten Widder gehörte. Niemand weiß, woher dieser Widder stammte. Bekannt ist nur das unglückliche Schicksal des Tieres und das Schicksal, das es einem griechischen Helden bescherte. Der Schafbock wurde von König Ätes von Kolchis gefangen und den Göttern geopfert. Das goldene Vlies des Widders wurde jedoch vor den Opferflammen bewahrt und vor dem Tageslicht und den Augen anderer sterblicher Könige verborgen, die den Reichtum und die magische Kraft des Vlieses für sich beanspruchen wollten. Der

König versteckte das Vlies in einer weit entfernten Höhle auf der Insel Kolchis und engagierte einen feuerspeienden Drachen, der es Tag und Nacht bewachte. Wenn Sie jemals Tolkiens Werke gelesen haben, wissen Sie jetzt, woher die drachenähnliche Eigenschaft von Wächtern und Schatzhütern stammt. Die Idee kommt aus dem Mythos von Jason und den Argonauten.

Jahrhunderte später gebar die Frau des guten Königs Äson auf der Insel Iolkos (Iolkus) in Thessalien seinen Sohn und Erben, Jason. Wie bei allen guten Familiendramen in der Antike zählten auch hier die Geschwisterbande nur wenig. König Äsons Halbbruder Pelias versuchte, die Kontrolle über den Thron seines Bruders zu erlangen. Dies gelang ihm leicht, indem er den amtierenden König vergiftete. Jasons Mutter, Königin Alcimede, ließ sich nicht so leicht täuschen wie der Rest des Hofes ihres Mannes. Es ist aber auch möglich, dass sie selbst in den abscheulichen Mord an ihrem geliebten Mann eingeweiht war. Um ihren Sohn vor ihrem Schwagers zu schützen, schickte Alcimede Jason fort, um ihn von dem Zentauren Cheiron (auch Chiron genannt) aufziehen zu lassen. Kurz nachdem sie ihren Sohn in die Obhut von Cheiron gegeben hatte, starb Alcimede. Sie erlag dem Schmerz über den Tod ihres Mannes und der Trennung von ihrem einzigen Sohn. Sie war sich sicher, dass sie Jason nie wiedersehen sollte.

Jasons neuer Vormund, Cheiron, war der weiseste und der älteste seiner Art. Die Zentauren waren eine Rasse und ein Stammesverband von Pferdemenschen, die in Thessalien lebten. Cheiron war der Halbbruder von Zeus und als solcher in der griechischen Welt wegen seiner Fähigkeiten als fähiger Anführer sehr geachtet. Er war auch für seinen Intellekt und seine Freundlichkeit bekannt. Cheiron förderte den jungen Jason und brachte ihm unschätzbare Fähigkeiten bei, wie beispielsweise das Lesen und Schreiben in mehreren Sprachen, die Selbstverteidigung, sowie offensive Kampftaktiken. Cheiron war die lebende Verkörperung von Stärke durch Anmut, und sein Name taucht in vielen verschiedenen griechischen Mythen auf. Er gilt als der wohl berühmteste Zentaur der griechischen Mythologie. Wenn jemand, der dies liest, jemals die Percy-Jackson-Bücher gelesen hat, erkennt er die Figur des Cheiron darin auch wieder; er ist der Ausbilder aller Halbgötter in der modernen Welt.

Als Jason zu einem jungen Mann heranwuchs, bat er Cheiron darum, ihn vor den König treten zu lassen und sein rechtmäßiges Erbe auf dem Thron einzufordern. Cheiron mochte seinen Schützling sehr. Er wollte nicht, dass der Junge, den er aufgezogen hatte, vor einen verrückten und unehrlichen König trat. Aber Cheiron wusste auch, dass dies Jasons Schicksal war, und so sagte er ihm, er solle vor den König treten, aber er solle dabei aufpassen, was er tue. Jason wusste, dass er seinen Onkel niemals im Thronsaal erschlagen könnte, während so viele Schwerter auf seinen Rücken gerichtet waren. Er wollte diplomatisch vorgehen und die Rückgabe seines Throns fordern.

Jahre zuvor hatte Jasons Onkel, König Pelias, der immer noch um die Sicherheit seines Throns fürchtete, das Orakel von Delphi aufgesucht und um Rat gefragt. Er wollte wissen, was sein Schicksal sein könnte, falls Jason zurückkehren sollte. Pelias hatte keine Garantie, dass sein Neffe tatsächlich tot war, denn er wusste nicht, was Alcimede getan hatte. Er hätte sicher nie gedacht, dass Jason unter der Obhut eines der gefürchtetsten und angesehensten Wesen der antiken Welt aufgewachsen war. Das Orakel wies Pelias an, sich vor einem Mann in Acht zu nehmen, der ohne eine seiner Sandalen vor ihm stand.

Hera, die alles mitgehört hatte, was Pelias an diesem Tag gestand, wollte den bösen König und seine Herrschaft über Iolkos beenden. Jahre zuvor hatte Pelias seine Stiefmutter kaltblütig am Eingang zu Heras Tempel ermordet. Aus Angst, dass jemand seine Tat entdecken könnte, vor (allem aus Angst vor dem Zorn der Göttin), verbot er allen seinen Untertanen die Anbetung im Tempel der Hera. Hera war eine der unsichersten Göttinnen, die viel Aufmerksamkeit brauchte, und wenn sie diese nicht bekam, konnte sie sehr rücksichtslos sein. Sie war kein göttliches Wesen, mit dem man sich hätte anlegen sollen, denn wenn jemand, ob sterblich oder unsterblich, wusste, wie man einen Groll hegt, dann war es Hera. Sie war immer auf der Suche nach einer Gelegenheit zur Rache, und dieses Mal wollte sie dafür sorgen, dass Pelias für seine Verbrechen gegen sie und ihre Anbeter büßen musste.

Auf seinem Weg zurück zum Palast sah Jason eine alte Frau, bei dem Versuch, einen tückischen Fluss zu überqueren. Er half ihr, verlor dabei aber eine seiner Sandalen in der Strömung. Pelias hätte Jason am liebsten auf der Stelle den Kopf abgeschlagen, als er sah, wie der junge Mann mit einer einzigen Sandale den Thronsaal betrat, aber er wusste, dass dies seinem Ruf als König schaden und möglicherweise ein Licht auf den frühen und etwas verdächtigen Tod seines Bruders werfen würde. Alle Herrscher finden es außerordentlich schwer, ein Königreich zu regieren, das ihre Existenz verachtet. Bis zu einem gewissen Grad müssen sich Könige und Königinnen darum bemühen, von ihrem Volk als gute

Herrscher angesehen zu werden.

Pelias war jedoch sehr gerissen. Auch er versuchte, seine Angelegenheit auf diplomatische Weise zu regeln. Er teilte Jason mit, dass er ihm den Thron zurückgeben wollte, sofern er das begehrte Goldene Vlies aus der von einem Drachen bewachten Höhle auf der Insel Kolchis holen konnte. Er glaubte, dass sein Neffe das Ungeheuer niemals besiegen könnte und dass er höchstwahrscheinlich bei dem Versuch sein Leben verlieren würde.

Doch Jason machte sich nicht alleine auf den Weg. Er beauftragte einen der besten Schiffsbauer Griechenlands, Argos, mit dem Bau des größten und stärksten Schiffes, das die griechische Welt je gesehen hatte. Unter der Leitung der Schutzgöttin der Schifffahrt, Athene, baute Argos die Argo, ein 22 Meter langes Schiff mit fünfzig Rudern und einem niedrigen Tiefgang, der es dem Schiff ermöglichte, eine beträchtliche Menge Wasser aufzunehmen, ohne zu sinken. Die Ruder, der Anker und der Mast waren abnehmbar, so dass das Schiff an das Ufer einer beliebigen Landmasse gerollt werden konnte. Dies sollte verhindern, dass das Schiff in der Abwesenheit seiner Besatzung zerstört oder gestohlen werden könnte.

Die aus den Eichen und Kiefern von Iolkos gefertigte *Argo* war ein gesegnetes Schiff, und die Männer an Bord ihres robusten Decks waren keine Geringeren als die besten Soldaten der gesamten griechischen Mythologie. Diese Männer waren als die Argonauten bekannt waren. Das Wort Argonauten wird aus dem Altgriechischen mit „Argo-Matrosen" übersetzt, wobei „Nauten" Seemann oder Reisender bedeutet. Einige der berühmtesten Helden Griechenlands unterstützten Jason bei seiner Suche, unter ihnen war auch der Halbgott Herakles. Die Argonauten umfassten etwa fünfzig Männer und Halbgötter, die alle bereit waren, für den Ruhm des rechtmäßigen Königs von Iolkos zu kämpfen oder zu sterben. Obwohl sie wussten, dass sie an einer edlen Tat teilnahmen und dem rechtmäßigen König dienten, wollten die Männer auch, dass man sich an ihre Namen erinnert. Die Teilnahme an einem so gefährlichen Unterfangen würde mit Sicherheit dazu führen, dass ihre Namen in das Buch der griechischen Geschichte eingingen, ganz gleich, ob sie diese Erfahrung überlebten oder nicht.

Jason und seine Mannschaft legten zunächst an der Insel Lemnos an, um frisches Wasser zu finden und möglicherweise ihre Lebensmittelvorräte aufzufüllen. Als sie an der Küste von Lemnos landeten, bemerkten sie einen deutlich wahrnehmbaren fauligen Geruch in der Luft. Auf der Insel stank es nach totem Fisch. Sie durchkämmten die Küste auf der Suche nach dem Kadaver eines Meeresbewohners, der diesen schrecklichen Geruch verursachte. Sie ahnten nicht, dass der Geruch von den Bewohnern von Lemnos stammte. Jahre vor der Ankunft von Jason und seinen Soldaten war die Insel Lemnos einst ein Ort des Friedens und des Wohlstands gewesen. Das heißt, bis zu dem Zeitpunkt, als die Bewohner es versäumten, die Göttin Aphrodite regelmäßig zu verehren. Es ist eine symbolische Ironie, dass selbst Götter und Göttinnen trotz all ihrer scheinbaren Vollkommenheit oft am unsichersten waren. Das trifft auch für die meisten Menschen zu.

Trotz ihrer legendären Schönheit und ihres scheinbar selbstbewussten Auftretens wurde Aphrodite von Unsicherheiten geplagt. Sie fragte sich oft, ob sie ihren Platz auf dem Olymp verdiente, und obwohl sie die Schutzgöttin einer der begehrtesten menschlichen Erfahrungen auf der Welt war (Liebe und Sex), wurde sie von den Menschen in Griechenland weniger geliebt. Niemand schien sie in gleichem Maße zu verehren oder zu respektieren wie andere Göttinnen, wie etwa Athene. Sowohl Frauen als auch Männer respektierten und bewunderten diese Göttin und beteten oft zu ihr. Eine der berühmtesten Städte der antiken Welt und bei weitem die berühmteste in ganz Griechenland, Athen, wurde sogar nach Athene benannt.

Als die hübschen Frauen von Lemnos es also versäumten, Aphrodite regelmäßig Gebete und Opfer darzubringen, kam das nicht gut an. Vielleicht waren die Frauen von Lemnos zu sehr mit ihrem Alltag beschäftigt, um jeden Tempel und jedes Heiligtum aufzusuchen, oder sie wollten die Göttin absichtlich beleidigen. Wie auch immer, es nahm weder für die Frauen noch für ihre Männer ein gutes Ende. Aphrodite verfluchte alle Frauen der Insel dazu, nach fauligem Fisch zu stinken, und sie sorgte dafür, dass es kein Heilmittel gab. Und der Geruch war schlimm. Er beeinträchtigte das Leben der Frauen auf Lemnos stark, aber vor allem ihr Sexualleben. Die Ehemänner wendeten sich von ihren Frauen ab, und die jungen Damen, die sich nach einer Heirat sehnten, fanden keine Freier. Die Männer von Lemnos waren wahrscheinlich die schnellsten Männer Griechenlands, weil sie ständig vor den Frauen ihrer Insel davonliefen.

Schließlich gingen alle Ehemänner mit ihren thrakischen Sklavinnen ins Bett, die nicht von dem Fluch betroffen waren. Wütend und untröstlich ermordeten die Frauen von Lemnos jeden Mann auf der

Insel, sogar die jüngeren Jungen. Sie konnten die Ablehnung und Demütigung, die mit ihrem Leiden einherging, nicht länger ertragen. Dies war die wahre Absicht von Aphrodites Fluch: erst Einsamkeit und dann völlige Auslöschung. Doch die Frauen von Lemnos machten weiter und funktionierten wie jede andere griechische Gesellschaft auch. Sie wählten eine Königin, die über sie herrschen sollte, Königin Hypsipyle.

Nach einer Weile akzeptierten die Frauen die Tatsache, dass sie nie wieder romantische Liebe oder Zuneigung erfahren würden - jedenfalls nicht in heterosexueller Hinsicht. Dennoch hatten sie ein ernstes Bevölkerungsproblem. Und obwohl die Frauen darunter litten, wollten sie die Kultur und das Gemeinwesen auf ihrer Insel fortführen. Aber dazu brauchten sie Kinder. Und in dieser Hinsicht hatten sie Pech. Alle Männer waren begraben oder verschwunden, und sie konnten nicht einfach Männer aus den anderen Städten und Inseln Griechenlands stehlen. Das war ein sicherer Weg, einen Krieg zu beginnen, den sie unmöglich gewinnen konnten.

Ihr Glück schlug um, als Jason und die Argonauten an der Küste von Lemnos ankamen. Diese Seeleute waren mehr als bereit, sich in die Arme jeder Frau zu stürzen, die ihren Weg kreuzte. Nun werden Sie sich vielleicht fragen, wie die Argonauten und Jason den Fischgeruch ertragen konnten, der von diesen Frauen ausging. Nun, als Aphrodite sah, dass sich ihr Fluch erfüllt hatte, gab sie den Frauen eine Pause und änderte die Bedingungen dahingehend, dass die Frauen nur an bestimmten Tagen im Jahr nach totem Fisch stanken. Mit der Zeit lernten die Frauen auch, mit einheimischen Wurzelpflanzen, die auf der Insel wuchsen, umzugehen, so dass sie nicht mehr so ranzig stanken, wenn diese Tage im Jahr kamen.

Dies schien gut genug zu funktionieren, denn nach sechs Jahren hatte die Insel wieder ihre ursprüngliche Bevölkerungszahl erreicht. Königin Hypsipyle nahm Jason zu ihrem persönlichen Gefährten, und sie war seine erste Geliebte. Gemeinsam zeugten sie Zwillingsjungen, Thous und Euneus. Nach diesen sechs Jahren befürchtete Jason, dass es sich seine Männer in den Betten dieser Frauen zu bequem gemacht hatten und dass sie in einem weiteren Jahr ihre neuen Familien nicht mehr verlassen würden. Also befahl er seinen Männern, sich auf die Reise vorzubereiten, und am Morgen, während ihre Geliebten und Frauen schliefen, setzten sie erneut die Segel und zogen in Richtung des Horizonts davon.

Sie fuhren auf dem Meer von Lemnos zum Hellespont und zur Propontis (Marmarameer), die heute in der modernen Türkei liegt.

Lemnos war eine griechische Insel in der nördlichen Ägäis, und obwohl die Reise nicht sehr lang war, mussten die Männer auf dieser besonderen Etappe ihre Wasservorräte auffrischen. Das Land der Propontis wurde von König Kyzikos regiert. Die Großzügigkeit des Königs gegenüber seinem Volk war legendär, und er war Fremden gegenüber äußerst aufgeschlossen und behandelte sie wie Ehrengäste unter seinem eigenen Dach.

König Kyzikos empfing Jason und seine Männer mit offenen Armen und beschloss, ein feines und teures Bankett für die Argonauten zu geben und auf das Glück ihrer Reise anzustoßen. Sie müssen viel Spaß gehabt haben, denn die Männer des Königs und die Argonauten wurden direkt im Festsaal ohnmächtig. Am nächsten Morgen wachten die Argonauten vor dem König auf, der einen ziemlich üblen Kater ausschlief. Sie zogen in die Wildnis, um Vorräte für den Rest ihrer Reise zu sammeln. Bei all der Fröhlichkeit und dem Trinken vergaß der König immer wieder, Jason vor den schrecklichen Kreaturen zu warnen, die sein sonst so perfektes Königreich plagten.

Die Argonauten segelten zu einem anderen Teil des Hellespont und überließen Herakles die Verantwortung für das Schiff, während sie nach Wild und Wasser suchten. Als Herakles im Sand lag und sich die Sonne ins Gesicht scheinen ließ, hörte er ein Rumpeln aus den Tiefen der Erde. Es wurde immer lauter, und der Boden begann heftig zu vibrieren. Herakles sprang auf und rannte zurück zum Schiff, als die riesigen Gegenees durch die Erdschichten brachen. Die Gegenees waren riesige Wesen mit sechs Armen. Herakles fürchtete, dass er ohne seine Männer von den Gegenees besiegt werden würde.

Sie wollten versuchen, das Schiff anzugreifen, damit die Argonauten nicht entkommen konnten. Dem tapferen Herakles gelang es, sie für eine beeindruckend lange Zeit aufzuhalten, während er die ganze Zeit nach Verstärkung rief und schrie. Jason war der Erste, der den Schrei seines Kameraden hörte und den Argonauten befahl, mit gezogenen Schwertern zum Schiff zurückzukehren. Sie erreichten den Strand und standen fassungslos vor den Gegenees. Nach vielen unerbittlichen Stunden des Kampfes gegen die Giganten waren die Argonauten siegreich und sprangen zurück auf die Argo, bevor ihnen noch mehr Unglück widerfuhr. Sie konnten jedoch nicht ahnen, dass ihnen die größte Tragödie ihrer Reise noch bevorstand.

Als Jason und seine Männer in See stechen konnten, war es bereits weit nach Sonnenuntergang, und nachts auf dem Meer zu segeln war schwierig, da jedes Licht von dem dunklen Abgrund um das Schiff herum verschluckt wurde. Die Argonauten wollten von der Propontis wegsegeln, aber in der Verwirrung der Nacht segelten sie direkt auf das Land der Doliones, der Bewohner des Hellespont, zu. Der gute König Kyzikos sah von seinem Balkon im Thronsaal aus ein Schiff, das sich seiner Küste näherte, aber er konnte die Besatzung des Schiffes nicht ausmachen. Alles, was er sah, war das Licht ihrer wenigen Fackeln. Da der König keinen weiteren Besuch erwartete, hielt er Jason und seine Männer für Piraten, die gekommen waren, um seine Küste zu verwüsten. Der König beorderte seine Männer zu den Docks und befahl ihnen, sich zu bewaffnen und zum Kampf bereit zu machen. Die Argonauten ahnten nicht, dass der König und sein Heer einen Angriff auf sie führen würden. Alles, was sie hörten, waren die Kriegshörner von jemandem, und da sie dachten, sie seien weit weg vom Land Propontis, schlossen sie nicht, dass es tatsächlich ihr Freund und Verbündeter war, der sie angreifen wollte.

In all dem Durcheinander wurde König Kyzikos von einem verirrten Pfeil getroffen und starb auf dem Deck seines Schiffes. Als das Licht am Horizont auftauchte, waren sowohl die Argonauten als auch Kyzikos Männer entsetzt. Sie waren verzweifelt über den Tod eines der besten Herrscher, den die Reiche je gesehen hatten. Sie veranstalteten ein großes Begräbnis für den legendären Kyzikos, und alle Menschen des Königreichs, aus der Stadt und vom Land, kamen, um sein Andenken zu ehren. Die Menge weinte um ein Leben, das so unnötig verloren worden war, aber keiner trauerte mehr als unser Held Jason, denn er fühlte sich für den Tod seines Freundes und Verbündeten verantwortlich. Obwohl ihm alle seine Gefährten versicherten, dass es sich bei dem Tod von Kyzikos um einen Unfall handelte, der vom König selbst versehentlich provoziert worden war, trug Jason für den Rest seiner Tage das Gefühl absoluter Schuld in sich.

Als ob der Tod von Kyzikos nicht schon genug gewesen wäre, hatten die Argonauten das Ende von Tod, Elend und Verlust noch nicht gesehen. Vor der Küste von Mysien wäre die Argo beinahe auf eine Felsformation geprallt. Um das Schiff rechtzeitig abzulenken, stieß Herakles sein Ruder in die Wellen und schaffte es, das Schiff aus der Gefahrenzone zu lenken. Doch gerade als das Schiff die Felsen hinter sich gelassen hatte, brach das Ruder des Herakles entzwei. Er teilte Jason mit, dass er mit Hylas, seinem geliebten Knappen, an Land gehen wolle, um eine andere große Eiche zu finden, aus der er ein neues Ruder herstellen würde. Jason stimmte zu, und die beiden Männer machten sich auf den Weg in den Wald.

Während Herakles sich auf die Suche nach der perfekten Eiche machte, ging Hylas, der treue und liebevolle Schützling, seinem Herrn frisches Wasser holen, damit er etwas hatte, um seinen Durst zu stillen, während er an dem Ruder arbeitete. Hylas fand einen kühlen, kristallklaren Bergsee mit Wasser, das zu schimmern, zu glänzen und sogar mit dem jungen Mann zu flirten schien, als dieser sich ihm näherte. Hylas ahnte nicht, dass das Wasser tatsächlich mit ihm flirtete. Dies war das Werk einer Wassernymphe. Sie tauchte am glatten Felsenufer des Sees auf und lockte Hylas mit süßen Worten und Küssen, die an seine Füße klatschten, ins Wasser. Schließlich folgte Hylas ihr so weit ins Wasser, dass sein Kopf unter die glatten Wellen geriet. Da er durch den Liebeszauber der unsterblichen Nymphe verzaubert war, bemerkte Hylas nicht, dass er dabei war, zu ertrinken.

Nach einiger Zeit bemerkte Herakles, dass sein Freund nicht zurückgekehrt war. Hylas wich nie so lange nicht von der Seite seines Herrn ab. Herakles rief nach ihm und suchte überall nach ihm, aber sein Knappe antwortete nicht. Herakles wurde hysterisch und lief zur Argo hinunter, um einen Suchtrupp anzufordern. Die meisten Argonauten sahen keinen Grund für eine solche Aufregung wegen eines Knappen, aber Herakles weigerte sich, ohne Hylas zu gehen. Die Hälfte der Männer weigerte sich, ohne Herakles aufzubrechen, während die andere Hälfte nicht dazu bereit war, den Fortgang der Reise zu verschieben. Bald drohte Jason eine Meuterei.

Doch Hera (sie hatte viel auf den Erfolg von Jason und seinen Männern gesetzt) schickte eine Nachricht an den Meeresgott Glaukos, den Schutzgott der Fischer. Er war das ideale Wesen, um die Situation zu befrieden und zu schlichten, denn Glaucus war einst ein Mensch gewesen; er hatte Unsterblichkeit erlangt, indem er ein sehr seltenes Meereskraut aß, das von Kronos selbst in die Schöpfung eingenäht worden war. Glaukos kannte die Spannungen an Bord eines Schiffes sehr gut und versicherte den Argonauten, dass es der Wille der Götter sei, dass Herakles an Land bleibe, um nach seinem Freund zu suchen.

Bevor sie erneut in die Bresche sprangen, riet Glaukos Jason, Herakles einen Stellvertreter zur Seite zu stellen, und so befahl Jason Polyphem, bei Griechenlands größtem Helden zu bleiben und dafür zu sorgen, dass ihm nichts zustieß. Sollte Herakles ums Leben kommen, würde es Polyphem obliegen, sich auf den Rückweg zu machen, um den Tod zu melden.

Da nun zwei ihrer fähigsten Krieger fehlten, segelten die Argonauten mit einem flauen Gefühl im Magen los. Obwohl Glaukos ihnen versichert hatte, dass dies ihr Schicksal war, waren sie nicht sehr zuversichtlich, sie glaubten nicht, dass sie den Rest ihrer Reise überleben sollten, zumal sie zu ihrem nächsten Ziel segelten, um ihre Vorräte aufzufüllen. Im Nordwesten Anatoliens lag das Land von König Amycus (oder Amykos), dem Herrscher der Bebryker, einer Horde stämmiger Faustkämpfer, die auf dem griechischen Festland, in Kleinasien und Mykene gefürchtet waren.

Amycus war eigentlich selbst ein Halbgott. Er war der Sohn von Melia, der Najadetochter des Titanen Oceanus, und Poseidon. Aufgrund seiner Abstammung hatte Amycus sowohl die stürmische Natur seiner Mutter als auch die seines Vaters geerbt und versuchte, jeden Fremden zu bekämpfen, der es wagte, einen Fuß auf sein Land zu setzen. Als er sah, wie Jason und die Argonauten an seine Küste kamen, war der König sehr verärgert und zugleich fasziniert, denn die Geschichte von Jason und den Argonauten und ihrer Suche nach dem Goldenen Vlies hatten sich bereits in ganz Kleinasien herumgesprochen.

König Amycus ging auf die Argonauten zu und forderte Jason auf der Stelle zu einem Faustkampf heraus. Eine von Jasons besseren Eigenschaften als Mann und Anführer war seine Fähigkeit, zu erkennen, wo seine Stärken lagen, und er wusste, dass er einem Halbgott, dem Sohn des Poseidons, nicht gewachsen war. Er bat Amycus inständig, einen seiner Männer auszuwählen, der an seiner Stelle kämpfen sollte, denn wer sollte für das Wohlergehen und die Führung der Argonauten sorgen, falls er fallen sollte? Jason ließ den Anschein erwecken, dass sein auserwählter Tribut keine Chance haben werde, den Kampf gegen Amycus zu gewinnen, und so nahm der König der Bebryken Jasons Angebot an. Amycus wusste dabei nicht, dass sich in Jasons Begleitung des legendären Boxers Polydeukes befand, der ebenfalls ein Sohn des Zeus war.

Der Kampf war sehr ausgeglichen, Halbgott gegen Halbgott, und was für ein Kampf das war. Es gab viele spannende Momente, in denen es so aussah, als könnten beide Boxer den Sieg davontragen. Rechte Haken landeten fest auf den Kinnladen, und die Zuschauer wurden Zeuge von schnellen Ausweichmanövern und Schwüngen, die den meisten Sterblichen den Kopf abgerissen hätten. Doch am Ende hatte Polydeukes Amycus besiegt. Es gelang ihm, den König mit einem Aufwärtshaken direkt auf den Unterkiefer zu töten. Die schiere Kraft brach dem König den Kiefer und drückte sein Nasenbein in den vorderen Teil seines Gehirns. Die Szene war gelinde gesagt grotesk, und Amycus starb einen grausamen Tod.

Die Bebryken waren empört über den unmenschlichen Tod ihres Königs und wollten ihn rächen, indem sie Jason und die Argonauten für immer auslöschten. Doch sie waren Jasons Scharfsinn und Intellekt nicht gewachsen. Jason hatte zweifellos gewusst, dass Polydeukes der überlegene Kämpfer war, als er die Herausforderung annahm, und er hatte sich bereits darauf vorbereitet, was passieren würde, sobald Amycus fiel. Als sich der Kampf zwischen den beiden Männern dem Ende zuneigte, ließ Jason seine Männer langsam ihre Hauptkampfformation einnehmen, damit sie bereit waren, wenn die Bebryken angriffen. Den Argonauten gelang es, den Angriff zurückzuschlagen und ihre Feinde in die Hügel zu treiben.

Nachdem sie wieder an Bord der Argo gegangen waren, segelten sie am Bosporus (einer Meerenge im Nordwesten der Türkei) vorbei und erreichten schließlich den Hafen von Thrakien. Nachdem sie einige Zeit zu Fuß auf der Suche nach weiteren Vorräten unterwegs waren, stießen sie auf einen Mann, der sich gerade zu seiner Mittagsmahlzeit hinsetzte. Jason wollte sich dem Mann nähern, um ihn zu fragen, wo sie Wild zum Jagen finden könnten, als plötzlich zwei geflügelte, bestialische Kreaturen aus dem Nichts auftauchten und begannen, den Mann zu quälen. Zunächst befahl Jason seinen Männern, sich nicht mit diesen Kreaturen anzulegen, doch als er sah, dass der Mann blind war und die Tiere seine Nahrung entweihten, griffen er und die Argonauten sie an und vertrieben sie. Sie halfen dem Mann, sein Lager wieder aufzuschlagen, sein Feuer anzuzünden und ihm einen frischen Topf mit Essen auf das Feuer zu stellen. Der Mann war den Argonauten so dankbar, dass er sie zum Essen einlud und sich als Phineas zu erkennen gab, ein legendärer Seher, der die Gabe hatte, die Zukunft vorauszusehen. Phineas konnte alle möglichen Variablen im Schicksal der Menschen und alle möglichen Ereignisse in der Zukunft vorhersagen.

Seine größte Gabe wurde auch zu seinem Fluch. Phineas verlor sein Augenlicht aufgrund seiner Vorhersagen über die vielen Nachkommen des Zeus. Der Herr des Himmels wollte nicht, dass seine bereits verrückte und eifersüchtige Königin den Aufenthaltsort seiner potenziellen Liebhaberinnen und Kinder erfuhr. Phineas war in der Lage, Zeus vor jedem gewöhnlichen Fremden zu entlarven. Phineas sprach ganz beiläufig über das Schicksal der Menschen, und er wusste, dass die Informationen durch ihr Netz von Gebeten und Spionen zu Hera zurückfließen konnten. Außerdem war sie eine Göttin und sehr gut in die Welt der Frauen eingeweiht.

Zeus verfluchte Phineas, so dass er plötzlich blind wurde. Er hätte den Seher leicht töten können, aber Phineas war eine nützliche und seltene Informationsquelle, die nur dem Orakel von Delphi untergeordnet war. Zeus Fluch war ein Warnschuss, der Phineas zu verstehen gab, dass er von nun an den Mund halten sollte. Allerdings hatte Zeus in seiner göttlichen Gestalt auch eine Menge kleinlicher Tendenzen und wollte sicherstellen, dass Phineas nicht plötzlich einen Anfall von Mut bekam und zu seinen alten Gewohnheiten zurückkehrte. Also schickte Zeus die Harpyien, um Phineas ab und zu besuchen. Sie quälten den alten Mann, schüchterten ihn ein und erinnerten ihn daran, wer das Sagen hatte. Diese Folter war zu schwer zu ertragen und traumatisierte Phineas so sehr, dass er nicht mehr versuchte, in die Zukunft zu sehen. Er hatte zu viel Angst, um seine Gabe überhaupt zu benutzen.

Nun unterhielten sich die Argonauten und Phineas die ganze Nacht hindurch, wobei die jungen Seeleute, Helden und Halbgötter von den Geschichten und dem Wissen des alten Sehers begeistert waren. So viel hatte Phineas seit Jahren nicht mehr mit anderen Menschen gesprochen, und er sprach frei. Dann hörte er die Geschichte von der Reise der Argonauten, den Ländern, die sie besucht hatten, ihren Tragödien und ihren Triumphen. Phineas war so bewegt und beeindruckt von ihrer Reise, dass er ihnen seine Dienste anbot; er wollte in ihre Zukunft schauen und ihnen die besten Überlebenschancen voraussagen. Als Gegenleistung für seine visionäre Führung verlangte er jedoch, dass die Argonauten ihm dabei halfen, seine Peiniger, die bösartigen Harpyien, loszuwerden. Jason und seine Männer mochten Phineas bereits sehr, und sie erklärten sich dazu bereit, ihm zu helfen.

Zum Glück für der Argonauten war das keine große Bitte, denn sie waren gut gerüstet, und konnten mit der Situation fertig zu werden. Zwei Männer in Jasons Mannschaft, Zetes und Calais, waren die Kinder von Boreas, dem Titanen des Nordwinds. Sie waren sehr gute Flieger. Die Harpyien hatten im Großen und Ganzen keine Chance, denn sie waren weit weniger wendige Flieger. Ohne ihre Schwester Iris, die in letzter

Sekunde eingriff, wären die Harpyien abgeschlachtet worden. (Es handelt sich um dieselbe Iris, die auch die Göttin des Regenbogens und die Botin der Götter war). Iris gab den Argonauten das Versprechen, dass die Harpyien den alten Mann in Ruhe lassen würden. Sie versprach auch, dass Zeus nichts von ihrer Abwesenheit mitbekommen würde, solange Phineas vorsichtig dabei war, in wessen Zukunft er blickte.

Nachdem Iris und die Harpyien abgereist waren, blickte Phineas in die Zukunft der Reise der Argonauten und sah die Symplegaden vor seinem geistigen Auge. Dabei handelte es sich um zwei riesige Felsbrocken, die einst eine ganze Insel bildeten. Diese Insel wurde von Poseidon vom Meeresboden abgespalten. Die Felsbrocken neigten dazu, sich auseinander zu schieben und wieder zusammenzustoßen, aber für ein paar gefährliche Minuten war der Durchgang offen. Dies war der schnellste Weg auf die andere Seite. Es war der Weg, den die Argonauten einschlagen mussten, wenn sie den Kurs halten und ihre Reise nicht zu lange hinauszögern wollten. Die Besatzung hatte zu Beginn ihrer Reise so viel Zeit verloren, dass sie es sich nicht leisten konnte, noch mehr Zeit zu verlieren. Phineas erzählte ihnen, dass sie ihre Fahrt durch die Symplegaden zeitlich richtig festlegen konnten, indem sie zuerst eine weiße Taube ausschickten. Wenn diese die Reise machte und unversehrt zurückkehrte, wussten sie, dass es sicher war, durch die Meerenge hindurchzusegeln.

Als sich die Argonauten den massiven Felsen näherten, war deren Anblick mit nichts zu vergleichen, was sie zuvor in ihrem Leben gesehen hatten. Der Durchgang zwischen den beiden Hälften war sogar noch enger, als Phineas ihn ursprünglich beschrieben hatte. Das Schlimmste war natürlich die kurze Zeit, die die Felsen voneinander entfernt zu sein schienen. Es schien wirklich nur eine Frage von Minuten zu sein, bis die beiden Felsbrocken wieder aufeinander krachten. Sollte das Schiff versuchen, zum falschen Zeitpunkt zwischen ihnen hindurchzusegeln, würden die Männer und die *Argo* für immer vom Erdboden verschluckt, nicht einmal ihre Knochen wären danach noch unversehrt.

Jason war dazu bereit, das Risiko einzugehen. Er glaubte, dass es sich lohnte und machte seinen Männern mit seiner Zuversicht Mut. Sie segelten so nah wie möglich an die Felsen heran, ohne von der Strömung der Felsen mitgerissen zu werden, und dann schickten sie die Taube aus. Sie war eine Weile verschwunden, kehrte aber wohlbehalten und scheinbar unversehrt zum Schiff zurück. Die Argonauten betrachteten dies als Segen und beschlossen, die Überfahrt zu wagen. Sie beteten zu den Göttern um Kraft und Schnelligkeit und setzten ihre Segel.

Sie ruderten los und betraten die Passage mit Furcht in ihren Herzen, aber mit Stärke in ihrer Überzeugung. Sie hörten das Knarren und Stöhnen der Felsen im Meer, Geräusche, die aus den tiefsten Tiefen der Erde kamen, das Geräusch von rauschendem, ängstlichem Wasser, das gegen jeden Zentimeter des Schiffes schwappte. Es war beileibe keine ruhige Fahrt. Was noch schlimmer war, war das schwindende Licht. Jason bemerkte, dass die Sonnenstrahlen immer schwächer wurden, ein Zeichen dafür, dass die Spitzen der Felsbrocken jeden Moment zusammenstürzen würden. Jason befahl seinen Männern, um ihr Leben zu rudern, während er das Schiff durch die gefährliche Passage steuerte. Das Licht wurde immer schwächer, der Tunnel wurde immer dunkler, und Jason befürchtete, dass sie es nicht schaffen würden.

In diesem Moment war es, als ob die Felsbrocken aufhörten, sich aufeinander zu bewegen. Wie durch ein Wunder hatten sie einfach aufgehört, sich zu bewegen. Jason konnte Athene nicht sehen, aber sie war über ihnen und hielt die beiden Felsbrocken auseinander, so dass die Argonauten gerade genug Zeit hatten, um durch sie hindurchzukommen. Sobald sie in Sicherheit waren, ließ sie die beiden Felsen wieder zusammentreffen.

Der Rest der Reise der Argonauten nach Kolchis verlief relativ ereignislos, abgesehen von einem Überraschungsangriff der restlichen stymphalischen Vögel, die Herakles einige Jahre zuvor überlebt hatten. Herakles Sieg über die Vögel hatte sich in ganz Griechenland herumgesprochen, und so gut wie jeder wusste, wie man die Biester mit lautem Getöse vertreiben konnte. Jason und seine Männer machten sich an die Arbeit, warfen mit Gegenständen nach den Vögeln und schlugen ihre Schwerter und Speere gegen ihre Schilde, um die Vögel abzuwehren. Es gelang ihnen, aber sie verloren einen ihrer Männer, Oileus, in der darauffolgenden Aufregung. Er wurde von einer der rasiermesserscharfen Federn in die Brust getroffen und war tot, bevor er auf dem Deck der *Argo* aufschlug.

Schließlich hatten Jason und seine Männer ihre Reise beendet und waren auf der Insel Kolchis angekommen. Hera hatte sie während der gesamten Reise begleitet und von Anfang an geplant, Jason bei seiner endgültigen Suche nach dem Goldenen Vlies aus den Klauen eines Drachens zu helfen, wenn auch nur zu ihrem eigenen Vorteil. So mutig

Jason auch sein mochte, er war nur ein Mensch. Er war Feuer und Flammen gegenüber empfindlich, und er besaß keinerlei körperliche Überlegenheit, wie sie einst Herakles zuteilgeworden war. Als sich die Männer Kolchis näherten, wünschte sich Jason mehr denn je, er hätte Herakles davon überzeugt, an Bord des Schiffes *Argo* zu bleiben.

Er wusste jedoch nichts von dem Plan, den die Göttin Hera ausgeheckt hatte, um ihn zu retten. König Äthes hatte zufällig eine hilfreiche Tochter, namens Medea, die Hohepriesterin der Hekate, der Göttin der Magie. Und zufälligerweise war Medea in der Kunst der Magie sehr bewandert. Sie wäre eine mächtige Verbündete für die Argonauten gewesen, aber ihr Herz war kalt und verschlossen. Hera wusste, dass Medea nur durch einen Liebeszauber bereit sein würde, Jason und seinen Männern zu helfen. Noch bevor die *Argo* die Küste von Kolchis berührte, hatte Hera Eros aufgefordert, der Prinzessin beizustehen und in ihrer Nähe zu bleiben. Wenn der richtige Moment gekommen war, sollte er Medea mit einem Liebespfeil beschießen, und von dem Moment an sollte sie in den jungen Prinzen vernarrt und verliebt sein.

Als die Argonauten sich der Stadt Aia näherten, erhielten sie eine königliche Eskorte zum Hof von König Äthes, der die Männer als seine Ehrengäste willkommen hieß - bis der König den wahren Grund für die Ankunft der Argonauten in Kolchis entdeckte. Äthes hätte den jungen Prinzen am liebsten auf der Stelle erschlagen, aber solche Taten waren in der demokratischen Welt der alten Griechen verpönt. Solches Verhalten endete oft in generationenübergreifende Blutfehden zwischen Königreichen, und König Äthes sorgte sich trotz seiner Habgier und seiner Fehler immer noch um den Frieden und das Wohlergehen seiner Untertanen.

Das bedeutet jedoch nicht, dass der König dazu bereit war, seinen wertvollen Besitz aufzugeben. Stattdessen teilte er Jason mit, dass er gerne versuchen dürfe, den Drachen zu besiegen, der die Höhle bewachte, sowie die beiden feuerspeienden Stiere, die Äthes als zusätzliche Sicherheitsvorkehrungen hinzugefügt hatte. Jason müsse die beiden Stiere zähmen. Dann müsse er mithilfe der Tiere ein riesiges Feld pflügen, in das er die Zähne eines Drachens pflanzen sollte. Diese Zähne würden zu Soldaten werden, riesig und unbarmherzig, und Jason würde auch sie töten müssen, um seine Beute zu erhalten. Und nach all dem musste er sich mit dem eigentlichen Drachen befassen, der das Vlies bewachte.

Jason konnte dem König nicht widersprechen. Er wusste, dass man ihn für einen Dieb halten würde, wenn er die Herausforderung nicht annahm, und König Äthes hätte das Recht, den Helden auf der Stelle zu töten und den Argonauten das gleiche Schicksal zuzufügen. Jason könnte sein eigenes Leben verwirken, aber er wollte dieses Schicksal nicht auch für seine Männer wählen.

Während Jason und Äthes die Bedingungen für Jasons Versuch, das Goldene Vlies zu bekommen, besprachen, betrat Medea den Raum. Eros stand mit einem Pfeil in seinem Bogen bereit, und sobald sich die Haupttüren der Halle öffneten und Medea eintrat, schoss Eros ihr in die Hüfte. Sterbliche spürten den Stich von Eros' Pfeilen nicht, und so ging die Prinzessin weiter, ohne auch nur zu stolpern. Als sie ihren Blick hob, war der erste Blick, den sie traf, der unseres Helden Jason. Äthes stellte dem Helden seine Tochter vor, die ziemlich hübsch war, mit tiefschwarzem Haar und leuchtenden dunklen Augen. Tatsächlich wurde Medea als eine der „bezauberndsten" Frauen Griechenlands gepriesen. Ein weiteres Merkmal, das sie auszeichnete, war ihr unnachgiebiges und rücksichtsloses Wesen, das ihrer Schönheit in nichts nachstand. Aus psychologischer Sicht grenzte das Verhalten der Prinzessin an Soziopathie. Sie war schön, aber verrückt, und selbst als Eros Liebespfeil noch in ihrer Hüfte steckte, konnte niemand mit Sicherheit sagen, ob ihre neu entdeckte Liebe zu Jason die Oberhand über ihre Eigenliebe gewinnen sollte. Eros wollte nichts dem Zufall überlassen und schoss zur Sicherheit ebenfalls auf Jason.

Medea nahm ihren Platz neben dem Thron ihres Vaters ein und hielt Jasons Blick fast die ganze Zeit über fest. Jason hatte große Mühe, sich auf den König, statt auf seine Tochter zu konzentrieren. Eine letzte Bedingung war, dass Jason versuchen sollte, sich das Vlies allein zu beschaffen. Er durfte dabei nicht die Hilfe seiner Männer in Anspruch nehmen. Jason war mehr als bereit, diese Bedingungen zu akzeptieren. Er brauchte alle Argonauten lebend und gesund, um das Schiff zurück nach Iolkos zu rudern, sollte es ihm tatsächlich gelingen, das Vlies zu erlangen.

In der Nacht vor seinem Vorhaben besuchte ihn Medea in seinen Gemächern. Als Jason in seinem Bett lag, schien sich die Prinzessin durch die Wände zu verflüchtigen. Er hörte nicht, wie sich die Tür zu seinen Gemächern öffnete und schloss. Sie driftete an seine Seite. Die beiden Liebenden wechselten kein Wort, sie fielen sich einfach in die Arme. Während sie im Nachglühen ihres Liebesaktes lagen, teilte Medea

Jason mit, dass sie die einzige Person sei, die den Erfolg seines Unternehmens sicherstellen könne. Jason setzte sich auf und hörte sich den Vorschlag seiner Geliebten aufmerksam an. Medea sagte, sie würde eine Salbe zusammenbrauen, die ihn vor den Flammen der Stiere schützen wollte. Sie wollte es ihm ermöglichen, nahe genug an sie heranzukommen, um die Tiere zu zähmen und einzuspannen. Danach wollte ihm Medea dabei helfen, den Drachen zu besänftigen und ihm sagen, wie er die Soldaten besiegen könne, die aus seinen Zähnen aufsteigen würden.

Medea stellte jedoch ihre eigenen Bedingungen. Sie war nicht gerne bereit, eine dieser Aufgaben auszuführen oder Informationen preiszugeben, sofern Jason sie nicht anschließend nach Iolkos zurückbrachte und sie zu seiner Königin machte. Sie versicherte Jason, dass er ohne ihre Hilfe mit Sicherheit sterben würde, und ließ dem Helden kaum eine Wahl. Auch er schien die Prinzessin zu lieben, eine Nebenwirkung von Eros Liebespfeil. Wie sehr er an ihre Liebe glaubte, ist jedoch nicht bekannt. Nichtsdestotrotz stimmte er Medeas Bedingungen zu, und getreu ihrem Wort erzählte sie Jason alles, was er wissen musste, um seine gefährliche Suche zu überleben.

Am nächsten Tag verabschiedete sich Jason von seinen Männern und befahl ihnen, ihn von den Klippen aus zu beobachten - alle außer dem legendären und bekannten Musiker Orpheus und Medea. Sie versorgte Jason wie versprochen mit der Salbe. Er schmierte sich damit ein, bevor er sich wieder anzog und sich auf den Weg zu den Stieren machte, die auf ihrer Weide lagen. Jason gelang es, sich den Stieren zu nähern, obwohl er dabei von deren Höllenfeuer verzehrt wurde. Er bahnte sich seinen Weg zu jedem der Tiere, und nach sanften Worten kuschelten sich beide Stiere wie schnurrende Katzen an seine Füße.

Jason: Die Zähmung der Stiere von Äthes von Jean-François de Troy, 1679 - 1752 n. Chr.[53]

Der nächste Teil der Aufgabe bestand darin, die Drachenzähne auszusäen. Die Zähne waren bereits von Äthes geerntet worden. Mit den Zähnen in der Hand machte sich Jason daran, das Feld mit den Stieren zu pflügen und die Zähne in geordneten Reihen einzupflanzen. Etwa ein Dutzend Soldaten krallten sich daraufhin aus der Erde. In der Nacht zuvor hatte Medea ihrem Helden in Jasons Gemach versichert, dass es den Soldaten zwar nicht an Muskeln, aber an Verstand mangelte. Schließlich handelte es sich nicht um normale Menschen, sondern um Dinge, die eher den Naturgesetzen entsprachen. Diese Soldaten ließen sich sehr leicht provozieren, da der Angriff ihre einzige Form der Interaktion war. So warf Jason mit Steinen nach den Soldaten. Ohne zu wissen, dass die Steine aus der Ferne geschleudert wurden, griffen die Soldaten jeden an, den sie für eine Bedrohung hielten, selbst die Mitglieder ihrer eigenen Brigade. Innerhalb weniger Minuten hatten sich die Soldaten gegenseitig völlig dezimiert. Jason blieb also nur noch die Aufgabe, das Vlies zu holen.

Der Drache war alles, was noch übrig war. Und dieser Drache schlief nie. Wie bei den meisten Mythen gibt es auch hier verschiedene Versionen. So heißt es zum Beispiel, Medea habe Jason ein Kräutermischgetränk gegeben, das den Drachen schlafen ließ. Es gibt aber noch eine spannendere Version. Orpheus, der zu den Argonauten gehörte, spielte mit seiner Harfe ein beruhigendes Schlaflied. Medea half sogar in dieser Version, indem sie mit ihrer Zauberkraft dafür sorgte, dass der Drache schläfrig wurde. Bald darauf schlief der große und furchterregende Drache selig ein. Musik ist manchmal die einzige Möglichkeit, eine wilde Bestie zu beruhigen.

Während die Bestie schlief, schlichen sich die drei näher an sie heran. Jason schlich auf Zehenspitzen um den schlummernden Drachen herum und entdeckte das Vlies, das an einen hohen, aber blattlosen Baum genagelt war, der in einen einzigen Sonnenstrahl getaucht war, der durch das Dach der Höhle gebrochen war. Jason hatte noch nie ein Material gesehen, das dem goldenen Vlies ähnlich war. Die Fasern selbst schienen zu locken und zu verführen, was zeigt, wie König Äthes seinen Verstand und seine Menschlichkeit verlor, um das Vlies vor den Händen anderer Männer zu bewahren. Die drei Sieger kehrten schnell zur *Argo* zurück, wo die Argonauten schon warteten und bereit waren, in See zu stechen.

Die Nachricht von Jasons Sieg und seinem überstürzten Abgang war bis zu König Äthes vorgedrungen, der nicht mit dem Erfolg des jungen Prinzen gerechnet hatte. Er hatte sofort den Verdacht, dass jemand aus seiner Familie Jason geholfen hatte, aber überraschenderweise hielt er Medea dabei nicht für die Täterin. Sie war sein perfektes kleines Mädchen, und er hielt sie nicht für fähig, einen solchen Verrat zu begehen, obwohl es allen, die ihr wahres Wesen kannten, mehr als plausibel erschien.

Äthes rief seinen erstgeborenen Sohn Apsyrtos zu Hilfe, um ihn bei der Jagd auf die Argonauten zu unterstützen. Äthes kümmerte sich mittlerweile nicht mehr um die öffentliche Meinung oder um gefährliche Blutfehden; sein Zorn vernebelte sein Urteilsvermögen. Die beiden stachen mit ihren persönlichen Bataillonen in See und waren kurz davor, sich ihrem Ziel zu nähern. In der Zwischenzeit befand sich Medea unter dem Deck der Argo und wirkte Blutmagie, um ihren Vater aufzuhalten. Medea wirkte einen Zauber, der eine Blutung im Gehirn ihres Bruders auslöste. Apsyrtos fiel auf seine Hände und Knie, ihm war übel, sein Kopf pochte. Einer der Soldaten rief König Äthes zu, dass sein Sohn leide, und der König eilte sofort zu seinem Sohn. Doch man konnte nichts mehr für ihn tun.

Der Königssohn brach zusammen, aber das war nicht das Schlimmste, was noch kommen sollte. Medeas Zauber wirkte zweifach. Während ihr Bruder litt und nicht mehr in der Lage war, Zeit und Raum zu begreifen, begann er sich langsam aufzulösen, ähnlich wie beim Auftreten und Befall von Lepra. Er war mit Geschwüren und Stacheln übersät, doch ihr Zauber beschleunigte die Krankheit. Bevor der König etwas tun konnte, hatte sich sein Sohn vollständig aufgelöst, das Blut seines Körpers wurde über das Deck gespült und Fleischstücke fielen ins Meer. Der groteske und furchterregende Anblick hielt den König von der weiteren Verfolgung seiner Gegner ab. Er wagte es nicht, den Argonauten weiter zu folgen, denn er fürchtete, dass diese Qualen von einem Gott verursacht worden waren. Medea war sehr mächtig und furchterregend.

Nach einem Kampf mit den Sirenen, den melodiösen Fleischfressern, die die Menschen mit ihrem Gesang in den Tod lockten, fanden die Argonauten schließlich Zuflucht auf der Insel Drepane, wo Jason und Medea schließlich verheiratet wurden. Nach einer langen Rast auf der Insel machten sich Jason und die Argonauten auf den Weg zurück nach Iolkos, wo der Prinz endlich seinen Thron besteigen und als König regieren wollte. Die ganze Truppe stürmte in den Thronsaal des Königs, und Jason warf seinem Onkel Pelias das Goldene Vlies vor die Füße. Doch Pelias wollte seinen Thron nicht aufgeben. Mit dem Goldenen Vlies in der Hand konnte er jahrzehntelang regieren und neue, sehr bedeutende Ländereien erwerben. Warum sollte er jetzt, da er sowohl Reichtum als auch Macht besaß, den Thron plötzlich an Jason abtreten?

Jason wollte diesen Verrat nicht einfach so hinnehmen. Und er war erst recht dazu bereit, sich seines Onkels zu entledigen, als er von Medea erfuhr, dass Pelias seinen Vater ermordet und das Herz seiner Mutter bis zu deren Tod gebrochen hatte. Jason wies Medea an, sich auf jede nur erdenkliche Weise an ihm zu rächen, und Medea enttäuschte ihn nicht. Eines Abends im Gerichtssaal versammelte sie die Töchter des Pelias um sich und erklärte ihnen, dass ihr Vater nun, da er das Vlies habe, unsterblich sei. Die Töchter würden nun für den Rest ihres Lebens unter seiner sadistischen und grausamen Herrschaft leben müssen. Es war ein offenes Geheimnis, dass Pelias nicht gewillt war, seine Töchter heiraten zu lassen oder ihnen die Kontrolle über ihr Leben in irgendeiner Weise zu überlassen. Die Mädchen waren praktisch königliche Geiseln. Sie konnten den Gedanken nicht ertragen, dass ihr Vater sie überleben und über ihr Schicksal bestimmen werde, bis sie tot und nach einem qualvollen Leben von der Erdoberfläche verschwunden waren. Daraufhin ermordeten die drei Mädchen Pelias und übergaben den Thron bereitwillig an Jason.

Nun hatte Jason jedoch ein großes Problem. Nachdem er den Thron bestiegen und Medea als seine Königin eingesetzt hatte, kam es im ganzen Königreich zu Aufständen. Sie war auf dem gesamten Peloponnes als Zauberin bekannt und wurde von denjenigen, die ihre Macht und ihr rücksichtsloses Wesen kannten, sehr gefürchtet. Das Volk von Iolkos wollte keine fremde Zauberin zur Königin haben. Jason fürchtete um die Sicherheit seiner geliebten Frau und Beschützerin und nahm sie mit ins Exil auf die Insel Korinth, wo sie den Rest ihrer Tage in Freude und Glück verbringen wollten.

Eine Zeit lang waren sie dort auch glücklich. Medea brachte sogar drei von Jasons Kindern zur Welt. Doch bald nach deren Geburt fiel Jason bei seiner Frau in Ungnade. Eines Nachts trat er an Medea heran und bat sie um ihre Erlaubnis, der Prinzessin von Korinth einen Heiratsantrag zu machen. Alles in allem war es eigentlich unklug von Jason, diesen Antrag überhaupt zu stellen. Medea war ebenso besitzergreifend wie beschützend Jason gegenüber, und sein Wunsch, mit einer anderen Frau zusammen zu sein, war in ihren Augen der ultimative Verrat. Jason liebte sie, aber sie konnte kalt und unversöhnlich sein, dennoch glaubte er, dass sie ihm nie etwas antun würde. Auch wenn dies ein Klischee sein mag: Die Hölle kennt keine Wut wie die einer verschmähten Frau, und Medea hatte kein Interesse daran, ihren Mann mit einer anderen Prinzessin zu teilen. Dass Jason diesen Wunsch überhaupt geäußert hatte, war eine große Beleidigung, und sie konnte nur an Rache denken.

Sie tötete die Prinzessin von Korinth, indem sie sie wahnsinnig werden und sich von der höchsten Klippe der Insel stürzten ließ. Als wäre das nicht genug, tötete sie zur weiteren Bestrafung Jasons ihre drei kleinen Kinder und legte jedes einzelne in das Ehebett, damit ihr Mann sie dort finden konnte. Als ihre Rache vollendet war, machte sie sich auf den Weg nach Athen, um den Thron eines anderen Königs zu besteigen.

Jason kehrte noch am selben Abend nach Hause zurück und fand die letzten Freuden seines Lebens, seine geliebten Kinder, so böse abgeschlachtet vor, dass sie fast nicht mehr zu erkennen waren. Der Verlust seiner Kinder versetzte ihn in tiefste Verzweiflung. Der größte aller sterblichen Helden, der die Meere bereist, die furchterregendsten Kreaturen der antiken Welt besiegt und seine Krone zurückgewonnen hatte, um sie dann aus Liebe aufzugeben, wurde von derselben rücksichtslosen Frau, die er sich zur Braut genommen hatte, später auch vernichtet. Jason verbrachte den Rest seiner Tage allein. Er hatte sogar die Gunst der Hera verloren, weil er sein Gelübde gegenüber Medea gebrochen hatte. Er starb, als einer der Balken der *Argo* herabfiel und ihn auf den Kopf traf. Jason starb auf der Stelle und wurde in den Trümmern eines der größten Schiffe begraben, das je die Meere befahren hat, und gilt noch heute als einer der größten Helden, die je gelebt haben.

# Kapitel 11: Theseus: Der Minotaurosjäger

Erinnern Sie sich noch daran, wie die Königin von Kreta von dem schönsten Stier aller Zeiten, dem kretischen Stier, geschwängert wurde? Aus dieser bestialischen Verbindung ging der Minotauros hervor, der später zum Schrecken Kretas wurde. König Minos brachte den schrecklichen Nachwuchs seiner Frau in einem riesigen Labyrinth unter seinem Palast unter und begann, diese Bestie mit Gefangenen und seinen Feinden zu füttern. Obwohl dies eine wirksame Methode war, um sein Volk in Angst und Schrecken zu versetzen und Verräter zu beseitigen, hinterließ sie bei den übrigen Königen Griechenlands und den Untertanen des Königs nicht gerade die richtige Botschaft. Die kannibalische Natur des Minotauros war schon beunruhigend genug, ganz zu schweigen von einem König, der eine solche Bestie aktiv fütterte. Minos war die gleiche Art von verabscheuungswürdigem Feind, gegen den Herakles in seinen zwölf Aufgaben antreten musste: er war wie Diomedes (der König, der seine Stuten mit menschlichen Körperteilen fütterte).

Die Opfer besänftigten König Minos große Scham darüber, dass seine Frau ihn mit einem göttlichen Stier betrogen hatte. Schon bald hatte der Minotauros mehr als nur die Feinde des Königs zu verzehren. Die Mythologie des Minotauros beginnt jedoch mit einem König, der sich nach einem Sohn sehnte, und einer Prinzessin, die es schaffte, nicht nur mit einem König, sondern auch mit einem Gott zu schlafen, und das alles in einer einzigen Nacht.

Jahre vor der sexuellen Begegnung zwischen der Königin Pasiphae und dem kretischen Stier war der König von Athen, Ägeus, Anfang dreißig und hatte immer noch keinen Sohn bekommen. Auf einer diplomatischen Mission im Königreich Troezen erzählte er dem dortigen König von seinen Problemen bei dem Versuch, einen Erben zu zeugen. Der gute König bot ihm seine Tochter Aethra an, mit der Ägeus einen Abend lang ins Bett gehen sollte, da er dachte, dass aus ihrer Verbindung vielleicht ein Sohn hervorgehen würde. Die beiden jungen Liebenden (wenn man sie überhaupt so nennen kann) verbrachten die Nacht miteinander. Später, als sie in der Nachglut des anständigen Liebesspiels schlummerte, hatte die Prinzessin einen Traum - einen sehr seltsamen Traum. Die Göttin Athene erschien Aethra und sagte ihr, dass das Kind, das nach dieser Nacht in ihrem Bauch heranwachsen sollte, ein besonders gesegnetes Kind sein werde, das dazu bestimmt sei, große und heldenhafte Taten zu vollbringen. Athene befahl der Prinzessin, zum Meer hinabzusteigen, sich an den Rand des Wassers zu stellen und zu warten. Aethra erhob sich von ihrem Platz im Bett und folgte den Anweisungen der Göttin.

Sie wartete am Rande des Meeres, und die kleinen Wellen küssten sanft ihre Zehen. Obwohl die Quellen etwas ungenau sind, ist es möglich, dass die Prinzessin während ihres Aufenthalts am Wasser nicht ganz bei Bewusstsein war; es war, als befände sie sich in einem Zustand der Hypnose. Wie aus dem Nichts tauchte der Gott der Meere, Poseidon, aus dem dunklen Wasser auf und begann, mit der Prinzessin zu schlafen. Wenn es darum geht, ideale Helden zu erschaffen, achten die Götter und Göttinnen des Olymps nicht auf Dinge wie die Einwilligung ihrer Partner, aber der Großteil der Mythologie, die sich um diese spezielle Geschichte rankt, macht deutlich, dass die Prinzessin sich sowohl im Palast mit Ägeus als auch am Strand in derselben Nacht mit Poseidon vergnügte.

In der griechischen Mythologie war es nicht ungewöhnlich, dass ein Kind zwei Väter oder zwei Mütter hatte, nicht mal, dass es im Bauch einer Frau gezeugt und dann für den Rest der Schwangerschaft in den Schenkel eines Mannes gelegt wurde. Die Regeln der Wissenschaft gelten nicht, wenn es um göttliche Nachkommen geht. Aus dieser doppelten Verbindung ging der Mythologie zufolge der Held Theseus hervor. Sein Anspruch als Sohn des Ägeus verschaffte ihm Ländereien, einen Titel und Macht. Seine göttliche Abstammung verlieh ihm auch Fähigkeiten, die in der Welt der Sterblichen nicht üblich waren. Da seine Geburt in gewisser Weise auch von der Göttin Athene gesegnet und inszeniert worden war, verfügte Theseus auch über einen logischen Verstand, der nicht durch Furcht getrübt war und der ihm die Möglichkeit gab, die beste Vorgehensweise für seinen Erfolg rational zu erkennen. All diese Eigenschaften und seine weiteren Talente sollten ihm zugutekommen, als er das Mannesalter erreichte und eine Aufgabe zu erfüllen hatte, die seinen Namen für immer in den Stein der griechischen Legenden eingravieren sollte.

Am nächsten Morgen, nachdem Ägeus die Nacht mit der Königstochter verbracht hatte (er wusste nichts von ihrem nächtlichen Besuch am Strand), traf er Vorbereitungen für seine Rückkehr nach Athen. Bevor er jedoch abreiste, ließ er etwas für seinen zukünftigen Sohn zurück. In der Nähe der Stelle, an der Aethra mit Poseidon geschlafen hatte, legte Ägeus sein Schwert und seine Sandalen unter einen großen glatten Stein. Als sein Sohn volljährig wurde, hoffte Ägeus, dass er die Gegenstände finden und mit ihnen nach Athen zurückkehren werde, um dort seinen rechtmäßigen Platz als Fürst einzunehmen.

Theseus wuchs also in Troezen bei seiner Mutter auf, und als er siebzehn Jahre alt wurde, nahm sie ihn mit ans Ufer des Wassers und erzählte ihm die Geschichte seiner Empfängnis. Als die Prinzessin zu Ende gesprochen hatte, führte sie ihren Sohn zu dem Stein, unter dem die Besitztümer seines Vaters fast zwei Jahrzehnte lang aufbewahrt worden waren. Theseus war zu diesem Zeitpunkt ein kräftiger Jüngling, er rollte den Stein mit großer Leichtigkeit beiseite. Seine Reise nach Athen, um sein Geburtsrecht einzufordern, hatte begonnen, ebenso wie die Legende von Theseus und dem Minotauros.

Bevor Theseus seine Reise antrat, flehte seine Mutter Aethra ihn an, über das Meer zu ziehen und nicht auf der Straße zu reisen. In der Antike war eine Reise auf offener Straße ein gefährliches Unterfangen, zu dem auch Diebe gehörten, die nicht zögerten, bevor sie ihren Opfern die Kehle durchschnitten und sich mit deren Besitz davonmachten. Oder, noch schlimmer, eine Art jenseitige Kreatur konnte einem die Augäpfel aus den Höhlen reißen oder einen bei lebendigem Leib häuten. Natürlich gab es auch auf dem offenen Meer Bedrohungen, aber Theseus war entschlossen, sich seiner Herkunft würdig zu erweisen, und beschloss, auf dem Landweg zu reisen. Mit dem Schwert des Königs bewaffnet, machte sich Theseus auf den Weg, und auf seiner Reise erlebte er viele Prüfungen und Siege. Er tötete jeden Feind, dem er unterwegs begegnete. Seine Feinde waren dabei keine unschuldigen Reisenden, sondern böse Menschen und Ungeheuer, die das menschliche Leben schändeten. Sie wurden von vielen gefürchtet und von niemandem herausgefordert, bis der junge Prinz ihres Weges kam.

Der erste Übeltäter, dem er begegnete, war ein Mann namens Periphetes. Dieser Unmensch war dafür bekannt, Reisenden mit seiner Eisenkeule den Schädel einzuschlagen. Schlimmer noch: Er stahl seinen Opfern nichts, sondern tötete sie nur zum Spaß. Theseus gelang es, Periphetes zu töten, und er nahm seine Waffe als Trophäe mit. Es kam schließlich nicht jeden Tag vor, dass man eine so schöne Waffe fand. Der nächste Mann, mit dem es Theseus zu tun bekam, war ein noch viel krankeres und verrückteres Individuum als Periphetes; er war bekannt als der Bahre oder Prokrustes. Dieser gestörte Mensch fesselte seine Opfer an ein eisernes Bett und streckte ihre Gliedmaßen so weit, dass sie den Rand des Bettes erreichten. Den unglücklichen Seelen, die zu groß für das Bett waren, wurden nach und nach die Gliedmaßen abgehackt, eine Hand hier, ein Fuß da, bis Prokrustes mit den physischen Dimensionen der Folter zufrieden war. Theseus stieß auf seinem Weg auf Prokrustes und spaltete ihn mit seinem Schwert in zwei Hälften.

Zu diesem Zeitpunkt hatte sich die Heldentat des Theseus bereits in einigen Städten Griechenlands herumgesprochen. Als er in Athen ankam, um endlich vor seinen Vater zu treten, sah sich der Held weiteren Gefahren ausgesetzt. Einige Jahre nach seiner Nacht mit der Prinzessin von Troezen hatte König Ägeus erneut geheiratet und sich die Zauberin und Ex-Frau von Jason, Medea, zur Frau genommen. Medea war eine Frau, die es liebte, jederzeit die Kontrolle über ihr Schicksal und die Menschen um sie herum zu behalten. Sie wusste, dass ihr Mann auf die Rückkehr seines Sohnes wartete, und fürchtete, dass ihr Anspruch auf Herrschaft und Einfluss auf Ägeus schwinden würde.

Als Theseus im Thronsaal des Königs ankam, überzeugte die gerissene Medea, die bereit war, für ihr Amt zu töten, Ägeus davon, dass man ihrem neuen Besucher nicht trauen könne. Sie flüsterte ihm ins Ohr, er solle dem jungen Mann einen Becher mit Gift zu trinken geben. Vorsicht ist besser als Nachsicht. Ägeus bot seinem Sohn das Getränk an, ohne dessen wahre Identität zu kennen, bis zu dem Moment, als Theseus vortrat, um das Getränk anzunehmen. Als er einen Schritt auf den König zuging, kam sein Schwert zum Vorschein. König Ägeus erkannte die Waffe sofort. Dies war sein Sohn und lang erwarteter Erbe. Medea konnte daraufhin kaum schnell genug aus dem Thronsaal rennen und floh an einen unbekannten Ort.

Das Wiedersehen zwischen dem König und seinem Sohn war von großer Freude geprägt. Wenig später wurde ihre Freude jedoch durch die unglückliche politische Situation zwischen Athen und Kreta getrübt. Bevor Theseus eintraf, hatte Ägeus eine Reihe von Spielen mit allen benachbarten griechischen Poleis veranstaltet. Bei einem dieser Spiele wurde der Sohn des Königs Minos, Androgeus, von einem entgleisten Wagen erschlagen. König Minos war über den unerwarteten Tod seines jungen Sohnes so empört, dass er von Athen Tribut forderte. Um einen Krieg mit dem irrationalen König von Kreta zu vermeiden, willigte Ägeus in König Minos Idee der Reparationszahlungen ein. Jedes Jahr schickte die Stadt Athen vierzehn der schönsten und tugendhaftesten jungen Männer und Frauen, um sie dem großen Schrecken Kretas, dem Minotauros, zu opfern. Das Schiff, das die Opfer zur Insel brachte, fuhr stets unter schwarzer Flagge, damit die vorbeifahrenden Schiffe wussten, dass sich die Opfer an Bord befanden.

Als Theseus entdeckte, dass sein Vater im Grunde genommen politisch zu einer solchen Barbarei gezwungen worden war, beschloss er, dem Leben des Minotauros ein Ende zu setzen. Sein Plan war es, sich selbst als Tribut anzubieten, in das Labyrinth zu gehen und die Bestie zu töten. Als er seinen Vater über seinen Plan informierte, wollte der König nichts davon hören. Sein einziger Sohn wollte seinem möglichen Tod entgegensegeln! Ägeus hatte gerade erst seinen lang ersehnten Erben wieder in seinem Leben begrüßt. Aber nach vielen Diskussionen und Überzeugungsversuchen willigte der König schließlich in das Vorhaben seines Sohnes ein, ließ ihn aber schwören, dass er auf dem Rückweg nach Athen weiße Segel anstelle der schwarzen Segel des Todes setzen sollte. Auf diese Weise sollte der König dann wissen, dass sein Sohn überlebt hatte und nach Hause zurückkehrte.

Der Tag des Tributs kam also, und Theseus hielt sein Wort und opferte sich. Dies war in der Tat ein ganz besonderer Tribut, denn der lang vermisste Prinz war das kostbarste Juwel Athens. Er war der schönste, stärkste und intelligenteste Jüngling, den Ägeus aufbieten konnte. Minos war sehr erfreut, als er erfuhr, dass einer der mächtigsten Könige Griechenlands sich bereit erklärt hatte, seinen einzigen Sohn von einem unheiligen Ungeheuer verschlingen zu lassen. Als Theseus das Schiff in Kreta verließ, wurden er und die anderen Tribute in den Palast des Königs geführt, wo sie inspiziert wurden.

König Minos begrüßte seinen königlichen Gast und schüttelte ihm die Hand. Dann stellte er ihn seiner jungen Tochter Ariadne vor, die sofort von Theseus Schönheit und Charme beeindruckt war. Auch dem jungen Prinzen fiel Ariadne durch ihre Schönheit auf. Später in der Nacht besuchte die Prinzessin Theseus im Quartier des Tributs, und die beiden verbrachten eine leidenschaftliche Nacht miteinander. Theseus vertraute sich der Prinzessin an und erzählte ihr von seinem Plan, den Minotauros zu töten. Obwohl er zuversichtlich schien, dass er sein Ziel erreichen würde, wusste Ariadne, dass er sich, selbst wenn es ihm gelänge, das Tier zu töten, mit Sicherheit in dem Labyrinth verirren würde. Viele Tribute waren nicht durch einen direkten Angriff des Minotauros gestorben, sondern durch Hunger und Durst. Ihre Leichen säumten die Wände des Labyrinths und dienten dem Ungeheuer später als Snack.

Früh am nächsten Morgen erwachte Ariadne vor allen anderen im Palast. Sie ging hinunter zu den Docks, wo sie von einem der Verkäufer eine Spule mit Garn holte, und kehrte zum Bett des Theseus zurück. Sie weckte ihren Geliebten und wies ihn an, die Spule mit in das Labyrinth zu nehmen. Bevor er hineinging, musste er das Ende des Fadens an eine der Säulen vor dem Eingang binden, wenn er allein war. Die Wachen, die das Labyrinth bewachten, folgten den Tributen nie bis zum Eingang. Sie hatten Angst vor dem Minotauros, und das aus gutem Grund. Das Tier machte keinen Unterschied zwischen Freund und Feind, Beute und Meister. Wenn König Minos das Labyrinth betrat, würde er nicht anders behandelt werden als seine Tribute. Diese Spule sollte Theseus als Wegweiser dienen und ihn in Sicherheit bringen, sobald er den Minotauros erschlagen hatte. Ariadne gelang es auch, ein Schwert für ihren Geliebten zu besorgen und es in der Nähe des Eingangs zu verstecken. Als Dank für die Hilfe, die Ariadne ihm erwiesen hatte, versprach Theseus, sie nach seinem Kampf mit nach Athen zu nehmen.

Und so wurden Theseus und die anderen athenischen Tribute in die dunklen Gänge des Labyrinths gestoßen. Der Gestank war schlimmer als alles, was Theseus sich je hätte vorstellen können. Die verwesenden Leichen und Knochen der früheren Mahlzeiten des Minotauros lagen überall verstreut, Fetzen zerrissener Haut klebten an den Wänden, die mit dem getrockneten Blut Hunderter von Opfern braun bespritzt waren. Die Gänge wanden sich nur sporadisch, und die Wände schienen sich nach Belieben zu bewegen und ihre Richtung zu ändern. Die Dunkelheit des Labyrinths war alles verzehrend. Das bloße menschliche Auge konnte nicht mehr als zwei bis drei Meter vor sich erkennen, aber zum Glück waren nicht alle Tribute im Labyrinth Menschen. Als Halbgott besaß Theseus geschärfte Sinne, natürliche Reflexe und Intuitionen, die es ihm ermöglichten, dem Minotauros in puncto Stärke und Geschwindigkeit ebenbürtig gegenüber zu treten.

Er konnte in der Dunkelheit nicht sehen, aber die Luft im Labyrinth war dick und kalt. Theseus spürte, wie sich die Spannung veränderte, und er ging langsam in die Dunkelheit hinein, Ariadnes Schnur war dabei an seiner Hüfte befestigt. Er war nicht der Gejagte; er war der Jäger. Fast zwei Stunden lang lauschte Theseus und ging durch das Labyrinth, während er versuchte, die leisesten Geräusche und Veränderungen in der Umgebung wahrzunehmen. Der Rest der Tribute war in der Nähe der ersten Teile des Labyrinths geblieben, in der Hoffnung, dass sie der Bestie dort nicht begegnen würden.

Ein Mosaik von Theseus und dem Minotauros.[53]

Theseus hörte schließlich auf zu suchen und beschloss, den Minotauros zu sich kommen zu lassen. Er begann, sein Schwert immer wieder gegen die Wand zu schlagen, damit das Tier eine Ahnung davon bekam, wo er sich befand, aber nicht seine genaue Position bestimmen konnte. Dann hörte Theseus es: das deutliche Getrappel eines Rinderhufs. Der Gestank verstärkte sich. Die Stärke des Atems des Minotauros schien auch die Lufttemperatur um Theseus herum zu verändern, obwohl er feststellen konnte, dass das Tier mindestens einige

Meter von ihm entfernt war. Theseus stand angespannt in der Dunkelheit, die Hand am Griff seines Schwertes, bereit für den Moment, in dem das Ungeheuer ihn mit seinen großen Hörnern angriff.

Der Minotauros stampfte einmal, zweimal mit dem Fuß auf den Boden. Er rannte direkt auf den jungen Prinzen zu, der im letzten Moment seine Waffe zückte. Mit einem eleganten Hieb rammte er seine Klinge in den Hals des Minotauros. Das Tier, das noch immer unter dem Schock des tödlichen Angriffs stand, versuchte, weiter nach vorne zu rennen und spießte sich so nur tiefer auf Theseus Klinge auf, bis die Spitze des Schwertes seinen Hinterkopf durchbohrte. Der große Schrecken von König Minos und der Insel Kreta war besiegt. Theseus schlug dem Minotauros den Kopf ab und nahm ihn als Trophäe für seinen Vater mit. Dann folgte er seinem Sicherheitsgarn bis zum Ausgang des Labyrinths, zusammen mit den anderen Athener Tributen, die alle noch am Leben waren.

Ariadne konnte ihr Glück kaum fassen, als sie sah, dass der Mann ihrer Träume am Leben war. Obwohl Theseus der Hauptdarsteller in dieser Geschichte war, war es Ariadne, die sein Überleben gesichert hatte. Ohne ihre brillante Idee wäre Theseus dem Tod entgegengegangen, und er war sich dessen durchaus bewusst. Er, Ariadne und die Tribute stahlen sich auf dem Schiff mit den schwarzen Segeln davon und machten sich auf den Weg nach Athen. Doch auch im Paradies war nicht alles in Ordnung. Das Schiff hielt auf der Insel Naxos an, um neue Vorräte aufzunehmen, und als Ariadne am nächsten Morgen erwachte, fand sie sich allein am Strand schlafend wieder. Fassungslos über ihre Situation suchte sie den ganzen Strand nach ihrem Liebsten ab und schaute dann ins Landesinnere, um zu sehen, ob sie die Athener hoch oben auf der Ebene sehen konnte. „Vielleicht waren sie auf der Suche nach mehr Nahrung oder Wasser", sagte sie sich, aber sie wusste, dass dies eine Lüge war. Die junge Prinzessin wandte sich langsam dem Meer zu und sah die schwarzen Segel am Horizont. Dort war Theseus an Bord seines Schiffes und segelte mit den Tributen im Schlepptau von der Insel weg.

Warum hatte er die Prinzessin im Stich gelassen? Die Mythen sind in diesem Punkt etwas unklar. Es wird angenommen, dass die eifersüchtige Hera dem athenischen Prinzen im Traum erschienen war und ihn davon überzeugt hatte, die junge Frau zurückzulassen. Manche sagen, dass Dionysos Ariadne in diesem Moment für sich haben wollte und Theseus überredete, sie zu verlassen. Es ist jedoch auch möglich, dass Theseus erkannte, dass er Ariadne nicht so sehr liebte, wie er dachte. Vielleicht hat er sie nur ausgenutzt, vielleicht wollte er aber auch nicht den Rest seines Lebens mit ihr als Königin verbringen. Obwohl sie als Helden verehrt wurden, trafen viele Halbgötter sehr viele fragwürdige moralische Entscheidungen. Dies geschah in der Regel, um ihre menschliche Seite und ihre Neigung zur Unvollkommenheit zu verdeutlichen. Ob Halbgott oder nicht, Theseus war immer noch ein Mensch. Die arme Ariadne war nicht lange am Boden zerstört, denn kurz nach der Abreise des Theseus wurde sie von Dionysos verführt, der sie zu seiner Frau und Mutter zwei seiner Kinder machte.

Auf dem Rückweg nach Athen begann Theseus zu bereuen, dass er die Prinzessin verlassen hatte. Er erkannte, dass er Ariadne vielleicht doch liebte. Er war so verzweifelt über den Verlust einer Frau, die er absichtlich auf einer Insel zurückgelassen hatte, dass er vergaß, die Segel seines Schiffes von schwarz auf weiß zu setzen, um seinem Vater zu zeigen, dass er die schreckliche Tortur überstanden hatte und nach Hause zurückkehren wollte. König Ägeus hatte in den letzten vierzehn Tagen Tag und Nacht Ausschau auf den Klippen gehalten, um benachrichtigt zu werden, sobald Theseus Schiff gesichtet wurde. Einer der Ausgucke bemerkte einen schwarzen Fleck, der sich den Klippen näherte, aber er konnte nicht erkennen, ob es sich um den Prinzen oder ein feindliches Schiff handelte. Schließlich gelang es ihm, die schwarzen Segel zu identifizieren. Der Ausguck rannte bis zum Palast und stürmte durch die Türen in den Thronsaal. Er warf sich dem König zu Füßen und weinte, er verkündete, das schwarze Segel auf dem Wasser gesichtet worden waren.

Ungläubig eilte der König zu den Klippen und sah tatsächlich, dass der Wächter die Wahrheit gesagt hatte. Er empfand die überwältigende Verzweiflung, die durch den Tod eines Kindes verursacht wird. Ägeus hatte seinen Sohn verloren und damit auch sein Herz und seinen Lebenswillen. Der König konnte den Schmerz nicht ertragen. Ohne zu zögern, stürzte er sich vom Rand der Klippe ins Freie. Theseus sah seinen Vater dabei, wie er sich unten auf den Felsen aufspießte, und war zum zweiten Mal untröstlich. Er war nun der König von Athen, aber es war ein Thron, den er voller Trauer und Kummer bestieg. Als Halbgott war Theseus stark und mutig, aber er verlor seine Liebe und seinen Vater an einem einzigen Tag, weil er als Mensch schwach war.

# Kapitel 12: Perseus und Medusa

Die Geschichte des Halbgottes Perseus beginnt mit der Liebesaffäre seiner Eltern. Obwohl Zeus viele Frauen und noch mehr Geliebte hatte, war er ein sehr emotionales Wesen. Er war ein Gott, der sich in alles und jeden verliebte. Es heißt, dass er von all seinen Frauen Danae am meisten liebte. Sie war die Tochter von König Akrisius und Königin Eurydike und wurde von ihrem Volk geliebt, von ihrem Vater jedoch gefürchtet. Jahrelang war es dem König und der Königin nicht gelungen, einen Sohn zu zeugen, der den Thron erben sollte. Als ihre Tochter endlich geboren wurde, war die Freude groß, doch ein dunkler und beunruhigender Gedanke beschäftigte den König schon seit Jahren wegen dieses Ereignisses.

Bevor Danae gezeugt wurde, hatte Akrisius den Rat und die Weissagung des pythischen Orakels eingeholt, um herauszufinden, ob er jemals einen Sohn haben würde. Vielleicht hatte er die Götter auf irgendeine Weise verärgert oder beleidigt, ohne es zu merken? Das Orakel teilte dem verzweifelten König mit, dass seine Linie tatsächlich einen männlichen Erben hervorbringen würde, aber es würde nicht der seine sein. Das Kind würde eines Tages heranwachsen, um Akrisius zu beseitigen und alles, was ihm lieb und teuer war, ins Verderben zu stürzen. Kurz nach der Geburt von Danae erkannte Akrisius, dass es ihr Schoß sein würde, der seinen Untergang herbeiführen sollte. Als Danae zum ersten Mal blutete, verschwendete ihr Vater keine Zeit und sperrte sie in einen unterirdischen Raum, der ganz aus Stein und Erde bestand. Bis auf ein Oberlicht mit Metallstäben über dem Spalt drang nur so gut wie kein Licht zu der Prinzessin durch.

Danae blieb dort zwei Winter lang. Ein anderer Mensch hätte die Hoffnung aufgegeben, jemals wieder von dort wegzukommen; vielleicht wäre er der Einsamkeit und Verzweiflung erlegen, die er dort fühlte. Aber nicht Danae. Irgendwie verlor sie in dieser dunklen und abgeschiedenen Zelle nie die Hoffnung. Zeus hatte die Gebete des Mädchens erhört. Sie war stark und stoisch, und Zeus verliebte sich in ihren sanften, aber unnachgiebigen Geist. Eines Nachts besuchte er sie in ihrem Gefängnis und kam als goldener Regen durch die Lücken zwischen den Gitterstäben des Daches herab. In dieser Gestalt schlief er mit Danae.

Auch für Zeus war es eine neue Erfahrung, und als sich seine Frau Hera nach dem Grund seiner Untreue erkundigte, antwortete Zeus, der die Wolken sammelt, ihr [Hera]: „Niemals zuvor ist die Liebe zu einer Göttin oder Frau so um das Herz in mir geschmolzen, es bis zur Unterwerfung gebrochen, wie jetzt: wie damals ... als ich die Tochter des Akrisios [Akrisius] liebte, die süße Danaë." Dies zu hören, muss für Hera verletzend gewesen sein, aber man kann davon ausgehen, dass Zeus ihr die Wahrheit sagte. Zeus hatte einige verachtenswerte Neigungen, aber Unehrlichkeit gehörte nicht dazu.

In dieser Nacht kam Perseus zur Welt. Danae gebar ihren Sohn allein in ihrer Zelle. Nachdem die Wehen vorbei waren, verschwendete ihr Vater keine Zeit damit, sie und ihr neugeborenes Kind zu beseitigen. Nachdem der Arzt des Königs Danaes Sohn begutachtet hatte, beauftragte Akrisius seine Steinmetze mit dem Bau eines Sarkophags. Er legte seine junge Tochter und seinen Enkel hinein und warf die beiden auf das Meer hinaus.

Zeus hatte über Danae gewacht, seit sie schwanger war, und sobald sie in die Wellen geworfen wurde, war sein Bruder Poseidon zur Stelle. Er brachte den Sarkophag sicher auf das Schiff eines Fischers namens Diktys. Dieser brachte die kostbare Fracht sicher auf die Insel Seriphos, ein kleines, abgeschiedenes Königreich. Doch die Rettung sprach sich herum. In den ersten Tagen nach ihrer Ankunft pflegte Diktys die junge Mutter wieder gesund. Sie schlief die meiste Zeit und wachte nur auf, um ihr Kind zu stillen; alles andere erledigte Diktys. Der Fischer hatte Jahre zuvor seine eigene Frau und sein eigenes Kind verloren, und es brach ihm das Herz, Danae in diesem Zustand zu sehen. Er wollte nicht, dass die Frau und ihr kleiner Sohn ohne Unterstützung blieben, doch Unterstützung war etwas, das er ihr in seiner kargen Umgebung nicht bieten konnte. Dieses Kind brauchte einen Vater oder zumindest eine direkte Anleitung, und seine Mutter, die alleinstehend und verletzlich war, brauchte den Schutz einer einflussreichen Person, jemanden wie seinen Bruder, König Polydectes.

Obwohl Diktys gute Absichten hatte, besaß sein Bruder, den er im Sinn hatte, nicht denselben freundlichen und großzügigen Geist. Er sehnte sich nach Danae, und nachdem der König mehrere Annäherungsversuche unternommen hatte, die Danae allesamt ablehnte, beschloss er, dass die Lösung darin bestand, sie zu entführen und wegzusperren, während er weiterhin versuchte, die arme Frau zu umwerben. Eine Gefangenschaft im Leben war mehr als genug, aber Danae war dazu bestimmt, weiter zu leiden. Was ihren kleinen Sohn angeht, so war Polydectes bis zu einem gewissen Grad gnädig und schickte Perseus weg, um im Tempel der Athene aufgezogen zu werden.

In Wirklichkeit war dies eines der großzügigsten Dinge, die er für den jungen Helden hätte tun können, denn es war der Beginn von Perseus Gönnerschaft und Gunst bei der Göttin Athene. Sie sollte später ein unverzichtbarer Teil seiner Geschichte werden. Jahre später, als Perseus das Mannesalter erreicht hatte, kehrte er in das Haus seines früheren Ziehvaters Diktys zurück und beklagte sich über die Gefangenschaft seiner Mutter. Diktys riet dem jungen Helden, zum König zu gehen und die Freilassung seiner Mutter zu verlangen. Diktys wusste, dass der König sie nicht freiwillig gehen lassen würde und Perseus im Austausch für die Freilassung seiner Mutter vor eine unmögliche Aufgabe stellen würde. Diktys war jedoch nicht völlig ahnungslos, was Perseus Abstammung betraf. Danae hatte sich Diktys wie einem Vater anvertraut, nachdem sie von dem, was die natürliche Liebe ihres leiblichen Vaters hätte sein sollen, so entfremdet worden war. Sie hatte ihm von jener Nacht in ihrer Zelle berichtet, in der sie mit Perseus geschwängert worden war. Welche Herausforderungen Polydectes dem Halbgott auch stellen wollte, Perseus würde sie sicher bestehen.

Als Perseus den Thronsaal des Königs betrat, sah er seine Mutter zu Polydectes Füßen sitzen, angekettet an den Boden. Sie hatte sich verändert, denn die Müdigkeit und der Aufruhr ihrer Lebensumstände hatten ihren Geist abgestumpft, aber sie war immer noch schön. Perseus musste sich zurückhalten, um sie nicht zu umarmen. Es machte ihn wütend und schmerzte ihn, seine schöne und tapfere Mutter in einem solchen Zustand zu sehen. Wie groß auch immer das Hindernis sein mochte, Perseus wollte seine Aufgabe auf die eine oder andere Weise erfüllen oder einen Weg finden, um den König zu töten.

Er verlangte die Freilassung seiner Mutter, und Polydectes willigte ein, sofern Perseus sich auf die Suche nach dem Kopf der legendären und furchterregenden Gorgone Medusa machen würde. Erinnern Sie sich an sie? Sie war von Poseidon vergewaltigt und anschließend von Athene, der Göttin der Weisheit und Vernunft, böswillig verflucht worden. Medusa musste für den Rest ihrer Tage mit Schlangen als Haaren und einem Blick leben, der jedes lebende Wesen in Stein verwandelte. Perseus willigte ein, und versprach, die Gorgone zu töten oder bei dem Versuch zu sterben, und wandte sich zum Verlassen des Thronsaals. Er blickte nur noch einmal zurück, um den Blick seiner Mutter zu erhaschen, der von Tränen verschleiert, aber stoisch und blauer als das Ägäische Meer war.

Zeus, der die Eskapaden seines Sohnes und seiner ehemaligen Geliebten seit dem Tag der Zeugung von Perseus verfolgt hatte, bat die Götter und Göttinnen des Olymps, Perseus bei seiner Suche zu unterstützen und ihm Geschenke zu machen, die ihm dabei helfen würden, die Gorgone zu töten. Hades schenkte Perseus selbstlos seinen eigenen Helm der Unsichtbarkeit. Der mächtige Hephaistos schmiedete für den jungen Helden ein Stahlschwert mit goldenem Griff. Athene schenkte ihm einen spiegelnden Bronzeschild, und Hermes überreichte ihm ein Paar geflügelte Sandalen. All diese Geschenke waren notwendig, damit Perseus Medusa besiegen konnte, die mit den besten Verteidigungsmechanismen aller Menschen und Tiere ausgestattet war. Darüber hinaus war sie auch eine begabte Bogenschützin. Ganz zu schweigen davon, dass sie jahrelang aufgestaute Aggressionen und Wut auf die Welt der Menschen und Götter aufgebaut hatte, die sie für ihre derzeitige missliche Lage verantwortlich machte.

Nachdem er seine Geschenke von den Göttern erhalten und sich von Diktys verabschiedet hatte, machte sich Perseus auf die Suche nach Medusas Kopf. Der Weg zu Medusas Behausung war zunächst einmal sehr beschwerlich. Ihre Höhle befand sich tief unter dem Olymp in Höhlen, die so alt waren wie die ursprünglichen Titanen. Medusa war nicht die einzige üble Kreatur, die in diesen dunklen Gängen und Hallen aus Stein lauerte. Schließlich fand Perseus den Weg zum Eingang ihrer Höhle. Er nahm all seinen Mut zusammen und betrat die Dunkelheit. Die Windungen des Weges und das Zischen der Schlangen waren sein Wegweiser, um Medusa zu finden, und als er sie fand, schlief sie zum Glück gerade fest. In der griechischen Mythologie war es nicht ungewöhnlich, dass der Held sein gejagtes Ziel in tiefem Schlummer fand. In einigen Versionen der Geschichte von Theseus und dem Minotauros wird erzählt, dass Theseus die Bestie schlafend fand und sie mit Leichtigkeit töten konnte. Doch selbst im Schlaf und mit geschlossenen Augen war Medusa gefährlich. Perseus wollte nichts riskieren, denn ein unvorsichtiger Blick in die verschlafenen Augen der Medusa war so gefährlich, wie der einer hellwachen Gorgone.

Er drehte dem Ungeheuer den Rücken zu und hielt seinen Schild hoch, um ihn als Spiegel zu benutzen und Medusa ausfindig zu machen. Vorsichtig trat er einen Schritt zurück, hob sein Schwert hoch in die Luft und ließ es auf Medusas Hals niederprasseln. Das enthauptete Ungeheuer zuckte und jammerte, als ihr Kopf von ihrem Körper wegrollte. Aus ihrem abgetrennten Hals sprossen ihre Zwillinge Pegasus und Chrysaor. Ersterer wurde Perseus persönliches Reittier, er sollte für den Erfolg seiner verbleibenden Suche entscheidend sein.

Perseus bewegte keinen Muskel und öffnete die Augen erst, als er völlige Stille hörte. Nachdem Medusas Körper aufgehört hatte, unwillkürlich zu zucken, benutzte Perseus erneut seinen Schild, um den abgetrennten Kopf zu finden, und legte seinen Mantel darüber, um sich zu schützen. Dann wickelte er ihn ein, steckte ihn in seine Tasche, bestieg das geflügelte Ross Pegasus und flog zurück zur Insel Seriphos, um seine Mutter aus der Gewalt ihres Entführers zu befreien.

Perseus mit dem Haupt der Medusa von Benvenuto Cellini, 1554.[54]

Auf dem Rückweg begegnete unser Held einer anderen Jungfrau in Not, Andromeda, der Tochter von König Kepheus und Königin Kassiopeia, die die Herren von Joppa in der Levante waren. Manche sagen, dass der König und die Königin die Herrscher von Äthiopien waren, aber sie stammten weder vom griechischen Festland noch von den umliegenden griechischen Inseln. Bei einem Fest hatte die Königin eines Abends hochmütig geprahlt, dass ihre Tochter das schönste Geschöpf der Welt sei. Ihre Prahlerei wurde immer schlimmer, bis sie eine Grenze überschritt, die Normalsterbliche sonst nicht zu überschreiten wagen. Sie rief aus, ihr geliebtes Kind sei sogar schöner als die Nereiden, die Nymphen-Töchter des Poseidons. Verschiedene Versionen der Geschichte tauschen das Ziel ihrer Beleidigung aus, denn manchmal sind es auch Aphrodite oder Thetis, aber die Quintessenz ist, dass sie die Unsterblichen schwer beleidigte.

Zur Strafe drohte der Gott Poseidon damit, die Stadt Joppa zu zerstören, indem er den monströsen Cetus, ein Meerestier und die zum Tode verurteilte Ausgeburt des Poseidons höchstpersönlich, freiließ. Poseidon, der vielleicht der unbarmherzigste aller Götter war, gab dem König und der Königin eine Möglichkeit, ihr geliebtes Königreich und alle unschuldigen Seelen unter ihrer Herrschaft zu retten. Er wies sie an, ihr einziges Kind an Cetus zu opfern, indem sie es an einen Felsen im Mittelmeer ketteten. Nur das Blut ihrer Tochter würde Cetus besänftigen und die Stadt retten.

Keine politische Entscheidung wird leichtfertig getroffen und bringt immer einige Vor- und Nachteile mit sich, die anschließend den Ausschlag für eine bestimmte Entscheidung geben können. Die Entscheidung, die König Kepheus und Königin Kassiopeia trafen, war, dass das Leben ihrer Stadt mehr wert war als das ihrer Tochter. Beide waren noch jung, und die Königin konnte weiter Kinder gebären, aber eine Stadt und ihr Volk zu ersetzen, wäre fast unmöglich, nachdem ein göttliches und sehr aggressives Seeungeheuer sie praktisch vom Angesicht der Erde getilgt hatte. Auch Andromeda sorgte sich um das Leben und die Sicherheit ihres Volkes, und so ließ sie sich bereitwillig ans Ufer führen und an den Felsen binden, um ihr Schicksal als Märtyrerin von Joppa zu erwarten.

Perseus flog gerade vorbei und sah die schöne Jungfrau auf dem Felsen stehen. Zunächst schenkte er ihrer misslichen Lage keine große Beachtung, doch als er näher heranflog, sah er die Schönheit des Mädchens und dann die rollenden Wellen, die immer größer zu werden schienen, je näher sie der Prinzessin kamen. Schließlich durchbrach der Kopf von Cetus die Wasseroberfläche, und eine gigantische Schlange sprang aus dem Meer. Seine schleimige Gestalt kroch an das Ufer, bereit dazu, die zarte Prinzessin zu verschlingen. Perseus erkannte die Gefahr sofort, und er wusste, was er tun musste, um das Ungeheuer aufzuhalten und die Prinzessin zu retten. Keine Kreatur aus Fleisch und Blut war dem eiskalten Blick des abgetrennten Kopfes einer Gorgone gewachsen, vor allem nicht dem abgetrennten Kopf der tödlichsten Gorgone der ganzen antiken Welt.

Perseus stürzte sich auf sein geflügeltes Ross und holte im Sinkflug den furchterregenden Kopf heraus, um ihn Cetus entgegenzuhalten. Als der Seedrache den Kopf der Medusa erblickte, zuckte er sofort zurück und zog sich zurück, unfähig, das eiskalte Gefühl zu begreifen, das in seine Adern und Muskeln eindrang. Die Angst erfasste die Schlange und leuchtete aus dem hohlen Gelb ihrer hellen Augen, die als letztes ihrer Körperteile für alle Zeiten bewegungslos und tot waren. Die Legende besagt, dass Cetus in seiner steinernen Form noch immer in der antiken Levante irgendwo in der Nähe des Roten Meeres zu finden ist, während wieder andere sagen, dass er sich am Rande des Mittelmeeres befindet.

Perseus schnitt Andromeda von ihrem Felsbrocken herunter, hob sie auf Pegasus Rücken und flog zum Schloss, um von ihren Eltern ihre Hand zu fordern. Der König und die Königin wären sofort mit ihrer Einigung einverstanden gewesen, denn der Retter war die Antwort auf ihre Gebete, weil er nicht nur ihre geliebte Tochter, sondern auch ihre schöne Stadt gerettet hatte. Doch die Hand ihrer Tochter war bereits einem anderen versprochen. Das schien Perseus nicht zu stören, und er bat den König und die Königin, den unbedeutenden Prinzen in den Palast zu holen. Perseus erkannte, dass der Prinz ein schwacher und grausamer Mann war, der es Perseus übelnahm, dass er derjenige war, der seine Verlobte gerettet hatte.

Perseus verschwendete keine Zeit und zog das Haupt der Medusa aus seinem blutigen Beutel hervor. Der Prinz hatte nicht einmal Zeit zu schreien, bevor auch er zu Stein verwandelt wurde. Der König und die Königin waren mehr oder weniger erfreut, wenn nicht auch ein wenig erschrocken über ihren entscheidungsfreudigen zukünftigen Schwiegersohn. Perseus und Andromeda machten sich auf den Weg zurück nach Seriphos, um Perseus Mutter endlich aus ihrer eigenen ungewollten Ehe zu befreien, die nicht aus Liebe, sondern durch Ketten geschlossen wurde.

Perseus musste in dieser Angelegenheit überlegt vorgehen. Er wusste, dass seine Mutter an dem ihr zugedachten Ort der Gefangenschaft, zu Füßen von König Polydectes, sitzen würde. Er suchte zuerst seinen Adoptivvater Diktys auf, um ihn zu begrüßen und ihm um Hilfe bei dem Versuch zu bitten, einen Plan zur Befreiung seiner Mutter auszuhecken. Als Diktys sah, dass Perseus nicht nur am Leben und wohlauf, sondern auch siegreich und mit der schönen Andromeda als seiner Frau zurückgekehrt war, weinte er vor Glück. Diktys versprach, dass er Danae bitten werde, ihn in seinem Haus zu besuchen, um beim Flicken einiger alter Fischernetze zu helfen. Danae kam gewöhnlich allein, wenn sie Diktys besuchte, und so wusste er, dass sie seinen Bruder allein im Thronsaal zurücklassen würde.

Am Tag von Danaes Besuch betrat Perseus ohne ihr Wissen den Thronsaal, um dem König auf dessen Wunsch hin das Haupt der Medusa zu überreichen. Polydectes war fassungslos. Er hatte nicht damit gerechnet, dass Perseus seine Aufgabe überleben würde, und er war dankbar dafür, dass Danae nicht im Saal war, um zu sehen, dass ihr Sohn Erfolg gehabt hatte. Polydectes überlegte bereits, wie er Perseus töten könnte, bevor seine Mutter von seiner Rückkehr erfahren würde. Noch bevor er seinem Stiefsohn einen Gruß entlocken konnte, enthüllte Perseus das abgeschlagene Haupt der Gorgone und verwandelte den König auf seinem Thron in Stein. Um dem Ganzen die Krone aufzusetzen, trat Perseus hinter den steinernen König und stieß ihn vom Thron, so dass die Statue des Königs in eine Million Stücke zerbrach. Dies war das Ende des bösartigen Polydectes. Nur wenige Menschen trauerten um den bösen König.

Als Danae in den Thronsaal zurückkehrte, sah sie ihren eigenen Sohn auf dem Thron sitzen, mit seiner neuen Königin an seiner Seite. Nur wenige Mütter in der Geschichte der antiken Welt empfanden so viel Freude und Erleichterung beim Anblick ihres Sohnes, wie Danae in diesem Augenblick. Danae muss vor Glück gekeucht haben, denn ihr Sohn war nicht nur am Leben, sondern hatte auch noch ein Königreich geerbt. Es ist typisch für antike Erzählungen, ob sie nun mythologisch, biblisch oder anderweitiger Herkunft sein mögen, dass sie mit dem Tod eines geliebten Sohnes oder sogar der Eltern enden. Die Geschichte von Perseus und Medusa ist eine der seltenen Ausnahmen dieser Regel. In diesem Mythos werden der Held und sein Elternteil am Ende glücklich wieder miteinander vereint.

# Kapitel 13: Der Trojanische Krieg

Die *Ilias* und die *Aeneis*, in denen die Geschichte des Trojanischen Krieges erzählt wird, gehören zu den am meisten verbreiteten Geschichten unserer modernen Welt. Tausende von Jahren nach ihrer Entstehung fesselt die Geschichte des Trojanischen Krieges noch immer ihre Leser mit ihren Lektionen über die menschlichen Schwächen, Stärken, Wünsche und Hoffnungen. Die Namen und Persönlichkeiten der darin vorkommenden Figuren sind in die Geschichte und in die Mythologie eingegangen, weil sie auf einzigartige Weise das Schicksal von vielen beschreiben. Wer von uns hat zum Beispiel nicht schon einmal den Schmerz einer unerwiderten Liebe gespürt? Außerdem haben manche Menschen einfach kein Glück im Leben. Das Gefühl von Triumph und Travestie, das jedem Menschen im Verlaufe seines Lebens widerfährt, findet sich auf den Seiten der *Ilias* und der *Aeneis*.

Wie wir bereits in diesem Buch festgestellt haben, beginnt das Hauptthema eines griechischen Mythos nie mit dessen Geschichte selbst, sondern mit den Lebensgeschichten einiger anderer Charaktere. Kontext und Hintergrund waren für die Griechen immer sehr wichtig. Wer man war, hing davon ab, woher man kam, und die eigenen Lebensumstände flossen schließlich in jedes Einzelschicksal mit ein. Der Rest der Geschichte wurde durch die persönlichen Entscheidungen der Menschen bestimmt.

Die Geschichte des Trojanischen Krieges beginnt mit der Hochzeit von Peleus und Thetis, den Eltern des Helden und legendären Kämpfers Achilles (Du weißt, dass du einen großen Einfluss auf die Welt gehabt hast, wenn ein ganzer Teil des Knöchels nach dir und deiner Geschichte benannt wird, aber dazu später mehr). Thetis war die Tochter des Titanen Nereus aus der zweiten Generation der Titanen und seiner Frau, der Nymphengöttin Doris. Zusammen hatten die beiden fünfzig Töchter, von denen Thetis die älteste war. Sie kümmerte sich um ihre Schwestern und konnte sich wie ihre Eltern in jedes beliebige Meerestier verwandeln. Die Familie bewohnte eine Reihe von Meereshöhlen, die tief im Untergrund der Ägäis verborgen waren, und dort lebte sie friedlich und relativ ungestört.

Zumindest bis zu dem Tag, an dem Peleus mit Zeus um die Hand von Thetis, der schönsten und beliebtesten der Schwestern, feilschte. Das Orakel von Delphi hatte geweissagt, dass Thetis Sohn doppelt so großartig sein werde, wie es sein Vater vor ihm gewesen war. Zeus konnte es sich nicht erlauben, Thetis Reizen zu erliegen, und er konnte auch keinem der anderen Unsterblichen die Chance geben, sie sich zur Frau oder Geliebten zu nehmen. Das Kind, das aus ihrem Schoß geboren würde, hätte sonst mächtig genug sein können, um alle Olympier zu töten und die Weltordnung zu zerstören. Daher plante Zeus, sie stattdessen mit einem sterblichen Mann zu verloben. In diesem Moment trat Peleus, der König von Phthia, auf den Plan. Er war mächtig genug, um respektabel zu sein, würde aber keinen Sohn hervorbringen, dessen Macht die der Götter übertraf.

Sein Kind jedoch sollte aufgrund der beeindruckenden göttlichen Abstammung seiner Mutter als Halbgott gelten und sich einen Namen als einer der größten Kämpfer machen, den die Welt je gesehen hatte. Obwohl Halbgötter in der Regel nicht unsterblich und keineswegs zu 100 Prozent unbesiegbar waren, konnten sie unter den richtigen Umständen sterben und schweren Verletzungen erliegen. Um sicherzustellen, dass ihr Sohn als Sterblicher etwas von ihrer Unbesiegbarkeit behielt, brachte Thetis ihn zum Fluss Styx, als er ein kleines Kind war. Sie hielt ihr Kind an einer seiner Fersen fest und tauchte seinen ganzen Körper in das Wasser des Todes ein. Doch die Stelle, an der sie Achilles festgehalten hatte, berührte das Wasser des Flusses nicht. Seine Ferse war seine einzige Schwachstelle. Wie Achilles das Untertauchen im Fluss überleben konnte, ist weitgehend umstritten. Normalerweise würden Menschen mit sterblichem Erbe, die in den Fluss fielen, nicht überleben, daher brauchte man ja einen Bootsmann, der die Seelen der Toten sicher in die Unterwelt brachte.

Die Hochzeit von Peleus und Thetis war eine sehr freudige Angelegenheit, zu der alle Unsterblichen eingeladen waren, mit Ausnahme von Eris, der Göttin der Zwietracht. Obwohl sie aus offensichtlichen Gründen keine Einladung erhielt, nahm sich die Göttin diese Entscheidung sehr zu Herzen. Alles in allem war es unklug, dass das glückliche Paar ihr gegenüber so respektlos war, ohne eine Art von Vergeltung für diese Entscheidung zu erwarten. Eris schmiedete einen Plan, um die Hochzeitsfeierlichkeiten zu stören. Sie schickte einen goldenen Apfel als Hochzeitsgeschenk zum Fest und adressierte ihn an „die Schönste aller Göttinnen".

Natürlich dachten Hera, Athene und Aphrodite, sie hätten ein Anrecht auf den Apfel. Zeus schickte den Apfel zusammen mit den drei Göttinnen in die Stadt Troja, wo die Göttinnen von dem jungen Prinzen Paris gerichtet werden sollten. „Mögen die Hände der Menschen mit dieser schwierigen Entscheidung beschmutzt werden", dachte sich Zeus. Paris war verdammt, wenn er nicht richtete, und verdammt, wenn er es tat. Er konnte zu diesem Zeitpunkt nicht ahnen, wie sehr seine Entscheidung den Rest seines Königreichs beeinflussen und das Gesicht der griechischen Welt für alle Zeiten verändern sollte.

Die Göttinnen traten an Paris heran, als er eines Morgens mit seinen Wachen auf der Jagd war. Er kam zu einer großen Lichtung, in deren Mitte ein großer Olivenbaum stand. Die Gegend war völlig still, und Paris stieg von seinem Pferd ab, um ein paar der schönen Oliven zu pflücken. Plötzlich hörte er, wie sich eine andere Gruppe die Lichtung betrat. Mit dem Schwert in der Hand, bereit für jeden, Freund oder Feind, drehte er sich schnell um und sah zu seinem Entsetzen drei Göttinnen vor sich stehen. Paris fiel auf die Knie. Jede Göttin bot ihm ein Geschenk an, sollte er sie zur Schönsten erklärte. Alle Göttinnen boten ihm großzügige Geschenke, doch Paris ließ sich am Ende von Aphrodites verlockendem Angebot überreden. Schließlich konnte sie von allen drei Göttinnen am besten beurteilen, was das Herz des Prinzen wirklich begehrte. Sie bot ihm die Hand der schönsten Frau der Welt an: die Hand der Helena, der amtierenden Königin von Sparta. Das war natürlich ein problematisches Versprechen, aber die Tatsache, dass Helena einem anderen Mann gehörte, hielt den jungen Prinzen nicht davon ab, diesen Preis einzufordern.

Paris reiste unter dem Vorwand einer politischen Mission nach Sparta, um mit dem spartanischen König Menelaos, einem großen Krieger aus einer angesehenen königlichen Familie, die Bedingungen für Ein- und

Ausfuhren von Waren zu besprechen. Sein Bruder Agamemnon war der König von Mykene, und er sehnte sich nach einer politischen Vereinigung und der Herrschaft über alle griechischen *Poleis*. Obwohl jeder griechische Stadtstaat seinen eigenen Herrscher oder König hatte, war es Agamemnon, der schließlich erklärte, dass alle anwesenden Männer ihm gehorchen und ihm in allen Belangen zur Verfügung stehen sollten. Die geforderte Führungsposition erforderte ein hohes Maß an Stärke und strategischem Geschick. Paris spielte mit dem Feuer, indem er versuchte, die schöne Frau von Agamemnons Lieblingsbruder zu entführen.

Als Paris den Thronsaal betrat, empfing Menelaos den jungen Prinzen mit offenen Armen und richtete ihm zu Ehren ein ganzes Bankett aus, ohne zu wissen, dass er gerade eine Schlange zum Essen eingeladen hatte. Helena war sofort von den schönen Gesichtszügen und den guten Manieren des jungen Prinzen angetan. (In einigen Berichten heißt es, dass sie Paris nicht auf die gleiche Weise liebte wie er sie, oder dass Aphrodite eingriff, um sicherzustellen, dass beide sich liebten; wir haben uns hier für die romantischere Version des Mythos entschieden). Helenas derzeitiger Ehemann, Menelaos, konnte ein kalter und brutaler Krieger sein, ohne das Feingefühl und die Berührungskünste eines Mannes, die eine Frau von Helenas Rang bevorzugte. Obwohl Menelaos Helena liebte und sie ihn eigentlich auch, fehlte ein gewisser Funke der Leidenschaft in ihrer Beziehung. Einigen Berichten zufolge war Helena für Menelaos nur ein Preis, ein schönes Juwel, das andere Männer noch neidischer auf seine Größe und Stellung machen sollte. Es brauchte nur wenige Begegnungen, bis Helena und Paris völlig ineinander verliebt waren. Nach etwa einem Monat ihrer leidenschaftlichen Affäre war es für Paris an der Zeit, nach Troja zurückzusegeln.

Menelaos ahnte nicht, dass sich unter dem Deck seines trojanischen Schiffes seine geliebte Braut befand. Als er entdeckte, dass Helena aus ihren Gemächern verschwunden war, geriet er in Rage. Er hatte keine Ahnung, wohin sie verschwunden sein könnte, bis ein Fischer an den Hof des Königs kam und ihm verriet, dass er gesehen hatte, wie seine Frau an Bord des Schiffes gegangen war und den jungen Prinzen im Dunkel der Nacht vor dem Auslaufen der Trojaner geküsst hatte.

Bei ihrer Ankunft in Troja waren König Priamos, Paris Vater, und Prinz Hektor, Paris älterer Bruder, empört über das, was der junge Prinz getan hatte. Doch es war zu spät, um das begangene Unrecht ungeschehen zu machen. Selbst falls Helena nach Sparta zurückkehrte, lag es nicht in Menelaos Natur, seinen Feinden zu vergeben, und Paris wäre wahrscheinlich trotzdem einen unglücklichen Tod gestorben. Wer weiß, was man Helena alles angetan hätte? Priamos war ein sanftmütiger König, der bedacht regierte und sich durch seine Weisheit und Freundlichkeit Respekt und Macht verschaffte. Er liebte seine Söhne von ganzem Herzen und würde ihnen trotz ihrer Fehler und Versäumnisse nie etwas Böses wünschen.

Während Helena vom gesamten trojanischen Hof und Adel begrüßt wurde, segelte Menelaos nach Mykene, um seinen Bruder um Hilfe bei einem Feldzug gegen Troja zu bitten. Gemeinsam wollten sie in die Stadt segeln, Menelaos Frau zurückfordern und die gesamte Stadt in Schutt und Asche legen. Agamemnon willigte auf die Bitte seines Bruders gerne ein. Männer, die über alle Macht der Welt verfügen, interessieren sich in der Regel nur für eines: mehr Macht zu erlangen. Agamemnon kümmerte sich wenig um die hübsche kleine Frau seines Bruders, aber sehr wohl um das Ansehen und die Macht, die ihm die Dezimierung der vielleicht größten Stadt Anatoliens, der heutigen Türkei, verschaffen würde. Dies sollte einer der legendärsten Kriege der griechischen Geschichte werden, und Agamemnon warb um die Gunst einiger der größten Könige und Krieger aller Zeiten. Auf seiner Wunschliste standen unter anderem Odysseus, der König von Ithaka, Ajax der Große, ein Nachkomme des Zeus und Cousin von Achilles, und, wie man sich schon denken kann, der tapfere und furchterregende Achilles selbst.

Mehr als tausend Schiffe setzten ihre Segel in Richtung der türkischen Küste. Achilles befehligte sein eigenes Schiff und eine Truppe von Spezialsoldaten, die Myrmidonen, die weit und fern als die furchterregendsten Männer Griechenlands bekannt waren. Diese Soldaten taten alles, was ihr General verlangte, ohne zu zögern. Auch Patroklos, der beste Freund und vertrauenswürdigste Berater des Achilles, segelte mit ihm in die Schlacht.

In den ersten Jahren des Krieges waren alle Schlachten ausgeglichen, mit vielen Opfern auf beiden Seiten. Hektor, der älteste Fürst Trojas, führte sein Heer stets selbst auf das Schlachtfeld. Er war auch einer der fähigsten Krieger, die Troja je gesehen hatte und er konnte sich sogar gegen Ajax den Großen behaupten. Hektor wurde während dieser Schlacht von Apollon beschützt, und Athene wählte Ajax zu ihrem Kämpfer - sogar die Götter ergriffen in diesem großen Krieg Partei. Apollon war der Schutzgott von Troja. Er hatte immer ein Auge für das Wohlergehen der Mitglieder der königlichen Familie, denn die Stadt

Troja hatte jahrhundertelang seine Gunst genossen und ihn mit Geschenken und Opfern von unermesslichem Wert umworben. Als ihr Kampf zu Ende war, zollten sich beide Gegner gegenseitig großen Respekt. Hektor schenkte Ajax sein Schwert, um die große Geschicklichkeit und Schnelligkeit des Helden zu ehren; Ajax benutzte dieses Schwert später, um sich selbst umzubringen.

Eine der Schlachten endete für Achilles in einer großen Tragödie. Zu einem bestimmten Zeitpunkt während des Krieges war Achilles über Agamemnon sehr verärgert. Der Großkönig hatte seine Sklavin Briseis für sich beansprucht, obwohl Achilles sie für sich selbst versklavt hatte. Er weigerte sich daraufhin zu kämpfen, was für die Griechen verheerend war, da er einer ihrer stärksten Kämpfer war. Aber solange er seine Beute nicht zurückerhielt, weigerte er sich, in die Schlacht ziehen.

Obwohl die Griechen ihn zum Kampf aufforderten und ihm Reichtum und die Rückgabe seiner Sklavin versprachen, weigerts sich Achilles weiterhin standhaft. Er wollte nach Hause segeln und forderte die anderen Griechen dazu auf, seinem Beispiel zu folgen. Patroklos empfand diese Reaktion als geschmacklos. Er konnte den Gedanken nicht ertragen, dass seine griechischen Kameraden abgeschlachtet wurden, während die Myrmidonen sich zurückhielten.

Die Trojaner hatten ihren Angriff inzwischen vorverlegt, da sie den Rest des griechischen Heeres ins Meer treiben wollten. Sie wussten nicht, dass Zeus bereits prophezeit hatte, dass das griechische Heer als Sieger aus dem Krieg hervorgehen würde, aber der König der Götter war nicht dazu bereit, den Helden, der auf dem Schlachtfeld aus der Reihe getanzt war, zu demütigen oder zu bestrafen.

Patroklos ging zu Achilles und bat ihn, ihn in der Schlacht kämpfen zu lassen. Zusätzlich zu dieser Bitte bat er auch um die Erlaubnis, Achilles Rüstung im Kampf tragen zu dürfen. Achilles konnte seinem geliebten Freund die Bitte nicht abschlagen, aber er befahl Patroklos, nur so lange zu kämpfen, bis die Trojaner von den Schiffen zurückgetrieben worden waren.

Patroklos stürzte sich voller Mut in die Schlacht, ausgerüstet mit Achilles unverwechselbarer Rüstung. Es gelang ihm, die griechischen Streitkräfte zu sammeln und die Trojaner zurückzudrängen. Er beendete sogar das Leben eines der liebsten sterblichen Söhne des Zeus, Sarpedon. Hektor musste seine Männer in die Sicherheit der Stadt zurückschicken.

Doch Patroklos wurde von der Blutgier überwältigt. Er wusste, dass sich ein möglicher Sieg abzeichnete. Einige Varianten der Geschichte besagen, dass Apollo ihm die Sinne raubte, was dazu führte, dass Patroklos den Trojanern bis vor die Stadttore folgte. Das war genau das, was Achilles ihm verboten hatte. Als Patroklos vorrückte, nahm er so viele Trojaner mit in den Tod, wie er konnte.

Schließlich sah er sich Hektor gegenüber und wurde von ihm niedergemetzelt. Mit einem einzigen sauberen Speerstoß spießte Hektor Patroklos auf. Erst am Ende der Schlacht, als die Leichen zur Verbrennung abtransportiert wurden, erhielt Achilles die Nachricht von Patroklos Tod. Jeder griechische Soldat wusste, wer der Mann in der Rüstung war, und einer von ihnen lief zu Achilles, um ihm die traurige Nachricht zu überbringen. Dieser konnte es nicht glauben, aber als er den Leichnam seines Freundes sah, fiel er auf die Knie und begann zu weinen. Als sein Wehklagen verstummt war, empfand Achilles nichts als Wut und brennenden Zorn auf Hektor.

Ohne sein weiteres Vorgehen mit Agamemnon abzusprechen, bestieg Achilles sofort einen Streitwagen und fuhr mit ihm bis vor die Stadttore Trojas. Die Bogenschützen waren bereit, sich des Kriegers zu entledigen, doch Hektor befahl ihnen, sich zurückzuhalten. Er war sich sicher, dass seine eigenen Fähigkeiten auf dem Schlachtfeld denen von Achilles gleichkamen, sofern sie nicht sogar besser waren als die seines Gegners. Hektor war auch ein Mann der Ehre und wollte Achilles nicht einfach aus dem Weg räumen, vor allem nicht angesichts der Tatsache, dass der Krieger vor seine Tore gekommen war und den Zweikampf suchte. Hektor hätte dem Namen und der Ehre seiner Familie Schande gebracht, wenn er die Herausforderung nicht angenommen hätte.

Der darauffolgende Kampf zwischen den beiden Kriegern war ein Tanz auf Leben und Tod, denn beide Männer waren flink und gerissen. Hektor begann schließlich zu ermüden, aber Achilles Zorn beflügelte dessen Kraft. Mit einem einzigen Speerstoß war alles vorbei. Hektor lag im Staub, während Achilles zu ihm ging und seine Füße zusammenband. Er hängte Hektor hinten an seinen Streitwagen und ritt mit dem Kronprinzen von Troja im Schlepptau den ganzen Weg zurück zum Lager. Der Anblick war zu viel für König Priamos, und er fiel in Ohnmacht, als er sah, wie sein Erstgeborener und Erbe auf diese Weise geschändet wurde. Das Verhalten des Achilles erzürnte auch die Götter, denn es zeugte von einem schweren Mangel an Ehre und Selbstbeherrschung, zumal Hektor darum gebeten hatte, dass sein

Körper respektvoll behandelt werden sollte. Hektor hatte sich Patroklos nicht entgegengestellt, um ihn zu brutal zu töten; er dachte vielmehr, er kämpfe gegen Achilles, da Patroklos dessen Rüstung trug. Was Achilles dem Körper Hektors angetan hatte, war in den Augen vieler nicht nötig gewesen, und der Krieger musste für dieses Vergehen teuer bezahlen.

Das Fresko zeigt Achilles dabei, wie er den Leichnam des Hektors mit seinem Wagen zieht.[55]

Achilles wurde schließlich von Paris gestürzt, der mit dem Bogen recht geschickt war und die Bogenschützen hoch oben auf den Mauern von Troja befehligte. Bei einem seiner weiteren Feldzüge zur Einnahme der Stadt sah Paris Achilles unten im Gewimmel von Blut und Leichen. Er nahm sein Ziel ins Visier und ließ einen Pfeil los, der genau auf Achilles entblößtes Bein zielte. Die Beine waren eine der wenigen Körperregionen, die nicht von seiner Rüstung bedeckt waren. Die Wunde, so dachte er, würde einem anderen Soldaten genug Gelegenheit geben, Achilles zu töten. Er ahnte nicht, dass die Götter auf seiner Seite waren. Im letzten Moment bewegte Apollo Achilles noch ein wenig in die richtige Richtung, so dass der Pfeil Paris direkt durch die Sehne in seiner Ferse ging (daher kommt der Name für diesen Körperteil, die „Achillesferse"). Dies war sein einziger Schwachpunkt, der Angriff darauf führte dazu, dass der Rest seiner Organe versagte. Der größte Krieger Griechenlands war besiegt worden und lag nun für alle gut sichtbar im Staub.

Nach dem Tod von Achilles befand sich die Moral der griechischen Armee auf einem Tiefpunkt. Der Trojanische Krieg dauerte zehn lange Jahre, und es schien, als würden die Kämpfe nie aufhören. Die Stadt Troja hatte ihre Mauern stark und hoch gebaut, und es war für alle griechischen Armeen fast unmöglich, die Stadt einzunehmen, ohne schwere Verluste zu erleiden. Und nun hatten sie auch noch einen ihrer besten Krieger verloren. Die Myrmidonen weigerten sich, für einen anderen Herrn als Achilles auf das Schlachtfeld zu ziehen, auch dann noch, als Agamemnon ihnen mit der Hinrichtung drohte. Die griechischen Könige versuchten verzweifelt, Agamemnon zu überreden, den Feldzug abzubrechen und nach Hause zu segeln. Der fürchtete jedoch, was mit seinem Reich geschehen würde, wenn er diesen Krieg verlor. Wenn die Trojaner ihn so leicht besiegen konnten, könnten andere Reiche auf die Idee kommen, in die Gebiete einzudringen, die er sich so hart erkämpft hatte.

Dann kam die Rettung in Form einer Idee, einer genialen und hinterlistigen Idee, die von Odysseus ausgeheckt wurde. Er war bei weitem der Gerissenste und intellektuell Begabteste unter allen griechischen Königen. Er wusste, dass die Trojaner sehr gläubige Untertanen der Götter waren und dass sie niemals ein Opfer ablehnen würden.

Odysseus befahl Agamemnon, dass seine Männer eines der Schiffe aufbrechen sollten. Aus den Planken und Nägeln sollten sie ein Opfer herstellen, das König Priamos nicht ablehnen konnte. Dieses Opfer war das Trojanische Pferd. Das hölzerne Pferd sollte mit griechischen Soldaten gefüllt werden. Sobald diese innerhalb der Stadtmauern waren, sollten die Männer sich aus dem Pferd herausschleichen und das Stadttor für den Rest der griechischen Armee öffnen. Odysseus wies Agamemnon an, alle anderen Schiffe zur anderen Seite der Küste segeln zu lassen und einen Ausguck zu hinterlassen, damit sie den Empfang des „Geschenks" bestätigen lassen konnten.

Darstellung des Trojanischen Pferdes auf einem korinthischen Topf, um 560 v. Chr.[56]

Der Ausguck im Turm von Troja meldete, dass keine griechischen Schiffe mehr an der Küste gesichtet worden waren. Ein Abgesandter wurde an die Küste geschickt und meldete, dass die Griechen tatsächlich abgereist waren, aber auf ihrem Weg ein Geschenk hinterlassen hatten. Sie dachten, es sei vielleicht ein Opfer an den Gott Poseidon für eine sichere Heimreise. In einigen Quellen heißt es, es sei eine Gabe an Athene gewesen und dass Troja uneinnehmbar gewesen wäre, wenn man das Pferd vor den Toren der Stadt gelassen hätte.

Kassandra, Priams älteste Tochter, ermahnte ihren Vater, das Opfer zu entsorgen, indem er es an Ort und Stelle am Strand verbrannte. Priam war ein gottesfürchtiger Mann und wollte nicht zulassen, dass jemand ein offizielles Opfer von solchem Rang verbrannte, vor allem kein Opfer an einen der temperamentvolleren Götter. Der gute König beschloss daher, dass das Pferd in die Stadt gebracht und im Tempel des Poseidons (oder der Athene, je nachdem, welche Version man liest) aufgestellt werden sollte. Es sollte dem Volk als Erinnerung all der Siege dienen, die gegen alle Armeen Griechenlands errungen worden waren.

Kassandra war jedoch von dem Gott Apollo dazu verflucht worden, die Zukunft erkennen zu können. Das klingt zwar ganz nützlich, aber er hatte auch dafür gesorgt, dass ihr niemand glaubte, sobald sie versuchte, anderen ihre Visionen mitzuteilen. Natürlich erwies sich Priamos Entscheidung als fataler Fehler. Als die Nacht hereinbrach und die ganze Stadt in ihren Betten lag und die drohende Gefahr nicht erkannte, krochen die griechischen Soldaten aus dem Pferd und öffneten die Stadttore. Innerhalb weniger Stunden wurde ganz Troja von Flammen verschlungen. Wir ersparen Ihnen an dieser Stelle die blutigen Details. Sie können sich sicher vorstellen, was mit einer Stadt passiert, die des Nachts von feindlichen Soldaten überrannt wird.

Wie Achilles auch, mussten einige Griechen am Ende des Krieges für ihren Mangel an Ehre bezahlen. Obwohl sie den Krieg gewonnen hatten, gelang ihnen ihr Sieg nur durch List und Täuschung, was etwas ganz anderes war als der ehrenwerte Sieg über die gegnerische Armee auf dem Schlachtfeld. Viele der Griechen, die nach Hause segelten, überlebten ihre Reise nicht, oder ihre Reise wurde durch göttliche Prüfungen und Entbehrungen verzögert. Als einige von ihnen zu Hause ankamen, fanden sie ihre Frauen mit anderen Männern verheiratet vor, weil sie geglaubt hatten, dass ihre Männer nach so vielen Jahren nicht mehr aus dem Krieg zurückkehren würden. Einer der Glücklichen, die es schließlich nach Hause schafften, war der König Odysseus.

Bevor er jedoch wieder mit seiner Königin Penelope vereint werden konnte, segelte er mehrere Jahre lang durch die antike Welt und wurde dabei selbst vor einige legendäre Prüfungen gestellt. Die Geschichte seiner Reise wurde zu einer der berühmtesten Mythen aller Zeiten und zu einer der ersten, die schriftlich festgehalten wurden. Im nächsten Kapitel geht es folglich um die *Odyssee*.

# Kapitel 14: Die *Odyssee* und die Rückkehr der Helden

Viele Jahre bevor Odysseus in den Kampf um Troja gerufen wurde, heiratete er seine Frau Penelope, und die beiden bekamen einen Sohn namens Telemachus. Der Geburtstag des Prinzen war ein freudiger Tag. Das ganze Königreich freute sich, aber niemand war glücklicher als Antikea, die Mutter des Odysseus. Sie sah, dass das Glück ihres Sohnes nun vollkommen war, und solange ihr Sohn glücklich war, sollte es auch das Königreich sein. Odysseus wurde vom ganzen Königreich geliebt, und sein Sohn und Erbe durfte inmitten des Volkes aufwachsen und lernen, wie ein König richtig regierte.

Odysseus konnte seinen Sohn jedoch nie aufwachsen sehen, da er zehn lange Jahre mit dem Feldzug gegen Troja unterwegs war. Und er verbrachte sehn weitere Jahre nach Kriegsende damit, vergeblich den Weg zurück in sein Haus und in das Bett seiner Frau Penelope zu suchen. Doch der Zorn der Götter auf die Griechen traf Odysseus gleich doppelt schwer. Das Trojanische Pferd war seine Idee gewesen, und nachdem ihm sein Plan geglückt war, vergaß er, dem Gott Poseidon zu huldigen, dem Herrn aller Pferde und der Meere (einschließlich des Meeres, auf dem Odysseus in seine Heimat zurücksegeln musste). Durch seine Gedankenlosigkeit schuf sich Odysseus seinen schlimmsten Feind. Poseidon war einer der unversöhnlichsten Götter und schwor, dass Odysseus nie wieder die Küste seines geliebten Ithakas erblicken solle. Stattdessen sollte er auf hoher See leiden und jeder möglichen Gefahr, die auf seinem Wege lag, ausgesetzt werden.

In den Jahren, in denen Odysseus versuchte, nach Hause zu kommen, gelangte schließlich eine Brigade von Freiern in den Palast. Angeführt wurden sie von dem übelsten unter ihnen, Antinoos. Diese Freier verwüsteten den großen Saal des Königs, aber weder Penelope noch Telemachus (der inzwischen ein junger Mann war) hatten die nötige Autorität oder die Kraft, die Freier zum Gehen zu bewegen. Sie alle glaubten, dass der wahre König tot war und dass ihre Taten keine Konsequenzen haben würden. In der Zwischenzeit hatte Odysseus Troja bereits verlassen und geschworen, dass er trotz Poseidons Fluch als Sieger nach Hause zurückkehren werde.

Als seine erste Strafe ließ Poseidon einen dichten Nebel über die Ägäis ziehen, der Odysseus Schiff vom Rest der griechischen Flotte trennte. Sein Schiff segelte ziellos umher, da der Ausguck nichts als Nebel sehen konnte. Das Meer schien kein Ende zu nehmen und es schien kein Land in Sicht zu sein. Doch dann tauchte wie aus dem Nichts ein Ufer auf. Die Männer waren voller Hoffnung, dass die Insel von Menschen bewohnt war, denn so konnten sie Schutz ersuchen, sich ausruhen und vielleicht einen neuen und richtigen Kurs auf Ithaka antreten.

In dem Moment, in dem Odysseus die Insel betrat, wusste er, dass sie nicht von Menschen bevölkert war. Alles, was er in der Ferne ausmachen konnte, war das leise Geräusch von Schafen und Ziegen. Die Herden konnten nicht ohne ihren Hirten sein, wer oder was genau der Hirte war, war die eigentliche Frage, die es zu beantworten galt. Odysseus schickte zwei seiner Späher aus, um zu sehen, was ihnen die Insel zu bieten hatte. Die Männer fanden keine Anzeichen von Zivilisation oder von Menschenhand errichteten Strukturen irgendeiner Art. Das Einzige, was sie auf der ganzen Insel fanden, war eine riesige Höhle, die in den Tiefen der Erde zu verschwinden schien. In dieser Höhle befand sich nichts außer einer großen Menge Ziegenkäse. Aber wer hatte ihn hergestellt, und wo war der Herr der Herden?

Während die Männer überglücklich waren, diese Höhle des Überflusses gefunden zu haben, zögerte Odysseus noch immer, der besorgte Knoten in seinem Magen wollte nicht verschwinden. Der König war berühmt für seinen Verstand und seine Instinkte, die ihn schon auf eine Meile Entfernung vor Gefahr warnten. Ihm kam es verdächtig vor, dass die Höhle keinerlei Werkzeuge oder Waffen enthielt. Wie konnten die Hirten ohne Waffen für sich selbst sorgen, ihre Schafe scheren oder das schwere Steintor zur Höhle gebaut haben?

Außerhalb der Höhle waren Odysseus Männer damit beschäftigt, Feuerholz zu sammeln, um sich ihr Abendmahl zuzubereiten. Dabei fanden sie einen großen Fußabdruck, der zehnmal größer war als jeder Abdruck eines Menschen oder eines ihnen bekannten Tieres. Warum die Männer es nicht für nötig hielten, diesen Abdruck ihrem Anführer zu melden, ist unbekannt. Sie dachten wohl, dass das Wesen, das den Abdruck hinterlassen hatte, schon lange tot sein müsse; Dinge wie Riesen waren in der Welt der Griechen nur noch eine Seltenheit. Und wie groß war die Wahrscheinlichkeit, dass sie tatsächlich über die Insel eines solchen gestolpert waren? Also schlugen Odysseus Männer ihr Lager in der Höhle auf und betranken sich bis zum Umfallen. Das Schiff hatte schon lange kein frisches Wasser mehr, und die Griechen mischten ihren Wein üblicherweise mit Wasser, weil er sonst zu stark war. Die betrunkenen Männer lachten und scherzten weiter und machten übermäßig viel Lärm. Das war nicht besonders klug, denn die Männer wussten nicht, wo sie waren und in wessen Gesellschaft sie sich wiederfinden sollten.

Plötzlich spürten sie, wie die Erde bebte. Nicht weit entfernt hörten sie das Blöken der Schafe und den tiefen Atem von etwas sehr Großem, das sich auf den Weg zurück zur Höhle machte. Es war kein Hirte, sondern ein Zyklop mit dem Namen Polyphem, ein Sohn des Poseidons. Polyphem war darüber erstaunt, Odysseus und seine Männer in der Höhle zu finden. Schnell schloss er die große Steintür zu seiner Höhle und fragte die Eindringlinge, wer sie seien, und warum sie so dreist seien, sein Essen aufzuessen.

Odysseus, der stets diplomatisch war, beschloss, den Zyklopen zur Vernunft zu bringen und erklärte, dass sie von seinen Vorräten gegessen hätten, aber nur, weil sie so hungrig waren. Und dass sie die gegessenen Dinge gegen Waren eintauschen würden. Polyphem interessierte sich nicht für das, was die Männer zum Tauschen mitgebracht hatten, und erklärte, er esse keine menschliche Nahrung, sondern nur Fleisch. Zum Beweis ergriff er einen der Soldaten des Odysseus, zerriss ihn in zwei Hälften und aß die obere Hälfte seines Körpers. Die übrigen Soldaten sprangen auf, bereit dazu, ihr Leben zu verteidigen, aber Odysseus wusste, wie gefährlich ein Kampf gegen einen Zyklopen gewesen wäre. Er forderte seine Männer dazu auf, ruhig zu bleiben.

Der König war sehr klug; er sagte dem Zyklopen, dass er seine nächste Mahlzeit sein wollte, freiwillig und aus freien Stücken. Falls der Zyklop ihn jedoch verspeise, würde er niemals die Magie des Odysseus erfahren.

Es war nicht ungewöhnlich, dass die Welt der Menschen und die Welt der Magie aufeinandertrafen, und nicht wenige Sterbliche besaßen magische Gaben, die denen von Phineas, dem Seher, oder Medea, der Zauberin, ähnelten. Das erregte die Aufmerksamkeit von Polyphem, und er fragte nach dem Namen von Odysseus, dem vermeintlichen Zauberer. Odysseus sagte ihm, dass sein Name „Niemand" sei (ja, buchstäblich Niemand), und bot ihm Wein zu trinken an. Polyphem hatte noch nie von Wein gehört oder ihn gekostet, und der schlaue König von Ithaka erklärte ihm, dass Wein das Getränk der Götter sei. Zyklopen wurden von den meisten Unsterblichen verachtet; trotz ihrer immensen Fähigkeiten und Kräfte hatten sie einen minderen Status. Polyphem trank den „Wein der Götter" schnell und voller Gier, während einer der Soldaten des Odysseus ihm ein sanftes Schlaflied vorspielte. Polyphem fiel daraufhin in einen tiefen Schlaf. Die Männer hatten jedoch immer noch ein großes Problem zu lösen. Die Steintür der Höhle blieb unbeweglich. Nur der riesige Zyklop konnte den Stein bewegen und die Männer befreien. Doch der schlaue Odysseus hatte einen Plan.

Er ließ seine Soldaten alle Schafsfelle einsammeln, die Polyphem als sein Bett benutzte. Dann machte er sich daran, eine riesige Lanze herzustellen. Damit stach er in das Auge des Zyklopen, der daraufhin zur Steintür lief, sie öffnete und seinen Brüdern zurief, dass ihn „Niemand" geblendet habe. Das war in der Tat ein sehr kluger Schachzug. Die Soldaten konnten sich dann an dem blinden Polyphem vorbeischleichen, indem sie die Felle seiner Schafe trugen. Odysseus verlor einige seiner Männer im Kampf gegen den Zyklopen, aber alles in allem war die Überlebensrate der Truppe ziemlich beeindruckend, trotz des grausamen Todes, den einige ihrer Kameraden erlitten hatten.

Lakonische Keramik mit der Darstellung der Erblindung des Polyphems, ca. 565-560 v. Chr.[57]

Der Rest der Truppe kehrte zum Schiff zurück und segelte so schnell wie möglich davon. Vom Deck seines Schiffes aus rief Odysseus Polyphem zu, dass sein Schicksal, erblindet zu werden, von seinem eigenen Vater, Poseidon, gewählt worden sei. Hätte der Gott nicht dafür gesorgt, dass das Schiff vom Kurs abkam und auf der Insel des Polyphems landete, hätte der Zyklop sein Augenlicht behalten. Odysseus war zwar einer der klügsten Könige in der Geschichte der griechischen Mythologie, aber er war auch für seinen immensen Stolz und seine etwas prahlerische Art bekannt. Der Mann, der sich für den Klügsten im Raum hält, ist oft derjenige, mit dem man am schwersten zurechtkommt. Diese Männer lernen auch selten aus ihren Fehlern. So ist es nicht verwunderlich, dass Odysseus die Situation noch verschlimmerte, indem er Poseidon ein weiteres Mal provozierte.

Die Männer segelten monatelang, und ihr extremer Durst brachte sie dabei fast um, bis sie endlich Land sahen. Es handelte sich um eine weitere fremde Insel, die noch mehr Überraschungen bereithielt. Odysseus machte sich auf eigene Faust auf die Suche nach Wasser für seine Männer. Als er schließlich eine Süßwasserquelle fand, wich der Strom der Quelle seinem Krug aus. Jedes Mal, wenn er das Gefäß absenkte, um sich etwas Wasser zu holen, glitt es ihm aus dem Weg. Odysseus war sich sicher, dass es sich um eine Art des Wahnsinns oder eine Halluzination seinerseits handeln müsse, die durch extremen Durst oder Hunger hervorgerufen wurde, aber tatsächlich war es kein geringerer als Poseidon, der dem Helden und seinen Männern das Recht auf einen Schluck Wasser verweigerte.

Dann hörte Odysseus eine Stimme hinter sich. Es war der König der Insel, der Odysseus begrüßte. „Ich bin Äolus, der Hüter der Winde, und dies ist meine Insel". Äolus erklärte Odysseus, dass er ihm und seinen Männern nichts Böses wolle und dass er dem Helden sogar bei seiner Suche nach seiner Heimat helfen wolle. Äolus fand, dass Poseidon den Seefahrern gegenüber ungerecht war. In einigen Versionen heißt es sogar, er habe Poseidon verachtet, da er diesen für arrogant und selbstsüchtig hielt, da Poseidon dem Wind nie die gebührende Anerkennung für seinen Einfluss auf die hohe See zollt.

Odysseus und seine Männer verstanden sich mit Äolus, und Äolus mochte Odysseus wegen seines klugen Verstandes und seiner wissbegierigen Art sehr. Trotz seiner Selbstüberschätzung wusste Odysseus, dass er aus seinen Misserfolgen etwas lernen konnte. Äolus schenkte Odysseus einen Beutel mit den Winden der Welt (ohne den Ostwind) und sagte ihm, er solle ihn in seiner größten Not benutzen, um sein Schiff auf den richtigen Weg nach Hause zu bringen. Bald darauf kehrten Odysseus und seine Männer zum Schiff zurück und stachen in See. Alles, woran Odysseus denken konnte, war seine Rückkehr zu seiner geliebten Frau, und zum ersten Mal seit Monaten war er sich absolut sicher, dass er bald zu ihr und ihrem Sohn zurückkehren konnte.

Doch Odysseus Männer waren nur allzu neugierig auf das, was ihr Herr auf der Insel gefunden hatte. Welche Art von Schatz hatte Odysseus vor ihnen versteckt? Die meisten glaubten, dass es sich um Gold handelte, und nach einer so gefährlichen Reise erwarteten sie ihren gerechten Anteil der Beute. In diesem Moment rief der Ausguck von der Spitze des Mastes herunter. Die Küste von Ithaka war in Sicht! Doch die Männer wollten ihr Schiff nicht anlegen lassen, bevor sie den Sack geöffnet und sich einen Teil des darin enthaltenen Goldes herausgeholt hatten. Sie konnten nicht ahnen, dass die Winde der Welt darin gelagert waren.

Sie ließen die Winde frei, was einen großen Sturm verursachte. Das Schiff wurde weit von Ithaka weg auf die andere Seite der Welt getrieben. Auch die Vorräte des Schiffes waren dabei über Bord gegangen. Gerade als ihre Heimat in greifbarer Nähe war, wurde ihnen alles weggenommen. Die Männer verzweifelten, und Odysseus verlor sein Vertrauen in seine Mannschaft.

Doch da es ums Überleben ging, blieb keine Zeit für Groll. Odysseus schickte seine Männer los, um das Wild zu finden, das es auf der Insel gab. Wie aus dem Nichts rannte ein Schwein auf den Strand, wo sich die übrigen Männer ausruhten. Diese machten sich sofort daran, das Schwein zu fangen und zu töten, um es sich für ihr Abendessen zu braten. Einer der Soldaten, die Odysseus auf die Jagd geschickt hatte, brach aus dem Gebüsch hervor und schien ebenfalls hinter dem Schwein her zu sein. Er rannte auf Odysseus zu und flehte ihn an, die Männer davon abzuhalten, das Schwein zu töten, denn das Schwein sei in Wirklichkeit Polites, einer von Odysseus eigenen Soldaten.

Alle Männer lachten ihm ins Gesicht, bis er ihnen den Grund für Polites Leiden nannte. Er war einer Hexe namens Circe begegnet, einer großen und mächtigen Zauberin. Die Männer waren auf ihrer Insel gelandet, und sie hatte alle Männer der Jagdgesellschaft in Tiere verwandelt, alle bis auf den einen Soldaten, der entkommen konnte. Odysseus glaubte der Erzählung des Soldaten. Er befahl seinen Männern, beim Schiff zu bleiben. Sollte er bis zum Sonnenuntergang nicht zurückkehren, sollten sie die Insel verlassen und nie mehr zurückblicken. Odysseus machte sich alleine auf den Weg ins Landesinnere. Er wollte nicht riskieren, noch mehr seiner Männer in Gefahr zu bringen.

Wie der Soldat es ihm geraten hatte, folgte Odysseus dem Weg hinauf in die Berge. Plötzlich stieß er auf einen riesigen schwarzen Bären. Um dem Tier auszuweichen, begann er, an der Seite des Berges hinaufzuklettern. Als er gerade den Gipfel erreicht hatte, erschien der Gott Hermes dem Odysseus. Er war von Athene gesandt worden; sie hatte über den Helden gewacht, seit er vor fast fünfzehn Jahren seine Heimat verlassen hatte. Auch sie verachtete Poseidon und wünschte sich, dass der König von Ithaka bei seiner Suche erfolgreich sein möge. Hermes zeigte Odysseus ein Kraut, das an der Felswand wuchs. Er riet ihm, diese Pflanze zu essen, denn sie sollte ihn vor dem Fluch der Hexe schützen. Hermes sagte Odysseus, dass die Hexe, wenn sie sehe, dass ihr Fluch den König nicht treffen konnte, versuchen würde, ihn auf andere Weise zu erobern – nämlich in ihrem Schlafzimmer.

Odysseus stieß auf seinem weiteren Weg auf den riesigen Steinpalast, der von Tieren aller Art umgeben war: Löwen, Tiger, Bären und ein paar Affen – die ganze Besetzung der Geschichte vom Zauberer von Oz. Dann sah er die Hexe in der Tür stehen, umgeben von all ihren Tieren; er erkannte einige seiner Männer inmitten der Scharen von Kreaturen wieder. Jedes der Tiere schien um Hilfe zu schreien. Circe bot Odysseus Wein mit Honig an, ein Getränk, von dem der König wusste, dass es ihn in ein Tier verwandeln sollte. Circe lehnte sich auf ihrem Thron zurück und wartete darauf, dass ihr Trank wirkte. Odysseus trank und trank, aber er blieb ein Mensch.

Das verwirrte, verärgerte und erregte die Hexe. Odysseus zückte sein Schwert und wollte ihr Leben kurzerhand beenden, doch Circe erinnerte ihn daran, dass seine Männer Tiere bleiben würden, wenn sie sie nicht durch ihre Magie zurückverwandelte, bevor sie starb. Also unterbreitete sie ihm ein Angebot. Sie war dazu bereit, Odysseus Männer aus ihrer Gefangenschaft befreien, sofern er selbst mit ihr ins Bett ginge. Während er mit Circe schlief, nahmen seine Männer einer nach dem anderen ihre menschliche Gestalt wieder an. Circe forderte Odysseus auf, den Rest seiner Männer in ihren Palast zu bringen, wo sie sich satt essen und trinken durften, bis sie ausgeruht und bereit waren, ihre Reise fortzusetzen.

Circe bietet dem Odysseus ihren Kelch an *von John William Waterhouse, 1891.*[58]

Während Odysseus Nacht für Nacht im Bett von Circe lag, träumte er immer noch von seiner Frau, davon, sie wiederzusehen, ihre Umarmung zu spüren und sich in ihrem Lächeln zu sonnen. Circe bemerkte die Sehnsucht ihres Helden und fragte ihn, wie er jede Nacht in ihrem Bett liegen und dennoch an seine Frau denken könne? Das war eine berechtigte Frage. Odysseus war keineswegs eine Geisel von Circe. Er hätte mit seinen Männern nach ein paar Tagen der Ruhe abreisen können, aber er kehrte dennoch aus eigenem Antrieb in ihr Bett zurück. Odysseus Männer hatten sogar gefragt, wann sie endlich wieder aufbrechen würden, aber der große Held hatte keine Antwort. Zum ersten Mal seit Jahren war er wieder glücklich, und es fiel ihm schwer, dies alles hinter sich zu lassen. Er hatte sogar Kinder mit Circe, und sie liebten sich innig. Er wollte in Circes Bett verweilen, sich gegenseitig süße Dinge zuflüstern und ihre Liebe innig genießen. Helden in der griechischen Mythologie stechen manchmal mehr durch ihre Fehler als durch ihre Heldentaten hervor, und einer der größten Fehler von Odysseus war seine Vorliebe für schöne Göttinnen.

Schließlich gelang es den Männern des Odysseus, ihn davon zu überzeugen, dass es an der Zeit war, die Reise fortzusetzen. Circe gab Odysseus einen Rat, sie erklärte ihm, wie er den Weg nach Ithaka finden konnte. Sie sagte, dass es nur einen Mann gebe, der Odysseus den Weg weisen könne. Bei dem Mann, von dem sie sprach, handelte es sich um Tiresias, den Propheten, der schon lange tot war und jetzt in der Unterwelt lebte. Circe sagte ihrem Geliebten, er müsse den Fluss Styx überqueren, dort ein Lamm opfern und dann in die Flammen gehen, um den Propheten zu finden.

Während der gesamten Zeit, in der Odysseus in die Unterwelt segelte, dachte er an seinen Sohn, der nun schon viele Jahre ohne Vater geblieben war, und an seine Frau, die sicherlich mehr als alle anderen unter seiner Abwesenheit gelitten hatte. In der Zwischenzeit waren Penelopes Verehrer in Ithaka mutiger geworden und hielten sich weiterhin im Palast des Königs auf, um von ihr eine Antwort auf die Frage zu erhalten, wer ihr neuer Ehemann werden solle. Es war üblich, dass Gäste nicht abgewiesen werden durften, und die Männer missbrauchten diesen Brauch auf das Äußerste. Penelope war jedoch genauso schlau wie ihr Mann und schaffte es, die lästigen Fragen zu umgehen, indem sie ihre Besucher entweder in einem Zustand der Trunkenheit oder des Schlafes hielt. Sie erzählte ihnen, dass sie einen Freier auswählen würde, sobald sie das Leichentuch für ihren Mann fertiggestellt hätte. Dieses war unglaublich groß, und am Ende jeden Tages entwirrte sie das Leichentuch nach und nach wieder, um mehr Zeit zu gewinnen. Ihre Freier blieben so berauscht, dass sie ihre List nicht einmal bemerkten.

In der Zwischenzeit hatten Odysseus und seine Begleiter den Eingang zum Land der Toten erreicht. Vor ihnen lag ein Feuerfluss, den Odysseus überqueren musste, und er musste ihn allein überqueren. Odysseus verabschiedete sich unter Tränen von seinen Männern, denn sie alle waren sich sicher, dass ihr Herr in den Flammen umkommen würde. Odysseus nahm sein Opferlamm an sich und machte sich auf die Suche nach Tiresias. Er fand den blinden Propheten in den Tiefen der Unterwelt, am Rande des Feuerflusses sitzend, mit den Füßen im Wasser baumelnd, so als ob er nur in der Hölle sei, um dort Urlaub zu machen. Odysseus trug ihm seine Bitte vor und warf das Lamm in die flammenden Fluten. Tiresias erklärte ihm daraufhin, dass er, um den Weg nach Hause zu finden, das Sternbild Orion benutzen und in Richtung dessen hellsten Sterns segeln müsse, bis er die Meerenge von Skylla erreichte, einem unersättlichen Ungeheuer der Tiefe. Auf der einen Seite der Meerenge befand sich Skylla, auf der anderen Charybdis, der wirbelnde Strudel des Todes.

Bevor Odysseus zu seinen Männern zurückkehren konnte, erschien seine Mutter Anticlea vor ihm. Odysseus spürte, wie ihn eine große Welle der Trauer überkam, denn er wusste, dass seine Mutter in seiner Abwesenheit gestorben war. Er wusste nicht, dass sie sich in ihrem Kummer um seinen vermeintlichen Tod selbst das Leben genommen hatte, da sie auf einen Sohn gewartet hatte, der nie zurückkehrte. Anticlea forderte ihren Sohn auf, sich zu beeilen und so schnell wie möglich nach Ithaka zurückzukehren, denn die Adligen seines Reiches wollten seine Frau für sich haben, und Penelope hatte keine Kraft und keinen Grund mehr, sich der Heirat mit einem der Freier länger zu widersetzen. Schließlich war es üblich, dass eine Königin wieder heiratete, wenn ihr Mann für tot erklärt worden war. Dabei war es gut für sie, dass Odysseus Tod noch Spekulation war, aber das konnte nicht ewig so bleiben. Was die Königin am meisten bedrückte, war die Verzweiflung ihres Enkelsohnes, der glaubte, dass sein Vater entweder in Troja oder auf dem Meer umgekommen war. Natürlich gab es auch den Verdacht, dass er einfach nicht zu Frau und Kind hatte zurückkehren wollen.

Bevor Odysseus und seine Männer die Meerenge von Skylla erreichten, mussten sie an den Sirenen vorbeikommen. Die Sirenen sangen ihr wunderschönes Lied, das die Sterblichen üblicherweise dazu brachte, ihre Schiffe gegen die Felsen zu steuern. Es ist umstritten, ob die Sirenen sich anschließend an den Seeleuten gütlich taten oder ob sie diese einfach dort gefangen hielten, bis die Seeleute verhungerten, da sie die Schönheit des Sirenengesangs nicht verlassen konnten. Odysseus hatte von Circe eine Warnung vor den Sirenen erhalten, bevor er ihre Insel verließ. Sie riet dem König, nicht auf die Worte der Sirenen zu hören, und dass er und seine Männer sich ihre Ohren mit Bienenwachs verstopfen mussten.

Odysseus war ein unglaublich neugieriger Mann; er wollte Dinge wissen, die andere Menschen nicht wussten. Eines der Dinge, die er gerne wissen wollte, war, wie der Gesang der Sirenen klang. Er befahl seinen Männern, ihn an den Mast des Schiffes zu binden und ihre eigenen Ohren mit Bienenwachs zu verstopfen. Auch wenn er noch so sehr flehte und weinte, durften sie ihn nicht von seinen Fesseln befreien. Sollte er sich losreißen können, durften sie ihn unter keinen Umständen ins Wasser lassen. Seine Männer taten, was er ihnen gesagt hatte, und so sehr ihr König auch flehte und sich wehrte, die Männer segelten weiter, während Odysseus dem bezaubernden Gesang der Sirenen lauschte.

Schließlich erreichten Odysseus und seine Männer die Meerenge von Skylla. Obwohl Odysseus und seine Männer den Schrecken der antiken Welt getrotzt hatten, hätten sie sich nie vorstellen können, was sie in dem dunklen Korridor erwartete, der vor ihnen lag. Als sie sich langsam in die Meerenge vorarbeiteten, verschwand alles Licht. Es war schwärzer als jedes Dunkel der Nacht. Die Luft war dick und heiß, aber das Schlimmste war die überwältigende Stille. Es war absolut nichts zu hören; selbst die Wellen hörten auf, gegen das Schiff zu schlagen. Plötzlich stürzte ein riesiges Maul mit einem Gebiss voller scharfer Zähne aus der Dunkelheit hervor und riss einen von Odysseus Männern von Deck.

Es war ein entsetzlicher Anblick. Die Zähne von Skylla waren rasiermesserscharf, und die Wucht ihres Kiefers schnitt den Soldaten glatt in zwei Teile. Sein Oberkörper schien in ihren Zähnen zu verschwinden, und seine Beine blieben aufrecht auf dem Deck des Schiffes stehen. Die Männer waren entsetzt, als die Beine des armen Soldaten zu zucken begannen, da seine Nervenenden noch nicht wussten, dass sie vom Gehirn abgetrennt worden waren. Dann trat Scylla aus ihrem dunklen Versteck hervor. Ihre Gestalt war eine groteske Mordmaschine mit sechs langen Hälsen, an deren Spitze jeweils ein einzelner Kopf mit messerscharfen Zähnen saß. Ihre Klauen gruben sich in die Wände des engen Korridors. Wie versteinert fuhren Odysseus

Männer langsam weiter. Sie wussten, dass sie diese Bestie nicht durch Kraft besiegen konnten; ihre einzige Hoffnung bestand darin, weiter vorwärtszurudern und sich so weit wie möglich von den Seitenwänden des Durchgangs fernzuhalten.

Odysseus steht vor Skylla und Charybdis von *Henry Fuseli, 1794 - 1796 n. Chr.*[59]

Sie konnten das Licht am Ende des Tunnels sehen und ruderten wütend auf das zu, was sie für ihre Rettung hielten, aber das Licht war nicht der ersehnte Ausgang, den sie dort vermuteten. Schon bald erkannte Odysseus, dass sich am Ende der Meerenge ein Abgrund befand, der direkt in den Rachen von Charybdis führte, einer noch schrecklicheren Kreatur als Skylla. Ihr Rachen war nicht mit Zähnen gefüllt, sondern mit rauschendem Wasser; sie war ein gewaltiger Strudel. Das Schiff steuerte geradewegs auf diesen Abgrund zu, und keiner der Männer konnte etwas tun, um es aufzuhalten. Odysseus befahl seinen Männern zu springen und zu versuchen, die Ranken zu erwischen, die von dem Rand der Mundöffnung herabhingen. Einige der Männer schafften den Sprung, aber den meisten gelang es nicht – viele von ihnen stürzten in den furchtbaren Strudel. Odysseus wies den Rest seiner Männer an, die Lianen loszulassen, und so fielen sie alle ins Meer. Als Odysseus an die Oberfläche kam, rief er nach seinen Männern, aber keiner antwortete ihm. Er war völlig allein und trieb in einem endlosen Meer. Vielleicht war Odysseus am Ende also doch von Poseidon besiegt worden.

In diesem Moment tauchte wie aus dem Nichts eine Insel aus weißem Kalkstein auf. Odysseus schwamm mit letzter Kraft auf die Insel zu und zog seinen Körper auf den weichen Sand. Er war noch nie so glücklich gewesen, endlich Land zu sehen. Von den hohen Klippen aus konnte er mehrere Gestalten ausmachen und hörte die sanfte Melodie von Frauenstimmen im Wind. Dies war Ogygia, die Insel der Nymphe Calypso, einer Tochter des Titanen Atlas. Nur sie und ihre Jungfrauen bewohnten die Insel, und Odysseus war der erste Mann, den sie seit langer Zeit gesehen hatten. Die Schönheit der Göttin war legendär; man könnte sie mit der legendären Helena von Troja oder sogar mit der Schönheit der Göttin Aphrodite selbst vergleichen.

Calypso brachte Odysseus Wasser und Essen, bis er in einen tiefen Schlaf fiel. Odysseus wälzte sich hin und her und hatte Albträume von seiner Reise, von den bösen Dingen, die er gesehen hatte, von dem Blut, das er hatte vergießen müssen, und von dem schrecklichen Verlust seiner Männer, die für ihren König den Gefahren der Welt getrotzt hatten. Sie waren nun alle tot. Calypso kam an seine Seite, um ihn zu wecken. Als er aufwachte, begann er unkontrolliert zu weinen und fiel in ihre Arme. Es dauerte nicht lange, bis der Charme und die Magie der Göttin in Odysseus Blut sickerten und sein Herz zum Rasen brachten. Die beiden fielen einander in die Arme, und zum zweiten Mal auf seiner Reise wurde Odysseus seiner Frau untreu. Nur dass er dieses Mal nicht den Hintergedanken hatte, das Leben seiner Männer retten zu müssen. Dieser Fehler wurde aus der tiefsten Traurigkeit und Einsamkeit geboren, die ein Mann empfinden kann.

Die beiden wurden ein inniges Liebespaar, und er vertraute Calypso die Schrecken der letzten dreizehn Jahre an. Er bat Calypso um ein Schiff, damit er nach Ithaka zurückkehren konnte. Doch die Göttin teilte ihrer neuen Liebe mit, dass auf der Insel kein Schiff zu haben sei. Niemand kam auf ihre Insel, und niemand durfte sie verlassen. Odysseus versuchte ein- oder zweimal zu entkommen, indem er sich bemühte, Schiffe, die er am Horizont sah, an Land zu winken, aber sie waren alle zu weit weg, und die Insel war für alle fast unsichtbar, da der weiße Kalkstein sie im grellen Sonnenlicht verbarg. Calypso sagte Odysseus, dass er niemals gehen dürfe, da sie ihn niemals gehen lassen wollte.

In der Zwischenzeit bereitete Telemachus in Ithaka ein Schiff vor, um sich auf die Suche nach Odysseus zu machen. Er wollte ohne ein Wort zu seiner Mutter aufbrechen. Während er noch über die Folgen seiner Entscheidung nachdachte, erschien dem Prinzen am Strand die grauäugige Athene. Sie riet ihm, aus Gründen, die Telemachus nicht kannte, nach Pylos und Sparta an den Hof des Menelaos zu segeln.

Sieben Jahre lang hielt Calypso Odysseus auf ihrer Insel fest, während seine Erinnerungen an Penelope mit jedem Tag mehr und mehr verblassten. Jede Nacht lag er in den Arme der Göttin. (Manche sagen allerdings, dass Odysseus dies nicht freiwillig getan hat. In einer Version des Mythos war er mehr als bereit dazu, endlich nach Hause zu segeln.) Odysseus hatte das Gefühl, dass die Götter ihn fast im Stich gelassen hatten, um ihn zur Geisel einer sehr gestörten und anhänglichen Frau zu machen. Doch Athene hatte sich nicht von dem Helden abgewandt. Mit der Zeit machte sie den König der Götter auf Odysseus aufmerksam, auf seine Stärke, seinen Verstand und seine Klugheit. Zeus und Athene wollten nicht zulassen, dass Odysseus sein Leben als Gefangener beendete. Also schickte Zeus Hermes zu Calypso, um sie zu bitten, den Helden freizulassen. Calypso verfluchte die Götter und beschuldigte sie, eifersüchtig auf ihr Glück zu sein, weil sie endlich mit einem Gefährten zusammen war. Hermes riet ihr, sich dem Befehl des Zeus nicht zu widersetzen.

Einigen Berichten zufolge war Calypso von Odysseus mit zwei Kindern gesegnet worden. Sie war glücklich, Odysseus unter ihrem Bann zu halten und ihre Kinder mit ihm gemeinsam aufzuziehen. Aber was konnte eine Nymphe schon gegen den Willen der Götter tun? Sie sagte Odysseus, dass er gehen müsse, dass er ihre Insel und ihr Angesicht verlassen müsse. Auf einer nahegelegenen Insel gab es Treibholz, das Odysseus zum Bau seines Schiffes verwenden konnte. Calypso versuchte alles, was in ihrer Macht stand, um Odysseus zum Bleiben zu bewegen; sie benutzte süße Worte, Küsse, Tränen und sogar das Versprechen der Unsterblichkeit, aber ihre Versprechen konnten ihn nicht umstimmen. Odysseus bedankte sich bei der Göttin für die Rettung seines Lebens und die Vorräte, die sie ihm gegeben hatte, und stieß sein Treibholzbeiboot ins Meer.

Zurück in Ithaka hatten sich die Dinge für Penelope zum Schlechteren gewendet. Nachdem er eine ihrer Mägde verführt hatte, erfuhr ihr Freier Antinoos, warum Penelopes Leichentuch nach wochenlanger Arbeit noch nicht fertiggestellt war. (In einigen Quellen heißt es, er habe sogar mit Penelope geschlafen, in anderen, ein Sklave habe deren List entdeckt und die Information weitergegeben.) Er stellte Penelope zur Rede und übergab das Leichentuch den anderen Freiern, damit sie es zerstören, entweihen und verbrennen konnten. Penelope war nun allein. Ihre List war entdeckt worden, sie war ohne Hoffnung, und ihr Sohn war weit weg in Sparta. Telemachus hatte sich auf den Weg zum Haus des Menelaos gemacht und den König gebeten, ihm bei der Suche nach Odysseus zu helfen. Menelaos teilte dem Prinzen mit, dass sein Vater noch am Leben sei. Dieses Wissen hatte er von Proteus, dem Propheten und Meeresgott, erhalten. Der König riet Telemachus, stark zu bleiben; Odysseus würde sicher alles tun, um nach Ithaka zurückzukehren.

Auf hoher See suchte Poseidon immer noch jede Gelegenheit, um sich an Odysseus zu rächen, weil dieser seinen Sohn Polyphem geblendet hatte. Er attackierte Odysseus mit Wind, Wellen und Regen. Odysseus dachte wahrscheinlich, dass dies das Ende seiner Tage sein würde. Wie sollte er auf hoher See überleben, wenn sein Schiff zerstört wurde? Schließlich wurde Odysseus an die Küste von Scheria, der Heimat der Phäaken, gespült. In geschwächtem Zustand wurde er von Prinzessin Nausikaa gefunden und zum Palast des Königs gebracht. Dort wurde er vom König und der Königin herzlich empfangen, die nur zu gut wussten, wer Odysseus war und was sein Name für die Krieger Griechenlands bedeutete. Sie baten Odysseus, ihnen seine Geschichte zu erzählen und zu schildern, wie er den Zorn der Götter überlebt hatte. Im Gegenzug wollte der König Odysseus ein Schiff und die besten Seeleute seines Landes zur Verfügung stellen, um ihn bei seiner Heimreise zu unterstützen.

Odysseus erzählte dem König und seinem gesamten Hofstaat all seine verräterischen Missgeschicke von der Zeit, als er Troja verließ, bis zu seiner Abreise aus Ogygia. Niemand hatte je eine solche Geschichte von

Tapferkeit und Schrecken gehört. Der König hielt sein Wort, und am nächsten Morgen stach Odysseus in See, um endlich in seine Heimat zurückzukehren. Jede Nacht, die er an Bord des Schiffes schlief, träumte er von Penelope. Er konnte es kaum erwarten, noch einmal mit ihr das Bett zu teilen und endlich seinen Sohn zu sehen, der kurz vor seiner Abreise in den Trojanischen Krieg geboren worden war.

Als Odysseus an der Küste von Ithaka ankam, weinte er vor Freude. Er kannte den Duft der süßen Seeluft, die sich mit Kiefern vermischte, und er genoss das Gefühl der Sonne, die zwischen den Zweigen des Waldes hindurchschien, als er sich auf den Weg zur Hütte seines treuen Schweinehirten Eumäus machte. Als die beiden Männer einander sahen, fiel Eumäus auf die Knie, vergrub sein Gesicht in den Händen und weinte mit Odysseus. Vom Hafen aus konnte Eumäus das Schiff des Telemachus erkennen, das von Sparta aus nach Hause zurückkehrte. Eumäus eilte zum Hafen, zog den Prinzen beiseite und forderte ihn auf, ihm in seine Hütte zu folgen; er wollte dem Prinzen nicht sagen, warum, aber als sie sich näherten, gab sich Odysseus zu erkennen. Telemachus war dem fremden Mann gegenüber misstrauisch, aber da er den Aufenthaltsort seines Vaters kannte und obendrein das Wort des Eumäus hatte, glaubte er schnell, dass es sich tatsächlich um seinen Vater Odysseus handelte. Die letzten zwanzig Jahre des Leidens von Odysseus schienen in dem Moment zu verschwinden, als er seinen Sohn zum zweiten Mal in seinem Leben umarmte. Vater und Sohn setzten sich zusammen und heckten einen Plan aus, um die Freier der Penelope zu vernichten und Odysseus wieder auf den Thron zu setzen. Er wies Telemachus an, sich später in der Nacht den Freiern bei ihrem üblichen Barbarenmahl anzuschließen und niemandem zu sagen, dass Odysseus nach Ithaka zurückgekehrt war.

Oben im Palast hatte Penelope einen ganz eigenen Plan entwickelt, um die Freier ein für alle Mal loszuwerden. Sie sagte ihnen, dass sie den Mann heiraten würde, der dazu in der Lage war, den Bogen des Odysseus zu spannen und ihn durch die Ösen von zwölf Reihen von Äxten zu schießen (also durch das Ende des Griffs, wo sich normalerweise ein Metallkreis befindet). Dies war eine außergewöhnliche Aufgabe, die bisher nur vom König selbst bewältigt worden war.

Mit Hilfe von Athene verkleidete sich Odysseus als Bettler (in vielen Versionen heißt es, er sei auch so verkleidet gewesen, als Telemachus ihn aufsuchte). Er betrat den Palast und fand dort den Wettkampf um Penelopes Hand vor, der in vollem Gange war. Er sah das unsägliche

Durcheinander und den Schmutz der Gäste, die sein Haus all die Jahre lang geplagt hatten. Seine Wut war groß, aber er hielt den Mund, denn er wusste, dass jeden Moment seine Chance auf Rache kommen würde. Und zu diesem Zeitpunkt würde ihn sogar die Göttin Athene unterstützen. In dieser Nacht kam Odysseus ehemaliges Kindermädchen Euryklesia zu ihm, um sich um einen alten Bettler zu kümmern, von dem sie dachte, er brauche ihre Hilfe. Doch mit einem tiefen Blick in seine Augen erkannte sie die wahre Identität des Mannes. Es war Odysseus, ihr Odysseus, der Junge, den sie selbst aus dem Schoß von Anticlea gezogen hatte. Sie weinte Tränen der Freude. Euryklesia wollte losrennen und ihrer Herrin Penelope davon erzählen, aber Odysseus ließ sie schwören, kein Wort über seine Rückkehr zu verlieren, sonst wäre alle ihre Hoffnung verloren.

Keiner der Freier war in der Lage, die unmögliche Aufgabe zu bewältigen, die Penelope ihnen gestellt hatte. Keiner von ihnen konnte den Bogen auch nur spannen. Als es so aussah, als ob keiner die Aufgabe bewältigen würde, begannen die Freier zu schimpfen. Wie waren sich einig: Penelope musste jemanden auswählen. Ein Bettler trat vor und bat darum, es auch einmal versuchen zu dürfen. Die anderen Männer verspotteten ihn, weil sie glaubten, dass ein Mann von so geringer Statur unmöglich einen so schönen Bogen benutzen könne. Doch schließlich willigten sie ein, ihm einen Versuch zu gewähren.

Odysseus trat vor und nahm den Bogen in die Hand. Alle im Saal sahen erstaunt zu, wie der altersschwache alte Mann den Bogen mit erstaunlicher Leichtigkeit spannte. Er legte einen der Pfeile auf die Sehne und schoss ihn durch die Reifen aller zwölf Äxte. Als er dieses Kunststück vollendet hatte, war der Zauber der Athene gebrochen, und Odysseus wahre Gestalt wurde enthüllt. Während der Wettkampf in vollem Gange war, hatten Odysseus treue Diener Eumäus und Euryklesia alle Waffen und Rüstungen der Freier eingesammelt. Danach verschlossen sie die Türen der großen Halle. Und als der Wettkampf vorbei war, begannen Odysseus und Telemachus zusammen mit einigen seiner treuen Diener, die Freier ohne Gnade zu massakrieren, einen nach dem anderen.

Odysseus und Telemachus Massaker an den Freiern der Penelope *von Thomas Degeorge, 1812.*[60]

Später in der Nacht wartete Odysseus in ihren Gemächern auf Penelope. Für die Liebe, die diese beiden füreinander empfanden, gibt es einfach keine Worte. Zwanzig Jahre lang hatte Odysseus danach gestrebt, in seine Heimat, zu seiner Frau und zu seinem Sohn zurückzukehren, und nun war dieser Traum endlich Wirklichkeit geworden. Er hatte sich Ungeheuern, Göttern, sexuell „aggressiven" Göttinnen, und vielen anderen Feinden gestellt. Kein sterblicher Mensch hatte sich jemals durch seine Heldentaten eine solche Gunst bei den Göttern verdient. Sein Verstand und sein eiserner Wille waren seine größten Stärken, aber alle Menschen brauchen etwas, wofür sich das Leben lohnt.

Als er und seine Frau sich zum ersten Mal seit zwei Jahrzehnten in den Armen lagen, flüsterte er Penelope zu, dass sie nie wieder ohne ihn sein würde; sie sei seine Welt. Die Geschichte des Odysseus ist damit nicht zu Ende. Sie geht weiter und inspiriert die Menschen bis heute mit ihren vielen Lektionen über Liebe, Verlust, Tapferkeit, Stolz und Freundschaft. Vor allem aber lehrt uns die Geschichte, dass wir, egal wie klein wir im Großen und Ganzen sind, immer noch in der Lage sind, in unserer eigenen Welt einen Unterschied zu machen, wenn wir uns gleichermaßen von unserem Verstand und unserem Herzen leiten lassen.

# Fazit

Die griechische Mythologie ist im Großen und Ganzen auch in unserer modernen Zeit noch völlig aktuell. Natürlich hat lange Zeit niemand versucht, eine Frau in der Gestalt eines Vogels zu verführen, aber wir verlieben uns immer noch, werden eifersüchtig, handeln unüberlegt, verwickeln uns in gute und schlechte Affären und streben danach, einen Platz in der Welt zu finden, der uns einen Lebenssinn und Erfüllung gibt.

Die Welt entstand aus einem absoluten Nichts, oder vielmehr dem Ende des Nichts, um genauer zu sein. Und aus der leeren Dunkelheit erwuchs ein einziger Funke der Hoffnung. Die Erzählungen der Griechen über den kosmischen Anfang der Welt unterschieden sich nicht so sehr von der Art und Weise, wie andere antike Kulturen den Beginn der Zeit beschrieben, da sie sowohl Elemente der Weiblichkeit als auch der Männlichkeit enthielten. Gaia war dabei eine notwendige Grundlage, genau wie ihr Ehemann Uranus auch. Tatsächlich kann Gaias grausame Behandlung durch ihren Mann und ihre Nachkommen eine Lehre für die Übel sein, die die Menschheit der Erde heutzutage zufügt.

Die beiden Hälften der Weiblichkeit und der Männlichkeit bildeten trotz allem eine vollkommene Welt, die dann unter Göttern und Göttinnen aufgeteilt wurde, den verschiedenen Repräsentationen der Männlichkeit und der Weiblichkeit entsprechend. Dieser zweigespaltene Dualismus findet sich in allem, was in der griechischen Mythologie vorkommt, wieder. Der Minotauros war ein Mann, während das Ungeheuer Skylla eine Frau war. Es ist kein Zufall, dass Wut, Zorn und Zerstörung von Poseidon, dem männlichen Gott der Meere, verkörpert wurden, ebenso wenig wie es kein Zufall war, dass die wahre Weisheit in der Domäne der Frauen lag, die von der Göttin Athene verkörpert wurde. Die alten Griechen brauchten sowohl männliche als auch weibliche Gottheiten, um sich in ihrer Welt zurechtzufinden und deren Grundsätze verstehen, die in allem zu finden waren, was sie sehen und anfassen konnten. Die Menschen lernten das Menschsein von der Welt, die sie umgab.

Wie wir aus den Heldenmythen gelernt haben, folgte die Menschheit nicht immer den Lektionen, die ihr von den Göttern und der Natur erteilt wurden. Selbst die Besten unter den Sterblichen und Halbgöttern machten Fehler, und manchmal lernten sie daraus, manchmal aber auch nicht. Trotz all seiner Weisheit und seines Verstandes wäre Odysseus aufgrund seines Stolzes mehrmals fast umgekommen. Herakles konnte trotz all seiner Stärke seine Lieben nicht von den Toten zurückholen und musste diese Trauer mit den zwölf Arbeiten verarbeiten und sich dabei mit seinen Sünden auseinandersetzen. Trotz allem, was er erreicht hatte, empfand Jason am Ende seiner Tage den größten Verlust aller Helden, was zeigt, dass Erfolg allein einen Menschen nicht glücklich macht. Von Theseus können wir lernen, dankbar zu sein für das, was wir haben, und für die Hilfe, die andere uns zukommen lassen, damit sich das Schicksal nicht auf schreckliche Weise an uns rächt.

Allein die Tatsache, dass die Götter und Göttinnen der griechischen Mythologie bestimmten Emotionen und Handlungen unterworfen waren, die auch von den Menschen empfunden und ausgedrückt wurden, spricht für die Göttlichkeit des menschlichen Alltagslebens. Die letzte Lehre, die wir aus der griechischen Mythologie ziehen können, ist, dass das Menschsein nicht bedeutet, dass wir mit unserem Schicksal allein sind. Wir heben uns nicht von allen anderen Menschen und allem anderen auf der Welt ab. Das Menschsein bedeutet, Teil einer göttlichen Weltordnung zu sein, der wir für immer unterworfen sind.

Schauen Sie sich ein weiteres Buch aus der Reihe Enthralling History an.

# Literatur

Arrian. *Alexander the Great: The Anabasis and the Indica.* Translated by Martin Hammond. Oxford: Oxford University Press, 2013.

Austin, M. M. „Greek Tyrants and the Persians, 546-479 B. C." *The Classical Quarterly* 40, no. 2 (1990): 289-306. http://www.jstor.org/stable/639090

Barron, John P. „The Sixth-Century Tyranny at Samos." *The Classical Quarterly* 14, no. 2 (1964): 210-29. http://www.jstor.org/stable/637725.

Beck, Julien, Despina Koutsoumbab, Dimitris Sakellariouc, Morgane Surdez, Flavio Anselmettie, Nikos Papadopoulos, Ionnis Morfis, et al. „Searching for Neolithic Sites in the Bay of Kiladha, Greece." *Quaternary International* 584 (May 20, 2021):129-40. https://www.sciencedirect.com/science/article/pii/S1040618220308466#

Bennett, Bob, and Mike Roberts. *The Wars of Alexander's Successors, 323-281 BC. Volume I: Commanders and Campaigns.* South Yorkshire: Pen & Sword Military, 2019.

Bennett, Bob, and Mike Roberts. *The Wars of Alexander's Successors 323 - 281 BC. Volume 2: Battles and Tactics.* South Yorkshire: Pen & Sword Military, 2019.

Bicknell, P.J. „Anaximenes' Astronomy." *Acta Classica* 12 (1969): 53-85. http://www.jstor.org/stable/24591168.

Cartledge, Paul. *The Spartans: The World of the Warrior-Heroes of Ancient Greece.* New York: The Overlook Press, 2003.

Castleden, Rodney. *The Knossos Labyrinth: A New View of the 'Palace of Minos' at Knossos.* London: Routledge, 2012.

Chioti, Lamprini. „The Herulian Invasion in Athens (267 CE). The Archaeological Evidence." *Destructions, Survival, and Recovery in Ancient Greece*. American School of Classical Studies at Athens: May 16, 2019. https://www.academia.edu/39196609/The_Herulian_invasion_in_Athens_267_CE_The_Archaeological_Evidence

Clogg, Richard. *A Concise History of Greece*. Cambridge: Cambridge University Press, 2021.

Clogg, Richard. *A Short History of Modern Greece*. Cambridge: Cambridge University Press, 1979.

Coleman, John E. „The Chronology and Interconnections of the Cycladic Islands in the Neolithic Period and the Early Bronze Age." *American Journal of Archaeology* 78, no. 4 (1974): 333-44. https://doi.org/10.2307/502747.

Daskalov, Roumen, and Tchavdar Marinov. *Entangled Histories of the Balkans - Volume One: National Ideologies and Language Policies*. Leiden: Brill, 2013.

Davies, Siriol, and Jack L. Davis. „Greeks, Venice, and the Ottoman Empire." *Hesperia Supplements* 40 (2007): 25-31. http://www.jstor.org/stable/20066763.

Dillon, John and Lloyd P. Gerson. *Neoplatonic Philosophy: Introductory Readings*. Cambridge, MA: Hackett Publishing Company, 2004.

„Downfall of King Constantine." *Current History* (1916-1940) 6, no. 1 (1917): 83-85. http://www.jstor.org/stable/45328408.

Figueira, Thomas J. „Population Patterns in Late Archaic and Classical Sparta." *Transactions of the American Philological Association* 116 (1986): 165-213. https://doi.org/10.2307/283916.

Gellius, A. Cornelius. *Noctes Atticae (Attic Nights)*. Volume I, Book III. Loeb Classical Library. http://penelope.uchicago.edu/Thayer/E/Roman/Texts/Gellius/3*.html#8

Guthrie, W. K. C. *A History of Greek Philosophy*. Cambridge: Cambridge University Press, 1979.

Guthrie, W. K. C. *The Sophists*. Cambridge: Cambridge University Press, 1977.

Hack, Harold M. „Thebes and the Spartan Hegemony, 386-382 B.C." *The American Journal of Philology* 99, no. 2 (1978): 210-27. https://doi.org/10.2307/293647.

Heidel, William Arthur. „Anaximander's Book, the Earliest Known Geographical Treatise." *Proceedings of the American Academy of Arts and Sciences* 56, no. 7 (1921): 239-88. doi:10.2307/20025852.

Henderson, W.J. „The Nature and Function of Solon's Poetry: Fr. Diehl, 4 West." *Acta Classica* 25 (1982): 21-33. http://www.jstor.org/stable/24591787.

Herodotus, *The Histories*. Translated by George Rawlinson. New York: Dutton & Co, 1862. http://classics.mit.edu/Herodotus/history.html

Hofmanová, Zuzana, Susanne Kreutzer, Garrett Hellenthal, Christian Sell, Yoan Diekmann, David Díez-del-Molino, Lucy van Dorp, et al. „Early Farmers from across Europe Directly Descended from Neolithic Aegeans." *PNAS*. 113 (25) (June 6, 2016): 6886–6891. doi:10.1073/pnas.1523951113. ISSN 0027-8424. PMC 4922144. PMID 27274049.

Homer. *The Iliad*. Translated by Samuel Butler. Internet Classics Archive. http://classics.mit.edu/Homer/iliad.html

Homer. *The Odyssey*. Translated by Samuel Butler. Internet Classics Archive. http://classics.mit.edu/Homer/odyssey.html

Hooten, E.R. *Prelude to the First World War: The Balkan Wars 1912-1913*. Gloucestershire: Fonthill Media, 2014.

Isocrates. *Letters*. Perseus Digital Library. Tufts University. http://www.perseus.tufts.edu/hopper/text?doc=Perseus:text:1999.01.0246:letter=3.

Jenkins, Romilly J. H. „The Hellenistic Origins of Byzantine Literature." Dumbarton Oaks Papers 17 (1963): 37–52. https://doi.org/10.2307/1291189.

Jones, Adam. *Genocide: A Comprehensive Introduction*. London: Routledge, 2006.

Jones, A. H. M. „The Greeks under the Roman Empire." *Dumbarton Oaks Papers* 17 (1963): 1–19. https://doi.org/10.2307/1291187.

Josephus, Flavius. *Antiquities of the Jews*. Translated by William Whiston. Project Gutenberg. https://www.gutenberg.org/files/2848/2848-h/2848-h.htm

Kaldellis, Anthony. *Hellenism in Byzantium: The Transformations of Greek Identity and the Reception of the Classical Tradition*. Cambridge: Cambridge University Press, 2007.

Kelder, Jorrit M. (2010). *The Kingdom of Mycenae: A Great Kingdom in the Late Bronze Age Aegean*. Bethesda: CDL Press, 2010

King, RJ, S. S. Ozcan, T. Carter, E. Kalfoğlu, S. Atasoy, C. Triantaphyllidis, A. Couva's, et al. „Differential Y-chromosome Anatolian Influences on the Greek and Cretan Neolithic." *Annals of Human Genetics*. 72 (March 2008): 205-14. do: 10.1111/j.1469-1809.2007.00414.x. PMID: 18269686.

Krausmüller, Dirk. „Emperors, Patriarchs, Metropolitans, Deacons and Monks: Individuals and Groups in the Byzantine Church (6th–11th Centuries)." *Scrinium* 17, 1 (2021): 199-238, doi: https://doi.org/10.1163/18177565-bja10048

Lazaridis, I, A. Mittnik, N. Patterson, S. Mallick, N. Rohland, S. Pfrengle, A. Furtwängler, et al. „Genetic Origins of the Minoans and Mycenaeans." *Nature* 548 (August 10, 2017): 214-18. doi: 10.1038/nature23310. Epub 2017 Aug 2. PMID: 28783727; PMCID: PMC5565772.

Lupack, Susan. „Mycenaean Religion." In *The Oxford Handbook of the Bronze Age Aegean*, edited by Eric H. Cline, 2012. 10.1093/oxfordhb/9780199873609.013.0020.

Mansfield, D. F. „Plimpton 322: A Study of Rectangles." *Foundations of Science* 26 (2021): 977–1005. https://doi.org/10.1007/s10699-021-09806-0

Martin, Thomas R. *Ancient Greece: From Prehistoric to Hellenistic Times.* New Haven: Yale University Press, 1996.

Matyszak, Philip. *Greece Against Rome: The Fall of the Hellenistic Kingdoms 250-31 BC.* South Yorkshire: Pen & Sword Military, 2020.

Matyszak, Philip. *The Rise of the Hellenistic Kingdoms, 336–250 BC.* South Yorkshire: Pen & Sword Military, 2019.

Mazower, Mark. *The Greek Revolution: 1821 and the Making of Modern Europe.* New York: Penguin Press, 2021.

Mittal, Rakesh. *Hellenism and the Shaping of the Byzantine Empire.* Marquette University, 2010. https://epublications.marquette.edu/cgi/viewcontent.cgi?article=1001&context=jablonowski_award

„Not War Against Islam – Statement by Greek Prime Minister." *The Scotsman.* June 29, 1920.

Ostrogorsky, George. „Byzantine Cities in the Early Middle Ages." *Dumbarton Oaks Papers* 13 (1959): 45–66. https://doi.org/10.2307/1291128.

Oost, Stewart Irvin. „Cypselus the Bacchiad." *Classical Philology* 67, no. 1 (1972): 10-30. http://www.jstor.org/stable/269012.

Peoples, R. Scott. *Crusade of Kings.* Rockville, MD: Wildside Press LLC, 2013, 13. ISBN 978-0-8095-7221-2

Plato. *The Republic.* Translated by Benjamin Jowett. Internet Classics Archive. http://classics.mit.edu/Plato/republic.9.viii.html

Plutarch. *Cimon.* Translated by John Dryden. Internet Classics Archive. http://classics.mit.edu/Plutarch/cimon.html

Polybius. *Histories.* Book 16. http://www.perseus.tufts.edu/hopper/text?doc=Perseus%3Atext%3A1999.01.0234%3Abook%3D16%3Achapter%3D34

Pomeroy, Sarah B., Stanley M. Burstein, Walter Donlan, Jennifer Tolbert Roberts, David W. Tandy, and Georgia Tsouvala. *Ancient Greece: Politics, Society, and Culture.* New York: Oxford University Press, 2020.

Rhodes, P. J. *Athenian Democracy* (Edinburgh Readings on the Ancient World). Oxford: Oxford University Press, 2004.

Runciman, Steven. *The Byzantine Theocracy: The Weil Lectures, Cincinnati* (Cambridge: Cambridge University Press, 2004), ISBN 978-0-521-54591-4.

Runnels, Curtis. „Review of Aegean Prehistory IV: The Stone Age of Greece from the Paleolithic to the Advent of the Neolithic." *American Journal of Archaeology* 99, no. 4 (1995): 699-728. https://doi.org/10.2307/506190.

Svolopoulos, Constantinos. „The Ecumenical Patriarchate in the Ottoman Empire (1453-1923): Adaptation and Change." *Journal of Modern Hellenism.* 17-18 (2000-2001); 107-123.

Syme, Ronald. „The Greeks under Roman Rule." *Proceedings of the Massachusetts Historical Society* 72 (1957): 3-20. http://www.jstor.org/stable/25080512.

Theophrastus. *Characters.* Translated by R.C. Jebb. https://www.eudaemonist.com/biblion/characters/

*The William Davidson Talmud (Koren - Steinsaltz).* https://www.sefaria.org/Yoma.69a.14?lang=bi&with=all&lang2=en

Thucydides. *History of the Peloponnesian War.* Translated by Rex Warner. New York: Penguin Classics, 1972.

Treadgold, Warren. „The Persistence of Byzantium." *The Wilson Quarterly* (1976-) 22, no. 4 (1998): 66-91. http://www.jstor.org/stable/40260386.

Warren, Peter. „Knossos: New Excavations and Discoveries," *Archaeology* 37, no. 4 (1984): 48-55. http://www.jstor.org/stable/41731580.

Worthington, Ian. *By the Spear: Philip II, Alexander the Great, and the Rise and Fall of the Macedonian Empire* (Ancient Warfare and Civilization). Oxford: Oxford University Press, 2016.

Xenophon. *The Landmark Xenophon's Hellenika.* Translated by John Marincola. New York: Anchor, 2010.

Young, David C. *The Modern Olympics: A Struggle for Revival.* Baltimore: Johns Hopkins University Press, 1996.

https://www.greekmythology.com/Myths/The_Myths/The_Creation/the_creation.html

https://www.theoi.com/articles/what-is-the-greek-creation-myth

https://classicalwisdom.com/mythology/gods/in-the-beginning-part-1

https://www.theoi.com/Titan/TitanKoios.html

Hesiod, *Theogony* 133 & 207 (trans. Evelyn-White) (Greek epic C8th or C7th B.C.)

Beall, E. F. "Hesiod's Prometheus and Development in Myth." Journal of the History of Ideas 52, no. 3 (1991): 355-71.

https://doi.org/10.2307/2710042

https://grbs.library.duke.edu/article/viewFile/6661/5061

https://www.thoughtco.com/the-five-ages-of-man-111776

https://www.britannica.com/topic/Deucalion
https://www.thoughtco.com/people-around-hercules-Herakles-herakles-118960
https://www.history.com/topics/ancient-history/hercules
http://www.perseus.tufts.edu/Herakles/amazon.html
https://classicalwisdom.com/mythology/spotlight-on-mythology-theseus-and-theMinotauros
https://www.theoi.com/articles/the-myth-of-perseus-and-medusa-explained
https://www.britannica.com/topic/Andromeda-Greek-mythology
https://www.theoi.com/articles/jason-and-the-argonauts-myth
https://www.britannica.com/topic/Jason-Greek-mythology
https://www.theoi.com/Georgikos/KentaurosKheiron.html
https://www.greeka.com/thessaly/pelion/myths/jason-argonauts
http://www.argonauts-book.com/hypsipyle.html
https://www.theoi.com/Pontios/Glaukos.html
https://www.theoi.com/Nymphe/NympheMelia4.html
https://www.theoi.com/Pontios/NereisThetis.html
https://www.theoi.com/Pontios/Nereus.html
https://www.theoi.com/Olympios/JudgementParis.html
https://www.theoi.com/articles/short-trojan-war-summary
https://www.theoi.com/articles/was-achilles-a-warrior
https://www.sparknotes.com/lit/odyssey/summary
https://www.theoi.com/Pontios/Skylla.html
https://www.theoi.com/Nymphe/NympheCalypso.html

# Bildquellen

[1] *Nadina, CC BY-SA 3.0 <https://creativecommons.org/licenses/by-sa/3.0>, via Wikimedia Commons; https://commons.wikimedia.org/wiki/File:Petralona_skull_covered_by_stalagmiteCROP_ROTATE_CONTRAST.jpg*

[2] *cavorite https://www.flickr.com/photos/cavorite/, CC BY-SA 2.0 <https://creativecommons.org/licenses/by-sa/2.0>, via Wikimedia Commons; https://commons.wikimedia.org/wiki/File:Palace_of_Knossos.jpg*

[3] *George Groutas, CC BY 2.0 <https://creativecommons.org/licenses/by/2.0>, via Wikimedia Commons; https://commons.wikimedia.org/wiki/File:Bull_leaping_fresco_from_the_Great_Palace_at_Knossos,_Crete,_Heraklion_Archaeological_Museum.jpg*

[4] *Credit: Eric Gaba (Sting - fr:Sting), CC BY-SA 3.0 <https://creativecommons.org/licenses/by-sa/3.0>, via Wikimedia Commons; https://commons.wikimedia.org/wiki/File:Cyclades_map-fr.svg*

[5] *Zoomed in. Credit: Zde, CC BY-SA 3.0 <https://creativecommons.org/licenses/by-sa/3.0>, via Wikimedia Commons; https://commons.wikimedia.org/wiki/File:Cycladic_figurine_female,_3200%E2%80%932800_BC,_AshmoleanM,_AN_1946.118,_142402.jpg*

[6] *© Marie-Lan Nguyen / Wikimedia Commons; https://commons.wikimedia.org/wiki/File:Frying_pan_Syros_Louvre_CA2991.jpg*

[7] *William Neuheisel from DC, US, CC BY 2.0 <https://creativecommons.org/licenses/by/2.0>, via Wikimedia Commons; https://commons.wikimedia.org/wiki/File:Lions_Gate_at_Mycenae_(5228010382).jpg*

[8] *Leporello78, CC BY-SA 4.0 <https://creativecommons.org/licenses/by-sa/4.0>, via Wikimedia Commons; https://commons.wikimedia.org/wiki/File:Lyre_Player_and_Bird_Fresco_from_Pylos_Throne_Room.jpg*

⁹ *National Archaeological Museum of Athens, CC BY 2.0 <https://creativecommons.org/licenses/by/2.0>, via Wikimedia Commons; https://commons.wikimedia.org/wiki/File:MaskOfAgamemnon.jpg*

¹⁰ *RickyBennison, CC0, via Wikimedia Commons; https://commons.wikimedia.org/wiki/File:Panathenaic_Amphora_Sprinters.jpg*

¹¹ *Jona Lendering, CC0, via Wikimedia Commons; https://commons.wikimedia.org/wiki/File:Hoplite_5th_century.jpg*

¹² *Carole Raddato from FRANKFURT, Germany, CC BY-SA 2.0 <https://creativecommons.org/licenses/by-sa/2.0>, via Wikimedia Commons; https://commons.wikimedia.org/wiki/File:Temple_of_Apollo,_built_ca._540_BC,_Corinth,_Greece_(14109129322).jpg*

¹³ *Steve Swayne, CC BY 2.0 <https://creativecommons.org/licenses/by/2.0>, via Wikimedia Commons; https://commons.wikimedia.org/wiki/File:The_Parthenon_in_Athens.jpg*

¹⁴ *Paolo Villa, CC BY-SA 4.0 <https://creativecommons.org/licenses/by-sa/4.0>, via Wikimedia Commons; https://commons.wikimedia.org/wiki/File:02_2020_Grecia_photo_Paolo_Villa_FO190025_(Museo_archeologico_di_Olimpia_-_Statua_Ermes_con_Dioniso_Bambino_scolpita_da_Prassitele,_Arte_pre_Ellenistica,_dettaglio_superiore).jpg*

¹⁵ *https://commons.wikimedia.org/wiki/File:David_-_The_Death_of_Socrates.jpg*

¹⁶ *Photo modified: labels added. Credit: original:Map_greek_sanctuaries-en.svg by Marsyasderivative work: MinisterForBadTimes, CC BY-SA 2.5 <https://creativecommons.org/licenses/by-sa/2.5>, via Wikimedia Commons; https://commons.wikimedia.org/wiki/File:Ancient_Greek_southern_regions.png*

¹⁷ *Photo modified: zoomed in and labels added. Credit: ArnoldPlaton, CC BY-SA 3.0 <https://creativecommons.org/licenses/by-sa/3.0>, via Wikimedia Commons https://commons.wikimedia.org/wiki/File:Balkan_Peninsula.svg*

¹⁸ *АНО «Международный нумизматический клуб», CC BY-SA 4.0 <https://creativecommons.org/licenses/by-sa/4.0>, via Wikimedia Commons; https://commons.wikimedia.org/wiki/File:Stater_of_Philip_II_of_Macedon.jpg*

¹⁹ *https://en.wikipedia.org/wiki/File:Alexander_the_Great_mosaic.jpg*

²⁰ *https://commons.wikimedia.org/wiki/File:Meister_der_Alexanderschlacht_003.jpg*

²¹ *Allan Gluck, CC BY 4.0 <https://creativecommons.org/licenses/by/4.0>, via Wikimedia Commons; https://commons.wikimedia.org/wiki/File:Seleukos_I_Nikator_Bronze_Roman_100BCE-100CE_Museo_Archeologico_Nazionale_Naples_AN_5590_1.jpg*

²² *https://commons.wikimedia.org/wiki/File:Laocoon_Vatican_detail.jpg*

²³ *https://commons.wikimedia.org/wiki/File:Pyrrhus.JPG*

²⁴ *https://commons.wikimedia.org/wiki/File:Eleazars_exploit.jpg*

²⁵ *George E. Koronaios, CC BY-SA 4.0 <https://creativecommons.org/licenses/by-sa/4.0>, via Wikimedia Commons; https://commons.wikimedia.org/wiki/File:Depiction_of_Saint_Paul_in_Athens_on_June_7,_2022.jpg*

[26] BeBo86, CC BY-SA 3.0 <https://creativecommons.org/licenses/by-sa/3.0>, via Wikimedia Commons; https://commons.wikimedia.org/wiki/File:Dying_Gaul.jpg

[27] Photo modified: labels added. Credit: Darylprasad, CC BY-SA 4.0 <https://creativecommons.org/licenses/by-sa/4.0>, via Wikimedia Commons; https://commons.wikimedia.org/wiki/File:Byzantium476.png

[28] Edal Anton Lefterov, CC BY-SA 3.0 <https://creativecommons.org/licenses/by-sa/3.0>, via Wikimedia Commons; https://commons.wikimedia.org/wiki/File:Jesus-Christ-from-Hagia-Sophia.jpg

[29] https://commons.wikimedia.org/wiki/File:John-of-Damascus_01.jpg

[30] Jniemenmaa, CC BY-SA 3.0 <http://creativecommons.org/licenses/by-sa/3.0/>, via Wikimedia Commons; https://commons.wikimedia.org/wiki/File:Constantinople.png

[31] https://commons.wikimedia.org/wiki/File:Mosaic_of_empress_Theodora,_Ravenna,_San_Vitale,_547.jpg

[32] Photo zoomed in. Credit: Dennis Jarvis from Halifax, Canada, CC BY-SA 2.0 <https://creativecommons.org/licenses/by-sa/2.0>, via Wikimedia Commons https://commons.wikimedia.org/wiki/File:Turkey-3019_-_Hagia_Sophia_(2216460729).jpg

[33] https://commons.wikimedia.org/wiki/File:Theodora_Porphyrogenita_in_the_Monomachus_Crown_(2).jpg

[34] https://commons.wikimedia.org/wiki/File:Krizaci.jpg

[35] en:User:Bigdaddy1204, CC BY-SA 3.0 <http://creativecommons.org/licenses/by-sa/3.0/>, via Wikimedia Commons; https://commons.wikimedia.org/wiki/File:Walls_of_Constantinople.JPG

[36] https://commons.wikimedia.org/wiki/File:Gennadios_II_and_Mehmed_II.jpg

[37] https://commons.wikimedia.org/wiki/File:Makris_Dimitrios_Greek_Fighter.JPG

[38] https://commons.wikimedia.org/wiki/File:Anagnostaras_by_Hess.jpg

[39] https://commons.wikimedia.org/wiki/File:Otto_of_Greece_litograph.jpg

[40] https://commons.wikimedia.org/wiki/File:Joseph_Karl_Stieler_-_Duchess_Marie_Frederike_Amalie_of_Oldenburg,_Queen_of_Greece.jpg

[41] https://commons.wikimedia.org/wiki/File:Vera_with_her_sister_Olga_and_brother-in-law_George.jpg

[42] https://commons.wikimedia.org/wiki/File:158_14_Constantin_Venizelos.jpg

[43] https://commons.wikimedia.org/wiki/File:Smyrna-burn-1922.jpg

[44] https://commons.wikimedia.org/wiki/File:IPPIKO-ELAS-1.jpg

[45] https://commons.wikimedia.org/wiki/File:The_Mutilation_of_Uranus_by_Saturn.jpg

[46] Kimberly Vardeman from Lubbock, TX, USA, CC BY 2.0 <https://creativecommons.org/licenses/by/2.0>, via Wikimedia Commons https://commons.wikimedia.org/wiki/File:Psyche_revived_by_cupid%27s_kiss,_Paris_2_October_2011_002.jpg

[47] https://commons.wikimedia.org/wiki/File:Exaleiptron_birth_Athena_Louvre_CA616_n2.jpg

⁴⁸ Gian Lorenzo Bernini, CC BY-SA 4.0 <https://creativecommons.org/licenses/by-sa/4.0>, via Wikimedia Commons https://commons.wikimedia.org/wiki/File:Rape_of_Prosepina_September_2015-3a.jpg

⁴⁹ Sailko, CC BY 3.0 <https://creativecommons.org/licenses/by/3.0>, via Wikimedia Commons; https://commons.wikimedia.org/wiki/File:Aristophanes,_kylix_attica_con_gigantomachia,_410_ac_ca._02.JPG

⁵⁰ https://commons.wikimedia.org/wiki/File:Zeus_Typhon_Staatliche_Antikensammlungen_596.jpg

⁵¹ https://commons.wikimedia.org/wiki/File:Twelve_Labours_Altemps_Inv8642.jpg

⁵² https://commons.wikimedia.org/wiki/File:Jean-Fran%C3%A7ois_de_Troy_-_Jason_Taming_the_Bulls_of_Ae%C3%ABtes,_1742.jpg

⁵³ https://commons.wikimedia.org/wiki/File:Theseus_Minotauros_Mosaic.jpg

⁵⁴ Xosema, CC BY-SA 4.0 <https://creativecommons.org/licenses/by-sa/4.0>, via Wikimedia Commons https://commons.wikimedia.org/wiki/File:Florencia_-_Firenze_-_Perseo_con_la_cabeza_de_Medusa_-_Benvenuto_Cellini_-_01.jpg

⁵⁵ https://commons.wikimedia.org/wiki/File:Triumph_of_Achilles_in_Corfu_Achilleion.jpg

⁵⁶ https://commons.wikimedia.org/wiki/File:Trojan_horse_on_corintian_aryballos.JPG

⁵⁷ https://commons.wikimedia.org/wiki/File:Odysseus_Polyphemos_Cdm_Paris_190.jpg

⁵⁸ https://commons.wikimedia.org/wiki/File:Circe_Offering_the_Cup_to_Odysseus.jpg

⁵⁹ https://commons.wikimedia.org/wiki/File:Johann_Heinrich_F%C3%BCssli_054.jpg

⁶⁰ VladoubidoOo, CC BY-SA 3.0 <https://creativecommons.org/licenses/by-sa/3.0>, via Wikimedia Commons https://commons.wikimedia.org/wiki/File:Thomas_Degeorge_Ulysse.jpg

www.ingramcontent.com/pod-product-compliance
Lightning Source LLC
Chambersburg PA
CBHW070325010526
44107CB00004B/417